U0366809

本教材出版获国家自然科学基金项目（72202141、72202133）资助

大客户管理

跨界沟通与销售策略

Key Account Management

Cross-Border Communication and Sales Tactics

樊　骅　主　编
韩　冰　副主编

上海交通大学出版社
SHANGHAI JIAO TONG UNIVERSITY PRESS

内容提要

本书内容包括针对 B2B 情境下供应商与大客户企业的沟通问题，聚焦大客户经理在个人层面、团队层面和组织层面的重要作用，将组织行为学视角下的前沿性研究成果扩展到营销战略领域，旨在探讨影响大客户经理工作效率和效果的个人因素和环境因素，补充完善组织间沟通的研究框架；同时，设计适用于大客户管理项目的特殊销售策略，为实施大客户管理项目的企业，尤其是大客户管理项目团队内的人员行使好跨界职能、管理好团队关系、维护好组织业绩，提供科学性的理论依据和合理化的管理启示。本书适合高校管理学专业本科生、研究生、MBA 等群体阅读使用，对从事管理、销售实践的社会人士也有较高的参考价值。

图书在版编目(CIP)数据

大客户管理：跨界沟通与销售策略/ 樊骅主编. —
上海：上海交通大学出版社，2022.11
ISBN 978 - 7 - 313 - 27394 - 9

Ⅰ.①大… Ⅱ.①樊… Ⅲ.①企业管理－销售管理
Ⅳ.①F274

中国版本图书馆 CIP 数据核字(2022)第 162724 号

大客户管理：跨界沟通与销售策略
DAKEHU GUANLI: KUAJIE GOUTONG YU XIAOSHOU CELÜE

主　　编：樊骅　　　　　　　　　　　副 主 编：韩 冰
出版发行：上海交通大学出版社　　　　地　　址：上海市番禺路 951 号
邮政编码：200030　　　　　　　　　　电　　话：021 - 64071208
印　　制：常熟市文化印刷有限公司　　经　　销：全国新华书店
开　　本：787 mm×1092 mm　1/16　　印　　张：14.25
字　　数：255 千字
版　　次：2022 年 11 月第 1 版　　　　印　　次：2022 年 11 月第 1 次印刷
书　　号：ISBN 978 - 7 - 313 - 27394 - 9
定　　价：59.00 元

版权所有　侵权必究
告读者：如发现本书有印装质量问题请与印刷厂质量科联系
联系电话：0512 - 52219025

前　言 | Foreword

在推进制造业转型升级的战略和实现路径,深化供给侧结构性改革,深入实施制造强国战略,促进制造业高质量发展的转型时期,伴随着制造业的发展,为适应客户需求的多样化和个性化趋势,积极适应行业新常态下市场供求关系,制造业企业应加快建立需求驱动型的生产运行方式和用户导向型的营销模式,通过建立客户服务中心,以形成大客户经理制为中心的营销组织体系,较好地培育、发展优质高端客户群,进而拉动产品结构升级,提高企业核心竞争力。

大量的学术文献表明,企业的大客户管理项目应当作为研究大客户经理的跨界沟通和销售策略的一个重要部分。首先,因为大客户经理的跨界沟通和销售策略的研究必须落实到具体的销售人员上,个人营销活动的研究是揭示销售人员能力、技巧和才华的主要途径,尤其是当组织需要落实具体的营销策略时,组织往往缺少联系企业战略和组织实践的纽带,许多企业通常选择通过大客户管理来解决这一问题。因此,研究大客户经理在营销活动中的跨界沟通和销售策略有助于理解沟通与营销绩效的具体关系。其次,在大客户管理项目中,受到文化环境和地域差异的影响,大客户经理与采购代表之间往往存在诸多差异,研究他们之间的沟通对营销绩效的影响就显得尤为重要。最后,尽管已经有大量文献研究大客户管理战略,仅有 5％ 的研究涉及亚洲企业,而中国作为重要的新兴市场,许多西方企业已经尝试将它们在西方成功的大客户管理经验移植于中国客户企业,因此研究企业在中国市场上的营销活动对揭示大客户管理的普适性具有重要意义。尽管这些研究从不同角度探讨了大客户管理项目的运营策略,并且揭示了大客户管理情境的重要性,但是绝大多数研究甚少关注大客户经理的跨界沟通和销售策略。

在学术层面,本书创新性地将大客户管理研究中涉及大客户经理的研究主题进行分层和分类,并将看似凌乱的研究主题串联成一个整体。在研究层次上,本书将大客户经理的研究主题分为个人层面、团队层面、组织层面三个层次。具体而言,个人层面,关注大客户经理的跨界行为、角色压力和个人创造力;团队层面,关注大客户管理项目团队的社会网络、领导力风格、平行沟通和内部关系质量;组织层面,关注大客户经理的销售策略、上下游企业的关系质量,以及销售的情境因素。在研究类别上,将涉及大客户经理的研究主题分为结果变量、前因变量、调节变量3个类目。具体而言,结果变量,本书认为个人层面重要的绩效因素为个人创造力和角色压力,团队层面重要的绩效因素为任务表现和工作满意度,组织层面重要的绩效因素为销售与财务绩效和买卖双方关系质量;前因变量,本书认为影响个人绩效的主要因素为大客户经理的跨界行为,影响团队绩效的主要因素为内部沟通风格和上下级关系质量,影响组织绩效的主要因素为大客户经理的影响策略;调节变量,本书认为团队层面重要的调节因素为团队社会网络特征和领导力风格,组织层面重要的调节因素为上下游的关系情境、治理机制,以及产品特征。上述是本书的第一个理论创新点。

本书的第二个理论创新点在于,通过田野实验收集的实践数据,结合多项成熟的管理学理论验证了一个复杂、庞大,却又精细和清晰的研究模型。基于角色理论,本书进行了实证研究一,验证了大客户经理的边界松弛活动与其感知的角色压力呈正相关,而大客户经理的边界紧缩活动与其感知的角色压力呈负相关。基于跨界理论,本书进行了实证研究二,验证了大客户经理感知的角色过载在跨界活动与个人创造力之间起中介作用。基于社会网络理论,本书进行了实证研究三,验证了团队社会网络的网络中心度和密度在大客户经理跨界效能与个人创造力的关系间起正向的调节作用。基于领导成员交换理论,本书进行了实证研究四,验证了共享领导力越强,网络中心度和密度对大客户经理跨界效能与个人创造力关系的调节作用越弱,共享领导力对大客户经理跨界活动与角色过载的关系起正向的调节作用。基于个人环境匹配理论,本书进行了实证研究五,验证了大客户经理和项目团队领导的任务/互动导向越一致,双方关系质量就越好;当大客户经理和项目团队领导在较高程度的任务/互动导向下匹配时,双方关系质量较高;当领导者的任务(互动)导向高于大客户经理的任务导向时,双方关系质量会低于(高于)当大客户经理的任务导向高于领导者的任务导向时的双方关系质量;领导-成员交换的质量中介了上下级沟通风格的(不)匹配对大客户经理的工作满意度和任务绩效的影响。基于社会交换理论,本书进行了实证研究六,验证了当处于买方高度信任的关系情境时,大客户经理使用情感和理性策略会提升销售业绩;当处于买方高度转换成本的关系情境时,大客户经理使用强制和理性策略会提升销售业绩;当处于买方高度信任和转换成本的关系情境时,大客户经理使用理性策略会提升销售业绩。基于组织双元理论,本书进行了实证研究七,验证了大客户经理(不)平衡的探索式学习和利用式学习对在线销售绩效产生影响。特别地,当在线大客户经理采用比探索式学习更多的利用式学习时,客户表现出更高的线上忠诚度和更好的惠顾结果。

本书的第三个理论创新点在于,为大客户经理相关研究与实践指明了方向。例如,除了已验证的大客户管理项目团队内部关系质量可以影响团队绩效之外,团队的领导力风格和社交网络属性应当对团队绩效也存在直接影响;组织层面的情境因素,只有转换成本和信任相关的关系情境因素被实证检验,其他情境因素(治理机制和产品特征)的调节作用还有待验证;个人绩效(个人创造力与角色压力)、团队绩效(团队任务表现与工作满意)、组织绩效(财务与销售绩效、上下游关系质量)之间的关系也有待实证检验。

本书探求大客户管理中的人际关系本质和作用机制同样具有实践价值,因为这关系到销售企业的存续和发展。随着大客户管理战略的开展和深入,市场竞争带来的压力使得上下游企业间的贸易摩擦逐年攀升,能够有效地、具有针对性地应对和处理大客户的需求,已经成为每一个销售企业、每一个大客户经理都迫切需要培养和加强的一种能力。这种能力对于销售企业的可持续发展,以及买卖双方企业的长远利益都有着决定性的影响。所以,对于实施大客户管理战略的企业而言,从大客户经理的角度理解买卖关系以及如何影响大客户的态度和行为,是企业管理者施行大客户管理项目的关键所在。

本书对企业进行可持续的大客户管理战略有着积极的实践意义和具有建设性的管理启示,但由于笔者学识水平和编写时间有限,书中存在不足之处,恳请读者批评指正,以便将来修订再版。

目 录|Contents

个人篇 大客户经理的新职能、新角色与新任务

组织篇　供应链上游企业的营销策略

图目录 | Contents

表目录 | Contents

第 1 章
绪 论

1.1 实践背景与学术意义

如今,供应链中许多企业面临具有一定权力和特殊需求的客户,这些客户通常被称为大客户,亦被称为重点客户、主要客户、关键客户、优质客户等。这些客户为了保障自己的原材料供应,通常只与有限的几个供应商合作,并且要求供应商提供特殊的产品附加值,例如共同产品开发、融资服务和咨询服务。因此,供应商企业的一项重大变革是将越来越多的企业资源投入到大客户管理项目的建设中。大客户管理也成为上游供应商开展销售和营销活动的重要渠道之一。

大客户管理项目的成功与否很大程度上取决于大客户经理。这是因为在买卖双方建立长期关系的过程中,大客户经理不仅承担着企业内部落实管理政策、协调部门关系的重任,更扮演了与采购商企业代表直接沟通和互动的重要纽带角色。但是,在现实案例中,大客户管理项目中确实存在大客户经理与采购经理之间沟通不畅的情况,进而给双边关系以及交易互动带来不利的影响。例如,某大型烟草生产企业的大客户经理在接受访谈时提到,各大客户的采购经理由于所处家庭、社会环境不一样,所接受的文化教育有差异,以及生长过程中接触的伙伴有别,以至他们性格不尽相同,有的乐观豁达、有的孤僻怪异、有的自以为是、有的固执倔强、有的好动多疑等等。这使得大客户经理在营销过程中要接触形形色色的客户,特别是要和那些性格特殊的顾客打交道,如果无法和这些采购经理在沟通互动中取得沟通风格的一致,就无法获得共鸣以达到和谐交流,导致销售业绩平庸。

在一项对《财富》杂志评选的农具制造 500 强企业销售人员的调查中显示,沟通风格是影响买卖双边关系的重要因素,双方沟通的不顺畅将导致采购方产生抵触情绪,致使销售互动低效,甚至采购业绩下滑。这些案例中,无论是轻工业领域的加工制造业企业，还是重工业领域的机械制造业企业，在实施销售或营销的过程中，无一例外地发现与大客户的采购代表进行风格相通的交流与谈判乃是双方沟通的困难之处。而且这些案例均反映了一个事实：供应链上下游企业的交易代表之间沟通风格不一致的问题将会对双方关系造成损害，甚至影响交易成败。

事实上，在大客户经理个人层面，面对由知识多样性、经济环境不确定性、竞争全球化和组织扁平化带来的越来越复杂的工作任务，大客户经理不得不越来越多地参与到协调互相依赖的工作关系和管理不同部门的工作联系等跨界活动中。当外部的角色期望和自身的角色构想致使大客户经理无法完成工作时，这些经理会感受到角色的沉重压力。

在销售部门的团队层面，大客户经理及其相互间的关系构成了社会网络集合。在跨界团队情境下，每一个大客户经理就是一个社会行动者，他们之间的联系使得每个团队构成了一个社会网络。社会网络的特征属性、团队领导者的领导力属性、网络内部成员的沟通以及上下级之间的关系等，都决定着大客户经理的工作绩效。

在买卖互动的组织层面，我国企业的大客户经理并没有在上下游组织间的沟通中起到决定性的作用，供应商企业的大客户经理与大客户的沟通渠道、沟通结构过于单一，关系脆弱，并且在沟通过程中往往过于关注销量及价格，缺乏对大客户需求的洞察力。供应链的合作伙伴之间，尤其是代表交易双方企业的大客户经理和采购经理之间的沟通显得至关重要，这将有助于确保供应链伙伴间交易关系的可持续发展及企业长期绩效的提升。

在大客户管理情境下，已有大量研究探讨大客户管理项目中的沟通问题，研究内容涉及销售沟通的各个方面，如沟通质量、沟通战略、沟通频率、适应性沟通能力、沟通效力，以及供应商企业内部沟通等。作为买卖双方沟通活动的重要组成部分，沟通风格在买卖关系中起到了至关重要的作用，并且能够显著影响销售互动的效率和最终绩效。学界对于沟通风格的研究已经从 B2C 情境（企业对个人）扩展到 B2B 情境（企业对企业）的各个领域。其中，在 B2C 情境下，大量的研究关注于沟通风格在保险销售、商业服务、电子商务以及其他零售业中的应用；在 B2B 情境下，沟通风格的研究也在个人销售和渠道谈判等领域展开。但是，对以往文献的回顾不难发现，大客户经理的相关研究仍存在以下不足：一是在大客户经理个人层面，鲜有兼顾大客户经理个人的跨界行为、角色压力和个人创造力的实证研究；二是在销售部门的团队层面，沟通风格在大客户管理情境下的研究仍然十分匮乏，更缺少兼顾销售团队社会网络的特征属性、团队领导者的领导力属性、网络内部成员的沟通，以及上下级之间关系的实证研究;三是在买卖互动的组织层面,大客户经理的销售策略在人际层面(在个人销售文献中)和企业间层面(在营销渠道文献中)都被广泛研究,但是鲜有尝试整合个人之间的销售策略和企业之间的交换关系。

从大客户管理研究的角度来看,大客户管理和客户关系管理相关主题得到了学术界的广泛重视,已经成为营销领域的研究热点。自 20 世纪 90 年代以来,国内外关于大客户管理主题的研究层出不穷;21 世纪初至今,大客户管理的相关理论不断演化并逐渐成熟,研究已取得了相当丰硕的成果。大部分的研究均聚焦管理战略,然而大客户管理计划中的主要参与者是"大客户经理",他们的目标是通过创造价值来发展和维持与关键客户的长期关系,而不一定是提高销售量。为此,他们通常会得到一个团队的支持,该团队由来自生产、财务、物流、营销或其他职能部门的人员组成。由此,他们还必须在企业内部(即供应商组织内部)采取行动来协调决策并维持与采购经理的联系模式。简而言之,大客户经理的工作与传统销售人员不同。

针对大客户经理的理论研究和实践探索的不足,本书在国内外现有文献的基础之上,聚焦大客户经理的工作内容,围绕其中的核心问题即跨界沟通和销售策略,以个人层面的大客户经理特质和组织层面的上下游关系相结合作为切入点,深入研究大客户经理跨界沟通和销售策略。总体来看,本书对大客户管理研究的具体内容包括以下几点:

第一,本书系统整合了目前大客户管理研究中有关大客户经理领域已经取得的研究成果,对其各个子研究模块进行总结归纳,为该领域的研究现状提供了一个从个人层面上升到团队层面,再到组织层面的完整化、系统化、可视化的研究脉络。

第二,本书依据大客户经理个人绩效的影响因素这条主线,开展个人因素、团队因素、组织因素等多角度的探索。开创性地深入挖掘跨界行为、沟通风格、影响策略等对大客户经理个人创造力、角色压力、团队任务表现、工作满意度、销售绩效以及上下游关系质量的影响机制。本书丰富了大客户管理研究中的大客户经理个人研究的理论基础,补充了该领域的研究空白,进一步完善了大客户管理理论的系统框架。

第三,本书针对大客户经理发挥作用的工作情境,进一步开展了影响大客户经理个人绩效的环境因素研究。深入挖掘领导力风格、团队社会网络、上下游关系情境、治理机制、产品特征等多层次因素对大客户经理工作绩效的调节机制,使上述影响因素的研究更加扎实、立体、实用。

第四,本书创新性地结合数据驱动的实证研究和理论驱动的文献研究,应用于剖析大客户管理领域,通过角色理论、个人环境匹配理论、跨界理论、社会网络理论、社会交换理论和领导成员交换理论等,将田野实验中收集到的零散数据整合成一个系统的体系。因此,本书扩充了这些前沿性理论的应用范畴及其实用边界,提高了前沿理论对其他情境或问题的解释能力。

1.2　教学目标与课程内容

1.2.1　教学目标

本书针对 B2B 情境下供应商与大客户企业的沟通问题,聚焦大客户经理在个人层面、团队层面和组织层面的重要作用,将组织行为学视角下的前沿性研究成果扩展到营销战略领域,旨在探讨影响大客户经理工作效率和效果的个人因素和环境因素,补充完善组织间沟通的研究框架;同时,设计适用于大客户管理项目的特殊销售策略,为实施大客户管理项目的企业,尤其是大客户管理项目团队内的人员行使好跨界职能、管理好团队关系、维护好组织业绩,提供科学性的理论依据和合理化的管理启示。本书将主要完成三个方面的教学目标:

第一,激发大客户经理个人创造力。梳理和整合品牌危机领域的现有文献,厘清大客户管理和大客户经理的概念,回答:大客户经理在日常工作中承担什么样的跨界角色? 应对什么样的角色压力? 如何针对自身的特定角色和工作压力完成创造性的工作?

第二,塑造大客户管理团队凝聚力。从组织行为领域的领导力、战略管理领域的社会网络、营销战略领域的沟通风格研究视角出发,深入探索塑造大客户管理项目团队内部凝聚力的可能途径,回答:团队内部存在什么样的网络属性? 团队领导可以实施什么样的领导力风格? 成员之间可以进行什么样的人际沟通? 如何整合内部网络属性、领导力风格、沟通风格以最大限度地改善上下级关系?

第三,维护大客户企业上下游关系。从权变理论的视角出发,深入探索实施大客户管理项目过程中需要考虑的组织间关系因素,回答:何种销售策略对大客户企业最有效? 上下游关系是组织间的关系还是个人间的关系? 大客户经理进行关系营销时需要考虑哪些制度和产品层面的因素?

1.2.2　课程内容

根据上述教学目标,本书将课程内容分为个人篇、团队篇、组织篇,具体内容包含 11 章。其中,个人篇包含第 2 章至第 4 章,团队篇包含第 5 章至第 8 章,组织篇包含第 9 章至第 11 章。

第 1 章"绪论"。介绍本书的理论和现实背景,先通过近几年各种大客户管理情境下出现的沟通问题案例,分析大客户经理个人层面、销售部门的团队层面、供应链上下游企业层面沟通的问题。据此引出本书的研究问题,对本书的教学目的、思路和方法做简要说明,最后指出本书可能的教学创新点。

第 2 章"跨界行为:大客户经理的新型职能"。大客户经理越来越多地承担起完成复杂的跨职能部门任务和为组织内部传递资源和信息的"纽带"角色。本章介绍大客户经理的跨界效能,以及四种大客户经理跨界行为的分类。

第 3 章"角色压力:多任务冲突、模糊与过载"。由于承担着比普通销售人员更繁杂的工作任务,大客户经理往往遭受更高程度的角色压力。本章介绍大客户经理角色建立的三个阶段、角色压力的三种重要表现,结合实证研究以验证大客户管理项目中的角色压力问题。

第 4 章"个人创造力:企业生命的源泉"。个人创造力可以帮助大客户经理针对旧问题建立和评估新解决方案、从不同角度看待旧问题、定义和解决新问题,或发现被忽视的问题。本章介绍影响大客户经理个人创造力的因素,个人创造力与组织创新的区别和联系,以及影响上述联系的因素,结合实证研究探寻大客户经理跨界行为与角色压力对个人创造力的影响。

第 5 章"团队社会网络:网络中心度与密度"。社交网络通常被认为是网络成员多样化资源的来源,通过网络规范塑造网络成员的行为。从社交网络的角度来看,销售团队的社会网络为大客户经理提供了访问各种资源和机会的途径。本章首先介绍大客户管理项目团队的网络中心度和网络密度;接着阐述大客户经理和项目团队相匹配的路径;最后通过实证研究,验证网络中心度和网络密度在大客户经理跨界效能和个人创造力之间的影响作用。

第 6 章"领导力风格:团队绩效的润滑剂"。共享领导力为大客户管理项目团队的运行提供了可行的方案。共享领导力可以积极促进团队创新行为,其重要性在于能够在不输给竞争对手的情况下适应组织的环境变化。本章首先回顾共享领导力的文献,厘清共享领导力定义的演变历史;接着剖析共享领导力普遍存在的三种类型;最后基于前文的实证研究,探索共享领导力对团队社会网络和大客户经理跨界行为的影响。

第 7 章"沟通风格:专注任务还是人际互动"。工作绩效不仅取决于领导风格,还取决于领导者与追随者之间的沟通风格。本章梳理已有文献,对沟通风格做出清晰的界定,梳理影响沟通风格产生作用的不同边界条件,以及在不同情境中的实践,指出已有研究存在的不足。

第 8 章"上下级关系:从圈外成员到圈内成员"。良好的上下级关系在于彼此之间个人特质的匹配,这种良好的上下级关系不仅对员工个人有激励作用,也对领导个人有激励作用。本章首先基于领导-成员交换理论给出上下级关系质量的定义；然后介绍最新的上下级关系匹配的实证检验方法；最后利用多项式回归分析验证项目团队内上下级沟通风格的匹配对关系质量的影响。

第9章"销售策略：如何成功影响采购经理"。销售策略本质上是大客户经理获取客户顺从的影响策略，通过大客户经理的销售策略，卖方可以在买方与卖方的互动中影响并说服买方。本章首先介绍影响策略的定义；接着探讨影响大客户经理销售策略的多种情境因素；最后对权变的大客户经理影响策略进行实证研究。

第10章"上下游关系：组织关系还是个人关系"。客户关系管理是销售企业的核心业务战略，它集成了企业内部的流程和功能以及企业外部的业务网络，以盈利为目标为客户创造和交付价值。本章阐述客户关系管理与大客户管理的相似性和联系，厘清相关文献，对组织层面和个人层面关系质量的研究分别进行梳理，分析现有关系质量文献的研究情境和数据来源，剖析不同研究中关系质量的基本维度，定义大客户管理情境中的"大客户经理-采购经理"关系质量。

第11章"销售环境：从一成不变到通达权变"。企业间的交易活动并不是发生在社会真空里。其中，企业之间的关系治理机制为大客户管理项目的进行营造了不可或缺的氛围，日益丰富的产品多样化程度也反映了现实供应链体系的变化趋势。本章首先介绍关系治理和契约治理这两种治理机制，以及产品定制化和产品复杂度这两种产品特征；然后分析治理机制与产品特征等权变因素对大客户管理项目的上下游关系的影响作用。

1.3　教学方法与结构安排

（1）案例分析：查找和回顾关于大客户管理的经典案例，通过对案例中一些有趣且矛盾的现象的分析，提出本书拟解决的问题和研究目的，为后续的文献研究法和实证研究法提供现实依据。

（2）文献研究：对相关的组织之间沟通方式、企业大客户管理、产品特征、关系治理机制、个人环境匹配理论等研究进行梳理和总结，界定相关概念内涵，归纳相关变量的分类标准，明确相关变量的测量和操控方法，深入理解相关理论的演化和发展脉络，为后续的定量实证研究做好准备工作。

（3）业内访谈：对B2B情境下买卖沟通冲突问题突出行业的上下游企业的高层管理人员、大客户经理和对应的采购代表进行访谈，了解他们企业自身的沟通风格和导向、是否会受到供应链伙伴的影响、是否会与供应链伙伴匹配、与供应链伙伴的关系,以及所处的制度环境等,进而挖掘他们的内在关联和意义。

（4）实证分析：向大客户管理情境下买卖沟通冲突问题突出行业的上下游企业大客户经理和对应的采购代表发放配对的调研问卷,回收分析进行定量分析。本书使用 Mplus 7.0 软件,采用多项式回归分析和响应曲面分析技术相结合方法对概念模型和假设进行检验。

本书具体的章节结构安排如图1.1所示：

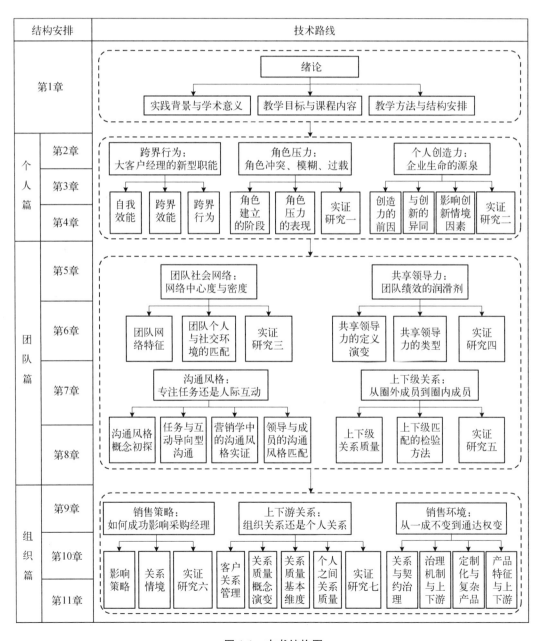

图1.1 本书结构图

思考题

1. 学习大客户管理的目的和意义是什么？

2. 大客户管理的研究对象是什么？

3. 在企业日常经营管理活动中哪些层面涉及大客户管理？

4. 管理学的一般研究方法是否适合大客户管理研究？

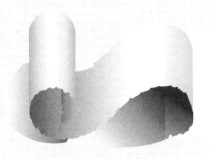

个 人 篇

大客户经理的
新职能、新角色与新任务

随着大客户管理项目的普遍开展,大客户经理逐渐成为销售企业内部一个炙手可热的关键角色。大客户经理是与具有重要战略意义的客户进行直接联系的专职人员。面对着最具战略价值的客户,他们扮演着任务协调者、跨界活动者,甚至企业家的角色。因此,大客户经理应该以客户为导向,并努力确保客户的长期利益和满意度。然而,大客户通常比普通客户有更多特殊和复杂的要求,在发现每个大客户的潜在需求并调整产品和服务以最好地满足他们时,大客户经理比普通销售人员面临更多困难。首先,履行不同于普通销售人员的跨界职能;其次,承受上述多种工作角色带来的角色压力;最后,顺应组织创新的趋势,激发个人创造力。

第2章
跨界行为：大客户经理的新型职能

Managing business relationships requires that boundary-spanning actors, such as key account managers, perform their task at the interface between two relational networks, the internal firm network and the network on the side of the key account.

管理商务关系需要跨界人物，例如大客户经理，在两个独立的关系网络——销售企业的内部网络以及采购企业的内部网络——中游走，以完成工作任务。

——L. 彼得斯，B. S. 艾文斯 & C. 帕尔多，2020

2.1 引 言

大客户经理通过他们在企业中的角色对企业的成功产生重大影响。他们是高素质的员工，负责关键客户并在他们自己的企业与大客户企业之间形成对接。在组织扁平化、网络化，多任务系统，以及持续创新的发展趋势下，大客户经理越来越多地承担起完成复杂的跨职能部门任务和为组织内部传递资源和信息的"纽带"角色，此类大客户经理被称为跨界员工。

跨界大客户经理一方面需要为组织边界内部搜寻有价值的信息和资源，选择、传递和解释来自边界外的信息；另一方面还要协调边界两端的关系，在内部政策和外部限制的冲突矛盾中寻求妥协。面临如此复杂的工作要求，如果缺乏自我成就感并且感到精疲力竭和去人格化，跨界大客户经理很可能遭受心理上的崩溃。因此跨界大客户经理亟须建立自信，能够应对具有挑战和耗时的跨界活动以及来自边界内外部和复杂任务的压力，这时跨界大客户经理的自我效能（简称跨界效能）就显得格外重要。

2.2　自我效能与跨界效能

2.2.1　自我效能的作用机制

跨界效能的研究起源于自我效能，是指一个人对自己能够成功执行某项活动并获得相应成果的信念。这一定义的最基本假设是，无论形成何种心理状态，该心理都会持续地塑造和加强人们对自己能力的期望。这种期望可以分成两类，即效能期望和绩效期望。效能期望是产生自我效能的前提，它是联系个人能力与行为的纽带；绩效期望是指一个人对某种行为可以产生特定结果的估计，它是联系个人行为和绩效产出的纽带（见图 2.1）。效能期望和绩效期望是不相同的。因为一个人可以确信特定的行为会产生一定的结果（绩效期望），但是如果他对自己能否完成某项行为产生严重的怀疑（效能期望），即使其具有足够的个人能力，这些个人能力也不一定会影响他的行为。

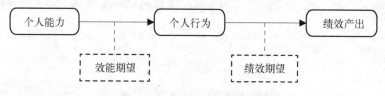

图 2.1　效能期望与绩效期望的差异

我们把关注的重点放在第一阶段的"效能期望"上，即对个人能力的期望会影响相应行为的发起和持续。人们对自身能力的坚定信念会指引他们尝试应对特定情况。在相应行为的发起阶段，人们感知到的自我效能会影响行为情境的选择：人们害怕并倾向于避免威胁性的情况，因为他们认为该情况超出了自己的应付能力，而当他们判断自己有能力处理某种情况时，他们会参与到活动中并放心地实施行为。

自我效能不仅对活动和环境的选择具有重要影响，而且通过绩效期望，自我效能还可以在相应行为的发起阶段就影响人们付出努力的程度。效能期望决定人们在面对障碍和负面经历时会付出多少努力以及会坚持多长时间。自我效能越强，努力就越积极。那些在障碍和负面经历中坚持下来的人将获得正确经验，这些经验可以增强他们的效能感，从而最终消除其防御态度。那些过早放弃，停止应对障碍和负面经历的人将在很长一段时间内处于自卑和恐惧之中。

　　上述关于感知到的自我效能如何影响绩效的分析并不意味着期望是行为的唯一决定因素。如果缺少"个人能力"，则仅靠"期望"将无法产生令人满意的"绩效产出"。此外，人们还可以成功地做很多事情，但是他们没有动力去做，所以他们不会去做。因此，有了适当的技能和适当的激励措施，效能期望才能成为主要的影响因素，决定人们行为的选择、付出努力的程度，以及应对压力的持续时间。

　　研究表明，员工的创造性自我效能正向影响创造力和工作绩效，并且在学习目标导向和创造力的关系之间起到重要的中介作用。此外，自我效能与创新构想的产生和执行具有积极的联系，并且在员工自我领导与创新构想产生的关系中起着纽带作用。研究还证实了自我效能可以带来跨界员工积极的工作表现。

2.2.2　自我效能的来源

　　自我效能的产生基于四个主要信息来源：绩效成就、替代经验、口头说服、情绪唤醒。以往研究提出了用于减少人们防御行为的各种影响措施，并给出用来产生效能期望的每种措施的主要来源。例如，基于绩效成就的方法不仅可以促进行为成就，而且可以消除恐惧，从而通过活跃和唤醒的信息来源来提升自我效能感。通过一种通用的操作机制，本章提供了一个概念框架，可用来研究人们的行为改变。

　　（1）绩效成就。自我效能的这种来源尤其具有影响力，因为它是基于个人掌握的成功经验。成功经验提高了对自身能力的期望；相反，反复的失败会降低自身能力的期望。在通过反复成功而产生强大的效能期望之后，偶尔失败的负面影响可能会减少。人们通过经验发现，即使最艰难的障碍也可以通过持续的努力来克服，偶尔的失败也可以通过坚定的努力克服。因此，失败对自我效能的影响部分取决于失败发生的时间和模式。

　　（2）替代经验。人们并不仅仅依赖以往成功的经验作为他们自我效能水平的唯一信息来源。许多效能期望来自替代的经验：看到他人采取有风险的活动而没有不良后果，可能会引起观察者的期望，即观察者如果加强并坚持不懈地努力，他们的情况也会有所改善。他们说服自己，如果别人能够做到，自己应该至少能够在绩效上有所提高。替代经验依赖于社会比较理论，相对于个人成就的直接证据而言，替代经验是关于自我能力的一个较弱的信息来源。因此，仅通过与他人比较而产生自己的效能期望可能会更弱，并且更容易发生变化。

　　（3）口头说服。在试图影响人类行为的过程中，言语说服因其易于使用而被广泛应用。通过言语上的不断劝说，人们会被说服自己可以成功应对过去无法应对的事情。以这种方式产生的效能期望也可能比成就所产生的期望弱，因为它们没有为人们提供真实的经验基础。面对令人痛苦的回忆以及长期被某种挑战折磨的经历，口头说服引起的任何效能期望都可以通过一次失败经历而轻易消除。

（4）情绪唤醒。压力大且繁重的任务环境通常会引起情绪上的唤醒，视情况而定，这可能对自我效能的产生具有参考价值。因此，情绪唤醒是个人能力信息的另一个来源，可以影响人们在应对威胁情况时的自我效能。人们在判断自身焦虑情况和承受压力的能力时，部分依据其生理状态。由于高压力环境带来的高程度的情绪唤醒通常会降低个人的绩效表现，因此，与紧张和焦虑的人相比，未受到情绪唤醒困扰的人更可能获得成功。

2.2.3 大客户经理的跨界效能

大客户经理必须确信自己可以结合其他团队合作和任务职责来执行此类具有挑战性和耗时的活动。考虑到跨界行为的复杂性，以及自我效能在困难和复杂任务中对适应和持久性的影响，大客户经理的跨界自我效能尤其重要。在自我效能的基础上，根据自我效能概念，本章将"跨界效能"定义为个人对自己成功建立和管理与团队外部重要人物的关系的信心。据此，大客户经理的跨界效能是指大客户经理对成功建立和管理与重要的边界外组织或个人的关系的信心。

高跨界效能的大客户经理对与外部各方进行互动充满信心，并相信自己具有有效管理影响团队的各种外部变量的必要技能。由于他们的自信，这些大客户经理不仅更有可能承担跨越边界的任务，而且更有可能在挑战性和繁重任务的情况下控制经常出现的负面情绪反应；他们也更有可能将与跨界相关的需求和挑战看作是提升自我的机遇而不是阻挡机会的障碍。因此，具有较高自我效能的大客户经理将在跨界方面设定更高的个人目标，并且更有可能运用适合任务的策略以成功地执行这些具有挑战性的行为。

2.3 大客户经理的跨界行为

广义上的跨界行为既发生在组织内部（例如，营销部门与制造部门之间），也会跨越组织边界（例如，组织与客户、供应商之间）。面对由知识多样性、经济环境不确定性、竞争全球化和组织扁平化带来的越来越复杂而繁重的工作任务，大客户经理不得不越来越多地参与到协调互相依赖的工作关系和管理不同部门的工作联系等跨界活动中。跨界行为的最初定义为：① 信息处理，即向边界内部选择、传递和解释来自外部环境的信息；② 对外呈现，即代表组织在内部政策和外部限制的冲突中实现妥协，缓解外部对组织自主性的压力。在此基础上，跨界行为的内涵可以进一步丰富，具体包括向利益相关者代表组织，与其他部门或组织协调工作，以及从外部专业团队获取信息等活动，并且实证也支持了这些活动能够带来良好的组织绩效和组织创新。

本章归纳出一个更全面的跨界行为框架，包括两类边界松弛活动：侦查和协调；以及两类边界紧缩活动：缓冲和强化界限。侦察活动包括大客户经理向外部环境寻求重要资源和支持；协调活动是指在工作项目上与边界外部人员协调、合作、谈判以及获得反馈。这两类活动因为促进了边界内大客户经理与其他部门和组织的和谐互动而被称为"边界松弛活动"。缓冲活动是指大客户经理为防止内部系统过多暴露在外部环境中而做出的努力，包括阻隔边界外的干扰、不确定性和负面压力，预防内部重要资源泄露等；强化界限活动包括增强边界内其他员工的归属感，激发内部员工的工作热情并完成共同目标。这两类活动因为强化了边界内部与外部的区别而被称为"边界紧缩活动"。

2.3.1　信息处理与对外呈现

对跨界行为的最初定义认为，组织内的跨界人员扮演着两类重要角色：信息处理和对外呈现。组织外部的信息通过跨界人员传递到组织内部，同时跨界人员在连接组织与外部环境时缓冲环境的损害、调节环境的压力，以及影响环境的变化。因此，大客户经理可以承担这两个角色中的任意一个或全部职能。

（1）信息处理（information process）职能。由于跨界角色的特殊性，大客户经理经常暴露在大量的外界信息中。如果所有的这些信息都要求立即被组织处理，那么无疑各个组织都将处在一个极具负担的位置上。大客户经理作为跨界人员，成为其所处的组织对抗外界信息压力的重要屏障。筛选信息的能力对于大客户经理来说至关重要，因为并不是所有的信息都是同等重要的。一般来说，外界信息可以分成三类，即战略信息、管理信息和技术信息。它们的优先级会根据当时组织所处的环境而变化。例如，在高度稳定的商业环境和技术变革不明显的行业环境中，战略信息对于制造业的组织来说就不那么重要了。

我们着重分析外部信息是如何通过跨界人员的信息处理渗透到组织内部的。大客户经理的"信息处理"角色其实承担了双重的任务，即过滤和促进。一方面，由于外界信息的冗余繁杂，大客户经理需要过滤部分信息，优先保留一些信息，同时分离、搁置和保留其他信息，这样可以有效缓解冗余信息阻塞组织沟通渠道的问题。大客户经理可能优先保留和处理一些信息，例如及时回应客户对于产品性能的一些疑问；大客户经理也可能暂时搁置和保留部分信息以备日后查阅，例如其他同事获取的有关竞争对手的竞争产品信息。大客户经理能够及时发现市场对于他们产品的反馈、客户对于产品的最新需求，因而知道生产最新产品时需要哪些原材料，并可以及时通知采购部门进行原材料采购。同时，大客户经理作为跨界人员，还可以及时收集必要信息与组织内部其他部门进行沟通，以保障生产。

（2）对外呈现（external representation）职能。大客户经理的对外呈现职能可以看作是所在组织应对外界环境干扰的防御措施。大客户经理们可以通过三种方式来适应环境的变化：① 内部结构优化，要求获取外部环境的特征信息来调整企业内部的组织架构以匹配相关环境；② 外部权力获取，要求获得改变企业外部环境的相关权力，掌控环境使之顺应所在企业的需求；③ 居中调停斡旋，要求大客户经理谨守中庸之道，调和企业与环境间矛盾。无论采取上述何种适应环境的方式，大客户经理的"对外呈现"角色都要求他们做到资源的获取和支配，保持组织的政治合法性和领导权，保持组织的社会合法性及形象。

关于资源的获取和支配，由于组织内部的权力链条通常由组织的核心延伸到组织边界，因此作为跨界人员的大客户经理们承担着实施组织核心部门有关外部资源获取和支配决策的任务。这种基于权力链条的决策传达，通常会给身为跨界人员的大客户经理带来两种问题。首先，他们需要获取的资源信息往往具有时效性，如果支撑这些资源信息的政策导向发生了转变，那么这些信息和资源有可能瞬间变得不重要。因此，对于有责任心的大客户经理而言，常常会面临一个两难境地：是否需要将一手的外部信息及时传送到企业内部并做出响应，还是需要等待该外部信息获得官方认可后再传递？其次，一些大客户经理往往会将自己在企业内的职级同与其互动的其他企业内的跨界人员进行比较，这样比较容易滋生跨界人员的不满情绪。例如，在笔者的预调研访谈中，一位制造业企业的大客户经理直言道："我肯定会关注（对方企业的）采购人员的职级，我是经理级，他至少也需要是采购经理级才平衡。一是因为采购经理往往才有一些决策权，二是因为与我的职级匹配才能表现出（对方企业的）重视。"

关于保持组织的政治合法性和领导权，大客户经理的此处"对外呈现"角色不仅要求他们能够对外展现自己的企业，而且要求他们能够在企业与外部环境之间"左右逢源"，即大客户经理需要在适当的时候与其他组织的跨界人员"掰手腕"，以获得本企业更多的话语权。大客户经理可以通过向重要的客户群体提供信息，并在必要时迎合他们的需求来保持本企业的政治合法性。例如，在笔者的预调研访谈中，一位制造业企业的大客户经理也提道："为了使我们的产品在同类型产品的竞争中脱颖而出，我们会努力维持与重要客户的关系，甚至提供较为机密的信息以获得对方的信任并获得订单。"

关于保持组织的社会合法性及形象，就是要求大客户经理通过广告和公共关系管理的手段使本企业保持公众曝光度。与前一种保持政治合法性的角色要求不同，保持组织社会合法性的行为不要求大客户经理与任何人"掰手腕"或谈判，其所在企业对外界环境的影响往往是单向的，仅仅向外界传达本企业的信息。上述三种大客户经理的"对外呈现"职能可以帮助企业获得很好的营销业绩。

2.3.2 使节、协调、侦察、防御

在信息处理与对外呈现的基础上，研究者首先回顾了跨界互动中的各项活动流程，识别出 15 项不同的活动，例如，① 描绘，是指构建外部环境框架的行为，预测未来可能的威胁来源和合作伙伴。描绘行为需要帮助组织解决以下问题"谁支持了我们而谁没有支持？""人们需要我们做些什么？"。描绘需要跨界人员结合以往经验获得的信息和与外界沟通获得的更新信息来执行任务。② 塑造，是指通过改变外界人员的思想和行为使外部环境适应本企业需求。塑造通常包括劝说和影响，通过正面的评价手段来展现一个企业的精神面貌。③ 竞合，竞争与合作看似不兼容，但实则相辅相成，竞争体现在企业与其他组织为了获得更高话语权的谈判行为，合作则是双方企业赖以生存的互动关系和互信行为。④ 筛选，是指从外界获得大量信息而仅向组织内部传递小部分信息的行为。筛选与信息处理职能类似，可以防止外界干扰信息和政治操纵行为影响企业内部运转。此外，还有收集信息和资源、扫描、寻求反馈、开放交流渠道、通知、允许输入、翻译、分类、交付和保护等活动。

在识别出 15 项活动之后，采取实证的方式对这些活动进行聚类分析，精简跨界行为，并提出了一个四维度的跨界行为模型。之前归纳的 15 项活动由 24 个题项进行测量，通过对 409 位新产品开发部门的跨界人员进行问卷调查，并对 24 个题项的回答进行主成分分析（见表 2.1），研究者将跨界行为划分成使节行为、协调行为、侦察行为、防御行为。

表 2.1 跨界行为的四维度量表

问 卷 题 项	使节	协调	侦察	防御
吸收团队的外部压力，使其不受干扰	√			
保护团队免受外界干扰	√			
防止局外人通过过多的信息或过多的请求使团队超负荷运转	√			

问　卷　题　项	使节	协调	侦察	防御
说服其他人，团队的活动很重要	√			
扫描组织内部的环境，以防对产品团队造成威胁	√			
与外界对话时努力提升团队形象	√			
说服他人支持团队的决定	√			
为团队获取资源（例如，资金、新成员、设备）	√			
向更高的组织级别报告团队的进度	√			
找出企业中的其他人是否支持或反对您的团队的活动	√			
找出有关您企业的战略或政治局势可能影响项目的信息	√			
让企业中的其他小组了解您的团队的活动	√			
与外部团队一起解决问题		√		
与外部团队协调活动		√		
从其他团队或个人那里获取团队需要的东西		√		
与其他人协商交货期限		√		
与外部人员一起审查产品设计		√		
找出竞争企业或集团在类似项目中的表现			√	
扫描组织内部或外部的环境以获取营销思想/专业知识			√	
从团队外部的人员那里收集技术信息/想法			√	
扫描组织内部或外部的环境以获取技术思想/专业知识			√	
在适当的时间之前，应将有关团队的消息对企业其他人员保密				√
避免将信息发布给企业中的其他人，以保护团队形象或产品				√
控制团队发布的信息，以展示我们想要显示的资料				√

（1）使节行为（ambassador）。第一项跨界行为包含反映缓冲和代表活动的 12 个题项。它包含前面描述的"筛选"和"塑造"活动的各个方面以及"描绘"活动的某些方面。参加使节行为的成员可以保护团队免受外界压力，说服其他人支持团队，并游说外界而获得资源。由于这些活动既包含保护性目标也具有说服力，因此我们将其称为"使节"活动。进行这些活动的成员经常与组织结构中的上层成员进行沟通，例如高层研发人员、部门高管甚至企业高管。

（2）协调行为（coordinator）。第二项跨界行为有 5 个题项，旨在协调技术问题或产品设计问题。这套活动包括与其他人讨论产品设计问题，获得有关产品设计的反馈以及与外部人员进行协调和谈判。这些活动称为"任务协调"行为。开展这些活动的个人通过研发和制造等部门实现高频率的组织内部沟通。

（3）侦查行为（scouting）。第三项跨界行为有 4 个题项，这些行为涉及对有关竞争、市场或技术的想法和信息进行常规扫描获取。该项跨界行为包括上述 15 项活动中发现的描绘、信息收集和扫描活动的许多方面。此项跨界行为被标记为"侦察"活动。这些行为与以前的活动不同之处在于，它们与常规扫描有关，而不是处理特定的协调问题。开展这项活动的个人表现出与市场营销、销售和研发部门的高度沟通。

（4）防御行为（guarding）。第四项跨界行为旨在避免信息泄露。此项跨界行为被称为"防御"活动，有 3 个题项。这些活动与上述 3 个活动的不同之处在于它们不代表对环境的主动行为，而是代表使内部活动远离环境的被动活动。

2.3.3 边界缓冲、边界跨越和边界强化

以往学者关注组织与组织之间的跨界行为，又有学者着重分析了组织内部、团队与团队之间的跨界行为。当以工作团队为分析级别时，其外部环境既包括组织内部部门，也包括组织外部部门。以大客户管理项目团队为例，由于项目团队由上层组织管理部门分配任务并执行，需要同时满足内部和外部客户以及其他利益相关者的需求，因此在项目团队级别进行跨界活动时既需要大客户经理处理上级的销售任务，又需要处理外部机构关系。影响大客户经理工作效率的不仅有各种环境力量的约束，而且还有多重、相互冲突且繁重的工作安排，在大客户经理参与工作和生活时，会对其施加影响。因此，对跨界工作的充分了解需要同时考虑向组织外和向组织内的跨界活动，确定与项目团队有关的三种跨界活动：边界缓冲、边界跨越和边界强化。

（1）边界缓冲（boundary buffering）行为。作为团队存在的条件，团队会建立并维护其既定的边界，以保护团队免受环境的侵害。边界的存在目标在于封闭内部生产核心、对内部进行缓冲、在团队的投入和产出中保持韧性、预测变化和不确定性，并实施特定行为以保护所划定的区域免受环境侵害。团队跨界行为中的这种缓冲功能强调项目团队不受环境干扰的影响，以增强团队内合理行动的可能性。前文阐述了"防御角色"如何为团队服务，实施防御行为的跨界人员负责监视团队的边界、控制进入边界的质量和数量，并防止重要信息和资源的外流或泄漏。

除了缓冲技术性的潜在干扰之外，团队还必须保护自己免受来自管理、文化和政治领域的干扰。例如，大客户经理可能会面临压力，要求他们面对众多知名度高的大客户提供服务以及执行其常规项目。建立团队层面的统一原则以指导大客户经理优先处理此类客户的请求，可以帮助企业保留和分配稀缺的人力资源；又例如，大客户经理可能会弱化上层有关政治任务的要求，以便在保护团队内其他人的同时，只有很

少的成员受到影响。团队内部选择性地交流和策略性地分配政治信息也可以帮助过滤掉非生产性信息。

（2）边界跨越（boundary spanning）行为。将边界作为组织间交易的前沿以及团队与其环境之间接口的观点代表了"边界跨越"作为关键跨界活动的基础。组织经常参与各种活动，例如讨价还价、谈判、签约、合作、建立联盟和结盟，表明多种跨越策略的存在。以往的边界跨越研究提供了与项目团队相关的见解。在有效的产品开发团队中，"使节"和"协调"行为帮助跨界人员与大型组织中的联系人进行合作，他们在该组织中获取信息，资源和支持以执行手头的任务。此外，他们观察到，一些团队进入了组织以外的环境，以形成与团队活动相关的趋势，例如技术发展。

边界跨越行为不仅可以通过项目团队成员在其角色和能力范围内实现，而且可以通过社交网络来实现，即通过不间断的活动来建立和维护人们之间出于各种目的的联系。在没有组织正式授权的情况下进行工作的必要性，以及建立跨部门工作关系的日益增长的需求无疑使人们认识到建立社交网络的意义，需要将更为广泛和非正式的边界跨越行为变成战略性的组织行为。

（3）边界强化（bringing up boundaries）行为。边界强化是指项目团队吸引其成员的精力和执着，使他们专注于完成工作任务的活动。这项工作需将来自不同背景的成员组织成一个紧密的团队，并保持团队内的可用资源。通过紧密连接成员并在共同任务上集成系统资源，团队与其环境之间的边界自然会出现界限，其中元素相对松散地耦合在一起。与"缓冲"或"跨越"行为（团队将外部的参与者作为干扰或关键资源的来源）相比，"边界强化"的重点在于内部因素。强化团队边界的任务是通过两个相关的步骤完成的。首先，吸引团队成员的注意力、精力和资源来完成该团队的任务和使命，从而发展团队向心力；其次，营造一种支持性的氛围，在这种氛围下，人们对所属团队的独特性产生共同的认识。

总而言之，"缓冲"或"跨越"表示向外的边界活动，团队通过该活动与企业内以及大环境中的其他组织进行交易。相反，"强化"表示向内的边界活动，这些活动将团队元素和资源联系在一起，以实现团队的目的。有效的缓冲有助于强化界限，因为减少外部干扰可能会创建一个更加平静的环境。但是，前者不能替代后者，因为阻止外部干扰并不一定会使团队免受内部混乱的影响。强化边界与跨越有所不同。在边界跨越中，团队努力的目标是从外部环境引入团队所需的资源；在边界强化时，团队保留了先前收集的宝贵资源，并将其有效地应用于手头的任务。图2.2描述的三种跨界活动是相互支持和互补的。

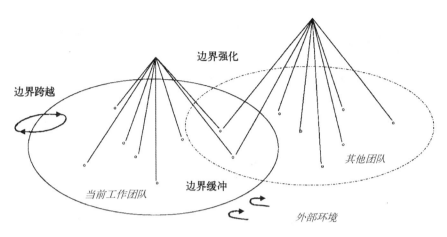

图 2.2　工作团队层面的跨界活动

2.3.4　边界松弛与边界紧缩

笔者认为,跨界活动应指团队参与管理边界的所有活动,其包括四种类型：强化界限、缓冲、侦察和协调,即包括了以往文献中已经确定的边界活动的全部内涵。侦察和协调代表了松弛边界的策略,而强化界限和缓冲则涉及通过系统地监视和调节内部系统来加强边界的策略。

强化界限活动旨在吸引成员的精力和执着并专注于完成任务的团队过程。这项活动需要将经常来自不同背景的成员组成一个凝聚力强的集体;因此,团队与环境之间自然会出现界限。缓冲活动表示另一种团队流程,旨在使团队免受环境干扰,以防止负面信息进入团队边界,并防止资源泄漏到环境中。侦察活动是指扫描想法、外部支持、信息和其他资源。这些活动包括描述外部、信息收集和扫描的诸多方面,旨在获取资源以增强团队的能力。协调活动旨在通过协作、协调、谈判和反馈来管理买卖双方互相依赖的过程。这些活动促进了与其他组织团队的紧密联系,常常填补了正式结盟中留下的许多空白。

基于此,进一步的分析将影响跨界行为的因素和跨界行为能够带来的结果融合在一个模型中。本章借鉴此模型,探讨影响大客户经理跨界行为的因素,以及大客户经理跨界可能带来的结果。具体而言,专注于研究两个结构特征——任务相互依赖度和目标相互依赖度——来描述团队参与重要的跨界活动。团队间任务相互依赖度是指团队认为其依赖于组织中其他团队执行任务的程度;团队间目标相互依赖度是指团队认为已被分配与组织目标一致的任务的程度。图 2.3 描述了团队间任务和目标的相互依赖度如何影响团队跨界活动。

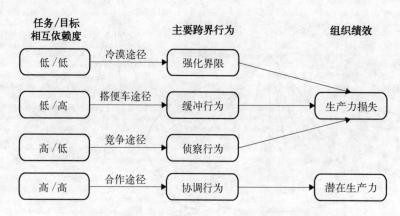

图 2.3　影响跨界行为的任务/目标相互依赖度模型

　　根据图 2.3,大客户经理所处的团队与企业内部其他团队之间的任务相互依赖度和目标相互依赖度都会对该企业最终的组织绩效产生影响,但是,该影响的效力是建立在任务与目标的相互依赖度如何组合的基础之上的。换言之,团队之间任务与目标相互依赖度的交互作用成为团队成员选择跨界行为的决定因素,并直接决定了组织绩效。例如,任务的相互依赖标志着两个团队迫切地需要合作与协调;而目标的相互依赖标志着两个团队的上述需要被满足。在下文中,我们将具体阐述多种任务依赖度和目标依赖度的组合如何影响团队成员跨界行为的选择。特别地,着重关注大客户管理项目团队的跨界行为选择。

　　(1) 团队间任务相互依赖度低-团队间目标相互依赖度低。如果组织内部的大客户管理项目团队间任务相互依赖度低,并且目标相互依赖度也低,那么两个大客户管理项目团队之间不需要高频率的互动,每一个团队可以单独完成自己的指标,而不需要考虑与其他团队之间的潜在冲突。例如,一个律师事务所通常包含多个团队,服务于不同领域的大客户,由于各个团队的业务类别和领域不同(证券与资本市场、银行与金融、企业并购、国际贸易、知识产权等),团队彼此之间认为对方不会争夺本团队的资源,因而团队之间争夺同一个大客户的冲突可能性较低。

　　这种划分团队边界的作用途径称为"冷漠途径",因为各个团队关注于将资源投入团队内部。这种"低-低"相互依赖度的模式为"强化界限"行为提供了可能。低程度的任务相互依赖预示着项目团队之间有限的互动需求和机会,低程度的目标相互依赖预示着其他团队不会成为本团队达成目标的威胁。因此,团队间任务相互依赖度低-团队间目标相互依赖度低的组合将与更多的"强化界限"活动相关联,而不是缓冲、侦察或协调活动。

　　(2) 团队间任务相互依赖度低-团队间目标相互依赖度高。这种配置表明团队之间几乎不需要互动,但团队相互依赖以实现目标。一个例子是基于团队的学校组织,其中教师根据他们教授的学科被分配到团队(例如,数学团队、英语团队),校长制订了增加升学人数的共同目标,每个团队都独立于其他团队制订并实施适当的计划。

这样的团队通常可能会采取"搭便车"的方式来应对其他团队。高目标-低任务依赖度的团队间关系为团队矛盾埋下了隐患。根据社会认同的观点,不确定性会导致团队偏袒外群体偏见,排除合作和协调的可能性。在低团队间任务相互依赖和高团队间目标相互依赖的组合条件下工作的团队遇到了典型的社会困境。高目标相互依赖性可能会鼓励团队与其他团队合作,而低任务相互依赖性几乎没有机会验证其他团队对共同目标的贡献。这种相互依赖的配置可能会使一个团队暴露于其他团队的利用企图中。具体来说,一个团队可能希望避免潜在剥削的可能性(成为吸盘团队)或借此机会利用其反制团队(搭便车)。无论哪种方式,团队都会削弱他们的努力。为避免此行为,团队可能会尝试阻止信息泄漏到团队边界之外。因此,他们可能会参与"缓冲"边界活动。

(3) 团队间任务相互依赖度高-团队间目标相互依赖度低。在团队间任务相互依赖度高和团队间目标相互依赖度低的配置中,不同团队的成员必须沟通和交换信息、资源和材料来执行他们的任务,但每个团队的目标分配相对独立于其他团队。例如,医院病房的医生、护士和其他辅助治疗专业人员组成的专业团队相互紧密配合,但工作目标并不一致。这些专业团队必须沟通才能为患者提供护理。但是,每个团队的成员都由不同的控制链管理,具有不同的目标和不同的考核系统。这种情况本质上是不稳定和不确定的,因为团队成员很难预测其他团队的成员是否会合作。

在这种情况下,团队成员可能会倾向于对其他团队采取"竞争策略"。根据社会认同方法,这种不确定性可能会将团队偏好置于组织整体利益之上,并可能强调外群体偏见,排除合作与协调的可能性。低目标相互依赖决定了每个团队都努力实现自己的目标。但是,由于实现目标的任务相互依赖度高,团队需要依赖其他团队的资源。然而,由于他们受到外部群体偏见的激励,团队可能会通过跨越边界来竞争性地采取行动,以获取执行手头任务所需的信息、资源和支持。也就是说,他们可能会从事"侦察"边界活动。研究表明,当组织团队共享资源(高度任务相互依赖)时,可以使用竞争策略来获得最大的资源和权力。

(4) 团队间任务相互依赖度高-团队间目标相互依赖度高。在团队间任务和团队间目标相互依赖度均高的条件下,团队必须一起工作来实现他们的共同目标。每个团队需要贡献,鼓励资源的交流和协调以及沟通,因为团队合作越多,他们就越能为实现共同目标做出贡献。一个例子是,一个电信运营商企业,其中研发团队和客户服务团队被分配共同目标——增加市场份额。研发团队依靠客户服务团队的反馈信息,根据市场需求开发产品,而客服团队依赖研发团队满足客户需求。

在这种情况下,团队成员倾向于对其他团队采取"合作策略"。由于此类团队的成员收到有关团队间任务和目标相互依赖的信息,因此不确定性相对较低,从而减轻了对他人的贬损态度。通过将具有显著差异的团队成员转变为单一、更具包容性的群体,可以进一步减少团体间偏见和冲突。从这个角度来看,团队间合作以完成任务(高度任务相互依赖)和实现上级目标(高度目标相互依赖)的激励减少了偏见和冲突,并将团队成员的自我认知从"我们"与"他们"转变为更具包容性的"我们"。

(5) 大客户经理的跨界行为与结果。这上述四项边界活动可以进一步与大客户经理的跨界结果联系起来。组织潜在生产力是指在团队的某些理想化假设下组织的最佳绩效水平。几十年来在团队层面研究的成果表明,团队有时无法达到合理的潜在生产力——用术语来说,它们表现出过程损失。因此,组织的实际生产力被定义为其潜在生产力减去其过程损失(因为需要团队间协调和合作动机)。在大多数情况下,更高的团队生产力与组织生产力呈正相关,但在某些情况下,更高的团队生产力并不会(完全)转化为更高的组织生产力。也就是说,组织的整体生产力低于高绩效团队的潜在生产力。

笔者认为,参与"协调行为"的边界活动可能会提升组织的潜在生产力,因为这项活动是唯一旨在与对应团队交换和共享每个团队独特资源的行为。通过这种方式,团队可以最大限度地利用组织的资源,因为每个团队的独特资源都可以跨越团队边界流动,因此它们可以被对应的团队使用。例如,组织学习研究强调组织知识的积累,显然取决于资源以及跨团队边界的信息流动。

然而,资源也可以被保留在团队边界内。团队可能会采取行动为自己保留独特的资源。"缓冲"活动旨在防止信息泄露和阻止其他资源发布的团队流程;"侦察"活动描述了专注于侦察从其他团队资源同时,提供尽可能少的内部资源作为回报;而"强化界限"活动不涉及团队之间的资源交换,因此资源将停留在团队边界内,不会成为整个组织的财产,导致生产力损失。

2.4 小 结

现代企业需要处理与价值创造合作伙伴(例如供应商、联盟合作伙伴、研发合作伙伴或客户)之间的多种组织间关系。大客户管理是指对这些组织间关系的特定子集的管理，即与对企业长期绩效具有最高战略意义的企业客户的关系。虽然这些关系可能代表企业关系组合中一小部分，但它们通常对企业收入和利润做出重大贡献。与大客户的稳定关系对于商业市场中的任何企业来说都可能代表着宝贵且稀有的无形资源。因此，近年来的大客户管理研究强调了如何将大客户管理视为必不可少的企业级能力以及如何利用特定的资源维护与大客户的关系。

在大多数企业中，大客户经理是大客户管理团队的核心参与者。当然，存在一些例外情况，例如，不是大客户经理或大客户管理团队成员的参与者承担大客户管理项目的责任（例如，中型企业的经理）。大客户管理和经典销售管理之间的主要区别在于，大客户经理在两个不同组织网络的内部和接口中扮演着关键角色：他们参与到与大客户关系中的内部组织关系和外部关系网络。在这个角色中，他们管理与自己的企业和大客户企业之间的一组复杂的多个参与者关系。

30 多年来，大客户管理和大客户经理一直是学术研究的主题。大客户管理计划的实施已得到广泛探索，然而在学术研究和管理实践中仍然忽视了大客户经理的复杂工作及其对这些大客户经理的挑战。这值得所有企业警惕，因为高技能大客户管理人员是"稀有品种"，实践大客户管理项目的企业必须付出相当大的努力来留住和激励他们。特别是，很少有研究探讨大客户经理如何看待自己的角色以及他们如何识别工作的复杂环境。

今后的关注重点应当包括，关注大客户经理跨界效能的决定因素。莱奥诺·彼得斯（Leonore Peters）等的研究表明，除了两个维度（组织认同和大客户认同）之外，还可以有其他的认同维度，即对领导的认同和对职业的认同，这对大客户经理的跨界效能有重要影响；此外，还可以探索大客户经理跨界行为的后续影响。

思考题

1. 自我效能与跨界效能有什么区别和联系？

2. 大客户经理可以通过何种方式提升跨界效能？

3. 大客户经理与普通销售人员的职能有哪些差异？

4. 大客户经理跨界行为的两个基础维度是什么？

5. 四维度的大客户经理跨界行为中哪一个维度的活动最丰富？

6. 任务和目标依赖度与组织绩效之间存在哪些联系？

7. 不同种类的大客户经理跨界行为之间有什么区别和联系？

第**3**章
角色压力：多任务冲突、模糊与过载

The KAMs' role is more than a salesperson and necessarily involves managing people as well as finances and other resources.

大客户经理的角色不仅仅是一个销售人员，其必须承担管理人员、财务，以及其他资源的职责。

——C. M. 维齐，2019

3.1 引 言

由于承担着比普通销售人员更繁杂的工作任务，大客户经理往往遭受更高程度的角色压力。角色压力会对大客户经理的工作满意度和家庭幸福感产生影响。研究发现，不同性别的大客户经理确实在工作满意度以及工作家庭冲突的态度上有所不同。例如，虽然角色压力会对男性大客户经理的薪酬满意度产生负面影响，但女性大客户经理的薪酬满意度不受角色压力的影响。此外，工作家庭冲突不会影响男性大客户经理对同事的满意度，而对女性大客户经理有负面影响。虽然工作、家庭冲突与男性大客户经理对晋升和组织政策的满意度呈负相关，但与女性大客户经理没有显著关联。因此，没有一种"最佳"的组织文化和结构会对所有类型的大客户经理的工作满意度产生积极影响。角色压力也被证明与大客户经理的身心压力呈正相关并降低其以客户为导向的销售业绩。研究表明，更大角色压力的大客户经理可能会减少工作努力，甚至会间接影响大客户经理离职的意愿。有了这些发现，角色压力的后果对组织来说代价高昂也就不足为奇了。

鉴于角色压力对组织有如此负面的影响，研究人员试图更好地了解其缘由。当大客户经理表现出低绩效时、当大客户经理经历负面的关键销售事件（例如意外失去重大销售)以及当大客户经理十分在意客户价值时,角色压力会明显增加。这是大客户经理对组织价值取向的认知与大客户经理期望的组织价值取向有差异而产生的结果。这些价值导向(即客户导向或财务导向,例如关注利润和最小化成本)的差异可能会影响大客户经理从事以客户为导向的销售行为的程度。此外,当大客户经理和项目负责人之间存在性别差异、大客户经理和项目负责人之间的互动较少以及大客户经理的自主权较低时,角色压力似乎更大。此外,当大客户经理认为他们的组织道德氛围低下以及当大客户经理认为他们与组织之间缺乏价值一致性时,角色压力也会增加。

由此可见,角色压力可能取决于组织的结构和文化。组织文化由组织内部成员共同建立的愿景、使命、价值观组成。大客户经理和组织之间的共同价值观为其决策提供了框架或基本规则,并指导着大客户经理的行为;而与组织共享价值观程度较低的大客户经理可能会经历高度紧张和工作焦虑等压力。

角色压力的主要组成部分——角色模糊和角色冲突——是在组织行为和销售队伍管理中研究最广泛的内容之一。当员工不清楚他们工作中所需的职责和行动时,就会出现角色模糊,导致无助感。当员工认为团体期望和要求不相容且不能同时满足时,就会产生角色冲突。例如,当销售人员认为他们的经理的期望和要求与客户的期望和要求不兼容时,就会发生这种情况。

3.2　大客户经理角色建立的三个阶段

在组织情境下,角色被认为是一个员工对其所被期望实施的行为的感知,这种感知来自角色发出方(包括领导、同事和客户)对员工的影响,同时也源于员工自身对如何工作的自我构想。

根据角色理论,角色发送方通过一系列确立角色的情节对角色接收方进行各种工作分配测试,双方关系的质量在这些情节过程中不断发展。在“角色获取”的阶段,角色发送方通过传达角色期望或分配试用任务(即发送角色)来测试关系并评估角色接收方的反应。这种关系随即发展到“角色制定”阶段,该阶段定义了双边关系的性质,各方可以在这一阶段相互发送角色并评估彼此的回应。在“角色常规化”阶段,双方形成规范行为的设定模式,并且双边关系正式化。这种关系的质量可以在高质量和低质量之间变化。

基于角色理论,大客户经理的工作角色建立也通过三个过程形成——角色获取、角色制定和角色常规化。第一阶段,角色获取,以传统的领导与成员的交流为特征。

项目负责人给大客户经理任务和职责，并评估他们完成工作的情况。在角色获取阶段也会对大客户经理融入项目组的程度进行评估。

如果第一阶段更多地由项目负责人主导，那么第二阶段——角色制定——则更多地由大客户经理主导。在这个阶段，大客户经理明确或含蓄地塑造自己的角色，使之与自己的技能与目标相匹配。例如，在与大客户代表合作6个月后，大客户经理意识到他们喜欢和客户打交道，并将客户关系视为他们成功的基石。然后，该大客户经理可能会主动承担并领导更多以客户为中心的任务和项目，并小心翼翼地完成这些职责，从而被公认为大客户管理项目的专家。而在角色获取阶段，自愿领导其他项目或主持各种任务的大客户经理也可能会发现自己需要摆脱或转移一些最初的角色职责。也就是说，如果某个大客户经理在对项目组和组织有价值的领域表现出主动性和专业性，那么项目负责人可能会重新分配任务。

如果项目负责人不认为该大客户经理在角色获取阶段完成了令人满意的工作，则该员工可能永远无法胜任角色的任务和期望（即角色制定阶段）。重新设计一个人的角色职责需要信任、尊重和有效的沟通。然而，在大客户经理未能满足任务要求或以其他方式达不到项目负责人期望的情况下，双方沟通中项目负责人需要保持权威性和正式性。毕竟，领导决定员工的任务并在必要时提供反馈。

角色常规化是大客户经理的工作角色建立过程的最后阶段。在这个阶段，项目负责人与大客户经理的关系已经达到了默契。角色获取和角色制定阶段的隐性和显性博弈已经结束，因为双方已经开始了解对彼此的期望。一旦关系发展到角色常规化阶段，即使不是不可能，也很难改变这种关系的性质——无论是好是坏。因此，如果大客户经理在进入项目组或组织时遇到了挑战，并花了一些时间才能成功融入，他们可能会觉得无论他们做什么，他们的领导仍然将他们视为小组外成员。这可能会非常令人沮丧，因为该大客户经理试图获得更多新项目或承担更多的责任，然而遇到了忽略他们的领导者。在这个职位上的员工可能会发现他们需要转换部门甚至跳槽到另一个组织才能出人头地。在这种情况下，最初产生巨大和有利影响的大客户经理可能会继续被视为值得信赖的同事，并从领导那里获得工作灵活性和自由，即使他们的工作绩效有所降低。

3.3 大客户经理角色压力的三种表现

角色理论指出，当外部的角色期望和自身的角色构想致使大客户经理无法完成工作时,大客户经理会感受到角色压力。基于角色理论,营销学研究重点关注三类角色压力:① 多任务冲突,指的是角色发出方对角色接收方期望的不一致程度;② 角色模糊,指的是角色发出方对大客户经理寄予哪些期望、实现角色期望的方法以及后果的信息缺失程度;③ 角色过载,指的是角色期望的程度远超过大客户经理个人能力和资源所能承受的范畴。尽管角色压力产生的工作困惑会干扰新奇或创造性的反应,但是压力可以暴露出不同的观点,从而使角色接收方拓宽信息来源而变得更加灵活,这种变化会激发个人创造力。因此,角色冲突和角色模糊对个人创造力既有积极影响也有消极作用。

3.3.1　角色冲突

大客户经理的角色包括必须通过不同部门(如销售、营销、客户服务和财务)的合作来执行的活动或任务。因此,管理层提供明确的角色对于成功的大客户经理至关重要。而不同部门对大客户经理的角色期望往往是模棱两可的、重叠的和以客户为导向的。

大客户经理角色的定义取决于与角色合作伙伴打交道时的期望、要求和压力。致力于紧密合作的角色伙伴对于项目实施至关重要。由于企业、同事、客户和管理层的不同期望以及他们的个人情况,大客户经理容易受到压力。如果期望、要求与压力变得不相容,大客户经理就会出现紧张,导致工作满意度降低,进而可能影响工作绩效。角色清晰度是指大客户经理在多大程度上理解他们需要什么才能有效地发挥本人的作用,就像他们的经理认为应该如何履行自己的角色一样。当不同的合作伙伴(无论是组织内还是组织外)对大客户经理的角色要求不兼容时,这可能会导致"角色冲突"。

造成大客户经理角色冲突的原因多种多样。例如,采购企业要求大客户经理拥有企业所有权并接受问责制和责任,而销售企业并没有授权其大客户经理相应权力。又如,一家销售企业可能提倡以客户为导向的关系销售,但仅仅通过为每个大客户经理分配过多的客户来促进关系销售,这可能导致极端的角色冲突。因此,项目负责人的内部影响对提供角色清晰度和支持任务、流程与大客户经理发展至关重要,项目负责人需要参与整个大客户管理项目的流程塑造,包括交易系统、流程和团队文化。

角色冲突还可能来自对大客户经理的销售任务和服务任务的双重期望。销售和服务的双元被视为一种客户导向,可以激发大客户经理的客户服务行为以及交叉/向上销售行为。客户服务包括识别客户问题和为投诉事件提供解决方案等活动。交叉/向上销售要求大客户经理利用现有关系向客户销售可能与初始产品相关或无关的新产品。因此,销售服务的双元任务将极大增加大客户经理的角色冲突,让这些大客户经理感受到双重期望的压力。具体来说,灵活的大客户经理必须同时驾驭营销活动的两个维度,即保证创收和服务质量,这两个相应的目标看起来可能不兼容。这种不兼容的感觉可能会导致大客户经理的角色冲突。

销售服务双元任务造成的角色冲突也可能发生在当大客户经理认为老板和客户的期望和要求不相容时。在销售中,老板和客户的许多需求往往是不可调和的,例如项目负责人可能希望大客户经理提高销售利润,而客户希望获得更好的服务。在服务大客户时,大客户经理可能会面临将更多时间分配给交叉/向上销售(即让主管满意)还是提供更好的服务(即让客户满意)的困境。从资源分配角度来看,这些目标是相互对立的,它迫使大客户经理决定哪些目标更重要。这些看似不相容的目标和资源可能会导致更多的角色冲突。

大客户经理通常认为将销售和服务职责一肩挑扩大了自己的工作范围,而扩大工作范围会明显增加工作的复杂性。为了实现他们的销售和服务目标,大客户经理需要在如何分配这些资源时始终如一地进行权衡。鉴于此类工作需求,大客户经理可能会表现出态度和心理上的抗拒,这会增强他们对角色冲突的感知。因此,试图同时提供服务和交叉/向上销售的大客户经理更有可能经历更高水平的角色冲突。

3.3.2　角色模糊

当个人缺乏关于如何执行他们必须完成的任务的信息时,另一个角色压力就会变得明显,即个人会经历角色模糊。尽管角色期望可能很明确,但当有关如何满足这些期望的信息缺失或混乱时,个人的不确定性增加、角色模糊性增加。超出个人控制范围的未来事件的不可预测性会导致角色模糊。随着大客户经理为销售企业与采购企业架起桥梁,对其角色期望的多样性和不一致日益增长。因此,如果大客户经理无法充分得到有助于他们履行职责的重要信息,或者当大客户经理不完全清楚客户或管理层的期望时,则可能会出现角色模糊。

在此,我们介绍一种不同于普通的"大客户经理-采购企业-销售企业"的三边关系:斯米兰关系(Simmelian relationship)。普通的三边关系中,采购企业和销售企业分别与大客户经理产生联系,互相之间没有其他联系的桥梁,即斯米兰关系中的大客户经理是买卖双方企业沟通的唯一纽带。不同于普通的三边关系,斯米兰关系中,某一大客户经理并不是买卖双方的唯一连接点(见图3.1)。斯米兰关系中的大客户经理更易遭受角色模糊。这是因为,首先,与孤立的普通关系相比,嵌入在斯米兰关系中的三边互惠关系更能强烈地传递角色期望。其次，当大客户经理充当两个或更多不同的关系纽带而不是孤立的个体时，会遭受更不一致的角色期望。

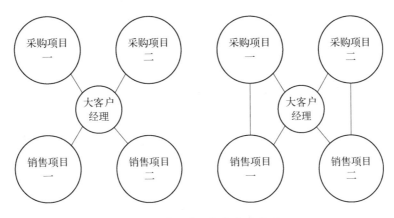

图 3.1　普通关系与斯米兰关系

大多数探索大客户经理角色压力的研究都关注角色冲突。然而，文献回顾表明，角色冲突对工作结果没有明显的正面或负面影响，而角色模糊对绩效有明确的负面影响。更具体地说，营销文献表明，尤其是由内部组织来源（如老板或同事）引起的角色模糊会对大客户经理的工作绩效产生负面影响。

角色模糊的来源主要来自三方面。首先，预测行为后果（理想的和不理想的）的能力；其次，对不是自我主导的相关事件的决定因素和可能性的认知能力；再次，对周围条件稳定性的依赖程度。我们建议，对于斯米兰关系中的大客户经理而言，上述三个条件都没有普通三边关系中的大客户经理那么确定，因为他们的行为受到不同三边关系规范的约束，而这些规范可能相互冲突。此外，由于角色不是一次性制定的，而是随着时间的推移而制定的，处理不同的关系规范可能会导致不确定性和混乱。简而言之，角色一致的行为对于斯米兰关系中的大客户经理来说很难达到。

3.3.3　角色过载

角色过载是与感知的个人动机和能力相比，所感知到的外部工作需求过多。对大客户经理而言，当角色需求让其觉得可用资源不足以处理它们时，导致分心和压力，大客户经理会体验到角色过载。角色过载是一种非常普遍、复杂的角色压力形式，它包含了个人角色和人际冲突的各个方面。总体而言，作为大客户经理与角色冲突的一种形式，角色过载相当于一种感觉，即相对于可用资源而言，角色需求是压倒性的。在复杂的任务环境中，例如大客户经理的跨界角色，角色过载也经常表现为发送者间冲突，即要求大客户经理满足多个角色发送者的期望。尽管这些期望中的任何一个本身可能是合理的，但总的来说，它们需要的超过了大客户经理的可用资源。角色过载很可能会降低高绩效周期中双边关系的强度，因为它迫使大客户经理将注意力、精力和资源分散得很细，以满足压倒性的需求。这甚至会影响高绩效的大客户经理对其自我效能、对具有挑战性的个人目标的接受程度以及随后的绩效水平。

在许多工作环境中，角色过载是一个日益严重的问题。例如，在对不同行业的 270 名销售人员进行的一项调查中，很大一部分受访者表示，他们的工作要求使他们无法定期锻炼（72.2％），导致他们体重增加（69.2％）、生病增多（58.7％）、伤害了他们的婚姻或重要关系（48.8％）、长期健康状况变差（36.6％）、吸烟或饮酒更多（32.9％），并阻止他们找到其他重要的关系（18.4％）。角色过载也可能会干扰大客户经理自我调节的有效性并中断其高绩效。

大客户管理项目的实践者们也需要注意角色压力带来的负面影响。角色模糊和冲突，以及不准确的角色认知会导致大客户经理心理压力，从而导致绩效下降。此外，角色模糊会降低工作满意度和组织承诺，并导致大客户经理的情绪疲惫，从而降低绩效。然而，在小范围内，角色冲突可能对个人和组织有益，因为它们可以带来有益的适应和改变。

3.4　实证研究一：跨界行为与角色压力

3.4.1　实证研究的流程

本书结合 7 个实证研究以验证大客户管理项目中的实践问题。实证研究需遵行一套既定的研究流程。

3.4.1.1　企业访谈

首先，访谈分析法，又称晤谈法，是通过研究者与被研究者面对面的口头交谈，从被研究者那里收集第一手资料的一种研究方法。采用质性研究方法中的访谈分析法，一方面，可以关注研究对象的工作感受与认知，特别是通过具体事件或经历具体事件的心理描述挖掘深层内容，且能对提炼的核心要素的内涵合理解释；另一方面，可以选择较小数量，但具有代表性的访谈对象，遵从规范的研究过程编码归类访谈数据，运用研究对象鉴定法和审计追踪法保证归纳的研究结果的效度和信度。因此，为了验证各实证模型的研究思路和现实合理性，进一步拓展和完善本书框架，本书中各实证研究首先采用访谈分析法实地调研，考察大客户经理在大客户管理项目实施中的工作情况，重点了解大客户经理个人、大客户管理项目团队以及企业的实践工作，为各实证研究模型的提出奠定基础。

访谈的准备阶段，研究项目组查阅了大量学术文献，以及检索新闻报道中涉及企业大客户管理项目的内容，寻找可能有助于本书研究的信息，在明确了访谈内容的基础上设计了访谈提纲。为了确保访谈提纲的有效性，项目组讨论草拟了一份提纲，并邀请两位该领域的专家学者阅读并提出修改意见，避免访谈提纲存在导向性问题。最终，访谈提纲设计了三方面内容：大客户经理与采购经理个人特征方面，双方合作开展大客户管理项目的企业互动方面，以及企业面临的环境因素方面。表 3.1 给出了项目组的访谈提纲。在正式开展企业实地访谈前，邀请了两名工业制造企业的大客户经理回答上述问题，将时间控制在 30—40 分钟，并记录可能存在受访者无法理解的词句，以便在正式访谈时提示和解释给受访者。

表 3.1　企业访谈问题提纲示例

访谈的方向	访谈的具体问题
个人及组织特征	问题一：针对您所经历的销售或采购项目，您认为自身以及对方在沟通中是否具有明显的目的或倾向？
	问题二：您认为销售或采购项目中，建立私人关系和完成项目指标哪个更重要？
	问题三：您在工作中是否感到充满活力，对每一天的工作都充满期待？是否对企业有很强的归属感？
	问题四：贵企业的企业使命、愿景和价值观是什么？是否设立并着重发展大客户管理项目？
	问题五：贵企业在行业中的地位如何？是否对上（下）游企业具有很强的吸引力？
双方互动特征	问题六：贵企业对大客户管理项目如何管控？强调严格的契约合同还是鼓励维护良好的组织间关系？
	问题七：您与对方通过面对面交流、电话交流、书面交流交换信息的频率如何？
	问题八：在双方互动过程中，是否就产品的定制性问题以及产品的重要技术问题进行详细的沟通？
外部环境特征	问题九：您认为影响贵企业的大客户管理项目绩效的主要外部因素包括哪些方面？
	问题十：政府是否出台针对贵企业所处的行业进行大客户管理相关的鼓励与保障措施？

项目组邀请了 4 名博士生参与访谈，两两一组，开展了 4 次实地访谈。第一次对上海××医疗科技有限企业访谈，主要针对企业大客户管理项目、与合作伙伴沟通互动，以及上下游之间的外部环境因素，要求被访者详细描述企业及其自身实施大客户

管理项目的情况，特别关注与合作伙伴企业的采购代表之间的沟通过程，涉及产品设计、修改和交付的具体细节，沟通风格的选择与使用，合作关系的建立与维护，风险的防范与控制措施等。又分别在北京、广州和无锡走访了 3 家制造企业，与每家企业负责人进行交流，从中了解这些企业实施大客户管理的真实状况，如合作伙伴的互动、受到的挑战和压力等。表 3.2 给出了被访谈企业及受访者的基本信息，从中可以看出访谈对象涵盖了民营企业、国有企业、外资子企业等，从而在最大程度上确保访谈结果具有普遍性。

表 3.2　受访企业及受访者基本信息示例

受访企业基本信息					受访者个人信息			
企业	规模	年限	性质	位置	职　务	任期	年龄	学历	访谈时长
A	300 人	20 年	民营	上海	中层管理	8 年	35 岁	本科	45 分钟
B	1 500 人	40 年	国有	北京	中层管理	5 年	40 岁	本科	60 分钟
C	146 人	8 年	外资	广州	副总经理	6 年	46 岁	本科	54 分钟
D	96 人	14 年	合资	无锡	副总经理	2 年	30 岁	研究生	57 分钟

在访谈开展过程中，研究团队进行了如下工作：① 在正式访谈之前，通过邮件的方式将访谈提纲发给了受访企业，并告知访谈目的和意愿，以便受访者能够提前准备；② 正式访谈前，尽力营造一个宽松、融洽的氛围，便于受访者自由发挥。在提问时不针对受访企业敏感信息问题，按照访谈提纲逐步访谈；③ 考虑到企业对于一些学术概念相对不熟悉，在访谈之前对专有名词给予通俗而清楚的解释；④ 每提出一个问题后，尽量让受访者自由发挥，不对其阐述内容发表意见。同时，为了更准确、深入地了解一些重要问题，在访谈过程中做了适当引导。引导中多采用如下鼓励性句式：我们对这个问题很感兴趣，您能否告诉我们更多相关情况？我们对于您刚才的阐述不太熟悉，您能否举个例子？

访谈分析法要求访谈结束后进行详尽的质性分析，从访谈内容中提取重要的有价值的信息。因此，研究团队将访谈录音整理成纸质版，从中挑选和整理出有助于本书研究的观点。

首先，在沟通风格的认识和使用方面，受访企业和受访者均谈及大客户管理项目进行中的沟通互动环节，认为沟通是大客户管理不可或缺的重要一环，认可了本研究的作用和价值。例如，上海××医疗科技有限企业的大客户经理在访谈中提到，"企业非常重视大客户的管理，并要求我采取适当的沟通方法尽量满足大客户的需求，维持与对方企业的良好关系"。针对"适当的沟通方法"这一话题，项目组的访谈代表适当地对该大客户经理进行了引导，询问其具体地使用了何种沟通方法来完成大客户管理的具体任务。受访者指出"我会根据客户的喜好调整我的沟通策略，如果他/她非常关心我们的产品，一直追问产品的技术属性，我会耐心解释产品相关知识，如果他/她很乐于和我参加其他社交活动，我会陪同出席"。因此，研究组从访谈中发现，我国的大客户管理实践的确存在沟通风格匹配的问题，并且对关系的建立和交易的开展都有重要影响。

其次，在大客户经理和采购经理之间的关系和销售绩效方面。访谈结果表明，大客户经理与采购经理之间的私人关系对组织之间关系的建立至关重要，并且也决定了最终组织层面的销售与采购绩效。例如，一位大客户经理谈道"我必须先专注于和对方的采购代表建立关系，因为我代表了我们企业的形象，只有他/她觉得我值得继续合作下去，我们两家企业之间才有合作的可能"。由此可见，买卖双方的谈判代表，能够积极有效地行使边界人员的职责，作为沟通的桥梁构建起组织之间的联系。进一步地，该大客户经理还提到"由于我和采购代表都十分熟悉各自以及对方的业务内容和流程，虽然双方组织内部都存在销售团队和采购团队负责总体对接事宜，但是作为谈判代表，在很大程度上我们能够对销售或采购做出决策"。因此，大客户经理和采购经理之间的关系质量，不仅决定了组织之间关系的发展和维护，而且在一定程度上也影响了最终的组织绩效。

谈及双方的互动内容和过程时，受访者或多或少地提及产品特征和组织控制对大客户管理项目开展的影响。产品特征方面，有的受访者指出"向大客户销售产品和向普通客户销售产品不一样，大客户有权利对产品设计和生产提出修改意见，因此我们需要在大客户和产品设计研发团队之间做好协调工作"。当项目组进一步询问和大客户进行产品相关沟通的具体内容时，该受访者答道"大客户对产品的要求使我们面临联通客户需求和生产活动的难题，我们需要从两方面入手解决这一问题。一方面，需要对内沟通，确认内部各部门的生产条件能否满足该大客户的需求。例如，工程部需要检验技术可行性、生产部需要验证产能是否匹配、质量审核部需要确保产品满足质量标准等。另一方面，需要对外沟通，明确大客户的具体需求，尽可能地将他们非专业的需求术语翻译成适用于我们组织内部的信息，以方便产品的生产和交付。例如，客户只提出零散的、碎片式的需求信息，我们负责整合具化到设计链、生产链和组装链的各个环节"。由此可见，产品定制化和随之体现的复杂产品信息问题，的确给大客户经理和采购经理之间的沟通营造了重要的情境。

组织控制机制方面，项目组询问是否存在正式的组织控制规范大客户管理项目的进行？受访者回答"组织架构上，我们大客户经理仍然属于营销部门，所以一定受到组织章程和规范的控制"。项目组进一步询问组织控制和章程规范的内容，受访者回答"企业会告诉我关于销售量或市场份额的预期目标，监控我完成销售量或市场份额目标的情况，我也经常收到关于自己是否完成了预期的销售量或市场份额目标的情况反馈，如果出色完成了销售量或市场份额目标，我会获得企业认可"。进一步地，项目组询问企业是否有详尽的契约或者规范来指导大客户管理项目中个人之间的互动行为？该受访者回答"我们和对方企业之间有特殊的、详尽的协议，签署了定制化的合同，详细规定了双方的义务。当然，企业也要求我们努力加强与对方企业的关系，付出了大量的时间和努力来建立和维持与对方企业的紧密联系"。

最后，在请受访者谈谈在大客户管理项目中受到的挑战和压力时，受访者提到"我们明显地感受到不同的客户会通过不同的形式与我们沟通，需要我们不断转换方式，这有一定的难度"，"我们希望我们的客户不要与竞争对手打交道，但很多情况下并不能实现，因此我们需要花费大量的精力来维持与客户的关系"。

综上，现场访谈信息极大地支持了本书提出的研究问题和研究思路，说明本书的研究符合管理的实际情况，也是企业面临的现实问题，通过本书的研究将有助于为企业管理实践提供指导。

3.4.1.2 样本与数据收集

使用问卷调查的方法开展研究，问卷设计是极为关键的一个环节。如果问卷质量低，无法保证受访者是否能够理解问卷问题、是否正确回答问题，从而降低研究结果的可信度。本书的问卷设计过程如下：

首先，通过历时一年的文献检索和归纳、组会讨论，项目组初步确定了研究问题，并筛选汇总了可能有用的英文参考文献及量表，并分别对上海、北京、广州和无锡的4家制造企业展开了实地访谈，访谈时间约为一小时。访谈对象为制造企业的大客户经理或负责大客户项目的营销主管，访谈内容主要针对企业大客户管理项目方面、与合作伙伴沟通互动方面以及上下游之间的外部环境因素，特别关注与合作伙伴企业的采购代表之间的沟通过程，涉及产品设计、修改和交付的具体细节，沟通风格的选择与使用，合作关系的建立与维护，风险的防范与控制措施，等等。

其次，搭建调查问卷的具体框架。调查问卷由大客户经理所填写的卖方部分和由采购经理填写的买方部分构成，并由两位参与课题研究和实地访谈的博士研究生将大客户经理-采购经理配对英文问卷翻译成中文版本，再翻译回英文进行对照和核对，以保证问卷所有的指标和题项表述不偏离原问卷的内容和含义。考虑到本研究的中国情境，项目组对原始问卷量表中的措辞进行了细微修改，但保留原有核心思想。

为了保证能够真实有效地反映现实情况，在测量量表选取时项目组遵循以下原则：① 所使用的量表尽可能使用英文顶级期刊中被广泛采用的经典量表，例如对于销售绩效的测量已经有着非常成熟的量表。② 在将英文原始量表翻译为中文量表过程中，尽量反映中国国情和企业大客户管理运营现状，语句按照现有语言习惯修改，尽量保证与原意不存在差别。本书中变量的测量，除了企业特征变量（如企业规模、成立年限、地理区位）之外，均使用已有文献的量表，问卷按照李克特7分量表设计。

最后，项目组对制作完成的问卷进行了预调研。随机选择20家企业，共计10对配对的大客户经理和采购经理来填写问卷，并要求他们在填写过程中标出问卷中不明白的术语和措辞，填写完成后询问了他们是否了解本问卷的真实意图。通过他们的反馈，项目组对问卷做了如下修改，以增强问卷填写的有效性：① 修改了问卷中可能存在超出问卷填写人理解能力的语句，尽量避免使用学术化语句；② 缩短了问卷的长度以保证问卷填写人能够在40分钟左右完成问卷；③ 对问卷结构进行了重新排序，避免按照某种逻辑结构化的安排问卷；④ 问卷题头明确指明本研究的目的是科学研究，承诺对调研企业和问卷填写人保密等措辞，以确保问卷填写人自愿真实的填写问卷。

样本收回之后，先后采取未回复偏差检验和共同方法偏差检验对样本的可靠性进行分析。未回复偏差是由回收的样本与所考察样本总体的数理统计分布存在统计意义上的差异，即数据样本不能替代总体样本分布。一是对早期回收的问卷和后期回收的问卷的一些基本信息进行了比较，包括受访者工作年限、职务、样本企业的规模、与供应链伙伴的合作期限等。样本收集过程为上述工作提供了可能，因为在控制调研进度和质量时，项目组曾要求按批次提供回收问卷（每批次30—50份）。二是项目组随机在有效样本中选择了若干份问卷和存在缺陷被删除的若干份问卷进行了t检验，发现他们之间并不存在明显的差异。共同方法偏差是由于同一数据源或评分者、同样的测量环境、项目语境以及项目本身特征所造成的预测变量与效标变量之间认为的共变，是一种系统误差。本书中的诸多变量分别从配对数据源来收集，避免了由一方收集所带来的偏差。同时，本书使用共同因子的方法来验证模型的拟合程度。如果结果表明模型拟合程度变低，意味着研究不受共同方法偏差影响。

3.4.1.3 假设检验中的信效度分析

测量信度评价了测验结果的一致性、稳定性及可靠性，估计测量误差对整体测量结果的影响。美国心理学会把信度定义为测量结果免受误差影响的程度，随机误差越大的话，测量得分与真实分数之间的差距越大，所得到的结果也就越不能真实反映实际情况。目前普遍使用 Cronbach-alpha 系数作为测量内部一致性的指标。本书使用 SPSS 22.0 对信度进行检验，一般要求大于等于 0.7 的标准。此外，本书还计算了组合信度（Composite reliability，CR），以此补充 Cronbach's α 系数的检验可能低估了真实信度的问题。一般要求所有变量的 CR 都大于 0.85，表明采用的变量具有良好的信度。

测量效度是测量的有效性程度，即测量工具能否准确真实地测出所要测量对象的程度。在效度分析中，一般会用到内容效度、聚合效度和区分效度。由于内容效度的判断一般为定性的方式，而非数理统计方法，为了增强研究的内容效度，本书所使用的变量测量量表主要使用被国内外学者广泛引用的量表，即英文文献经典量表；同时，考虑了中国情境，避免量表中过于学术化的词汇；在问卷填写时，项目组给予问卷填写人员详细的指导和说明。基于这些举措，项目组保证了研究变量具有较高的内容效度。

本书中聚合效度使用两种手段来分析：一是利用 Mplus 7.0 中验证性因子分析（confimatory factor analysis，CFA）获得因子载荷值（factor loadings）。一般来说因子载荷大于 0.7 表明聚合效度较好，也有文章指出因子载荷大于 0.4 可以接受。二是计算平均方差提取值（average variance extracted，AVE），通常大于 0.5，表明研究中所使用的变量具有较好的聚合效度。

区分效度表明变量与变量之间相互独立程度。本书将相关系数表中对角线上系数为 1 换成平均方差提取值的平方根，如果任何一个变量的平均方差提取值平方根大于其他变量间的相关系数，表明各变量间区分效度明显。

最后，本书进行了 CFA 检验，一般认为模型拟合不错为 χ^2/df 在 1—3，Root-mean-square error of approximation（RMSEA）指标小于 0.08，Goodness-of-fit index（GFI）、Comparative fit index（CFI）等指标大于 0.90，说明验证性因子分析结果是可以接受的，同时也反映因子具有良好的信度和效度。为了进一步验证所涉及变量间的区分效度，本书将任意两个变量的测量构件合并，构建新的验证性因子模型，结果显示拟合效果 χ^2 明显变差，因此原模型较为理想。

3.4.2　边界松弛活动与角色压力

边界松弛活动旨在从边界外获得资源和信息，以及管理边界内部与外部利益相关者的关系。跨界行为的协调、学习和网络视角能够帮助解释边界松弛活动与角色压力的关系。协调视角围绕跨界行为中的协调活动、团队内部跨界角色协调以及团队内外部活动平衡三个方面展开，该视角下的协调活动，是一项非常具有挑战性的任务。大客户经理进行协调活动时,必须协调边界内外部的关系,以应对来自边界两边的压力。学习视角围绕跨界行为中的信息获取等侦查活动展开,侦查活动不仅包括对从边界外部获取到的信息进行过滤和筛选,而且跨界大客户经理还应当根据边界内、外部不同的信息编码方式,对获取的原始信息进行解码、过滤、储存、加工,并转换成边界内部可以识别和利用的形式,最后将处理后的信息传递给相应的内部使用者。因此,跨界大客户经理进行侦查活动时,承担着信息获取、处理和传递等多重任务,在有限的资源和能力的前提下无疑会造成大客户经理的角色过载。网络视角渗透跨界行为的各个方面,将跨界大客户经理嵌入一个由团队内部、外部以及组织外部人员构成的关系网络中,跨界大客户经理必须有足够的能力争取到边界内外部人员的支持,才能有效发挥跨界作用。尽管网络关系能够给内部带来多元化的信息,但是对信息的吸收、整合和利用以及协调网络关系会消耗跨界人员的时间和精力。其他研究也直接证实了个人层面的跨界行为会增加跨界员工的角色过载。基于此,笔者提出:

假设 1: 跨界员工(即大客户经理)的边界松弛活动与员工感知的角色压力(即角色过载)呈正相关。

3.4.3　边界紧缩活动与角色压力

边界紧缩活动旨在防止边界内部资源泄露到外部,同时强化内部员工的归属感,并通过建立团队认同形成持续的边界内部人员之间的人际承诺。如果说边界松弛活动是外向视角下刻画边界内外部互动的行为,那么边界紧缩活动则是通过内部体系进行系统监督和管理的内向的行为,因此跨界大客户经理不需要像进行侦查和协调等边界松弛活动一样,承担过多的角色外压力。相反地,进行缓冲活动时,大客户经理阻隔了边界内外部的联系,既防止了内部信息的流出又限制了外部的干扰。强化界限活动由两步构成:第一步,跨界大客户经理需要将内部成员的注意力、精力与资源吸引到当前工作上,由此形成了一股向心力;第二步,则建立一种互助的氛围,从而构成一个独一无二的、有特色的群体。因此,边界紧缩活动往往是大客户经理力所能及的跨界行为,不仅不会增加大客户经理的角色压力,反而会因为内部凝聚力的强化而减缓角色过载压力。基于此,笔者提出:

假设 2: 跨界员工(即大客户经理)的边界紧缩活动与员工感知的角色压力(即角色过载)呈负相关。

3.4.4　实证方法与结果

(1) 数据收集。本研究采用问卷调查的方式收集数据,为了提高问卷的回收率,选择在人事部两轮招聘间隙发放问卷，以此降低团队员工变动对研究的影响。于2014年6月、9月分别发放300份问卷，第一次收集员工汇报的"跨界行为"的测量数据以及相关人口统计学变量，3个月后收集员工自评的"角色过载"变量数据。回收有效问卷205份，包括43个工作团队，每组员工数量3—8人，回收率为68.3％。有效样本中，女性152人（占74％），男性53人（占26％）；平均年龄44.5岁，员工平均工作经验为6.4年；受教育程度方面，专科及以下150人，本科及以上55人。

（2）量表设计。跨界行为的测量采用了成熟量表，共设21个题项，包括边界松弛活动的侦查和协调，以及边界紧缩活动的缓冲和强化界限四类行为。为了验证这4个子变量的区分效度，本研究进行了一系列验证性因子分析，即将四因子模型与二因子模型以及单因子模型进行比较，研究证明二因子模型具有更好的拟合效度（二因子模型：NFI＝0.97，CFI＝0.94，RMSEA＝0.06；四因子模型：NFI＝0.86，CFI＝0.90，RMSEA＝0.12；单因子模型：NFI＝0.85，CFI＝0.88，RMSEA＝0.13）。因此，将跨界行为划分为边界松弛和紧缩活动两个维度是最合适的。角色过载的测量也采用成熟量表，共设3个题项。控制变量选取团队规模、工作年限和性别。本研究采用7点计分，1代表"完全不同意"，7代表"完全同意"。

（3）回归结果。本研究采用多变量回归的方法检验假设。验证自变量（跨界行为）与结果变量（角色过载）的关系，实证结果也支持了这一假设，跨界员工的边界松弛活动显著促进员工感知到的角色过载（$\beta＝0.365$，$p<0.001$），假设1成立；跨界员工的边界紧缩活动与角色过载显著负相关（$\beta＝-0.275$，$p<0.05$），假设2也成立。

3.5　小　结

一个组织的人员是其最宝贵的资产之一，如果使用得当，可以产生持续的竞争优势。高员工流失率通常是由于个人经历了较高的角色压力，导致工作满意度、组织承诺和绩效低下。研究和实践均表明，大客户经理的个人动机和绩效非常容易受到角色压力的影响，这是当今组织行为学研究中的共识。

角色压力会削弱积极的个人努力，并打破自我效能和目标绩效的联系，从而破坏有效的自我调节和目标追求。角色压力还影响组织资源和自我效能之间的关系。当角色压力高时，组织资源的支持与大客户经理的跨界效能无关，但在角色压力低时呈正相关。此外，角色压力还削弱了自我效能感和目标绩效的关系。当角色压力低时，大客户经理的跨界效能和绩效呈正相关，但当角色压力高时，大客户经理的跨界效能与绩效无关。

因此,可以采取以下实际步骤来减少角色压力:首先,高层管理人员应该警惕大客户经理正遭受角色压力的迹象。角色压力的症状可能包括缺勤、迟到、错过最后期限、容易出错或外表发生明显变化。其次,当这些症状出现时,高层管理者应当及时实施管理干预,例如与大客户经理讨论这些问题,及时的上级干预可能是有益的。定期与大客户经理讨论工作量问题并帮助他们确定任务的优先级,最终可能会提高生产力。再次,仔细安排一个大客户经理需要完成的所有活动,这可能有助于提高生产力,同时减少超负荷的感觉。最后,将大客户经理个人待办事项清单上的项目数量减少,着重关注最重要的优先事项,从而帮助减少压力。

思考题

1. 角色理论的主要前提、逻辑和结论假设分别是什么?

2. 大客户经理的角色认知是如何建立的?

3. 大客户经理一般会遭受哪几种角色压力?

4. 造成角色冲突的原因有哪些?

5. 什么是斯米兰关系? 它与企业中的其他组织关系有何异同?

6. 管理学研究方法中的访谈调研一般包括哪些步骤?

第4章
个人创造力：企业生命的源泉

The creativity or adaptiveness of salespeople may help them become more effective as individuals, whereas the creativity or adaptability of a sales team may lead to team dynamics (e.g., intrateam conflict) that could be dysfunctional for the team's performance.

销售人员的创造力或适应性可能会帮助他们成为更有效的个人,而销售团队的创造力或适应性可能会导致团队动荡(例如团队内部冲突),这可能会影响团队的绩效。

——B. S. 埃文斯,R. G. 麦克法兰,B. 迪茨等,2012

4.1 引 言

大客户经理在为其企业发现和挖掘销售机会方面发挥着重要作用。某种意义上,大客户经理识别销售机会对企业的意义,不亚于企业家建立竞争优势与市场占有率对企业的意义。这些大客户经理还必须能够轻松地整合企业的资源,以便他们能够针对客户的焦点问题提供成功的解决方案。识别销售机会和参与解决方案不仅仅是基于销售信息的创造性努力,更是大客户经理通过个人创造力发现问题和评估潜在成功解决方案的战略认知能力。

个人创造力可以帮助大客户经理针对旧问题评估和建立新解决方案,从不同角度看待旧问题,定义和解决新问题,或发现被忽视的问题。大客户经理的创造性绩效是他们在执行工作活动时产生的新想法和新行为的数量。这个定义内涵是特指销售环境的,被广泛地应用于社会心理学领域。个人创造力最好不要被描述为一种特质或一般能力,而是一组由个人特征、认知能力和社会环境因素引起的行为。这些行为包括：以创新的方式进行销售演示，以足智多谋的方式执行销售任务，满足客户需求的新思路，为新的客户问题生成和评估多种替代方案，对老问题有新的看法，在效果不明显时改进解决问题的方法，以及产生创造性的销售想法，等等。

综上可知，在描述大客户经理的创造力时，非常强调将创意产生和行为相结合。同样需要注意的是，创造力可能体现在为新问题识别新想法或为现有客户的问题和需求确定创新解决方案。

4.2 创造力的影响因素

关于创造力的影响因素研究有两大流派：一是员工自身因素，包括人格因素、技能因素、认知风格因素、动机因素和价值观因素；二是外部系统因素，包括组织氛围因素、企业管理者因素和管理方式因素。主要涉及 4 个层面，即个体、团队、组织以及社会，但依然属于个人因素与外部因素两个范畴。

通过对个人的人格和认知风格进行调查，发现个人特征与个人创造性相关联。也正是针对销售人员的适应性销售和认知框架搭建了个人创造力的缘由模型。销售人员发现和适应客户及其环境差异的能力归因于销售人员的适应技能。这些适应能力与陈述性知识（例如，有关产品、客户、行业的知识）和程序性知识（例如，建立关系的技能、网络敏锐度和积累组织资源以解决客户问题的能力）相关联。例如，一项对房地产销售经理的研究表明，销售人员的学习取向和竞争力特质与其个人创造力有显著联系。他们认为学习是最重要的销售行为，个人的竞争力也是通过这种行为影响其销售业绩的。因此，企业应该激励销售人员更多地了解客户，从而提高他们为客户的需求和问题提供独特的、量身定制的解决方案的能力。

关注个人层面影响创造力驱动因素的另一部分研究则集中在员工与同事和领导的关系等情境因素方面。销售环境中的这些特征可能源于企业，包括奖励、工作复杂性、与主管和同事的关系，以及有助于支持和鼓励员工发挥创造力的工作特征等。其中，最常被提及的是工作特征的作用对销售人员创造力的影响。工作特征和大客户经理的创造力之间的联系主要包括：

（1）工作自主权：这种工作特征通常与大客户经理的内在动机和创造力有关。高度的自主性使大客户经理可以在销售任务中自由地运用自己的判断力，从而激发更高水平的智力和创造性参与。

（2）任务多样性：非冗余的工作内容更有可能帮助大客户经理使用非常规和更具创造性的方法去解决问题。

（3）任务认同感：对工作、产品和满足特定客户需求的执着，提高了大客户经理寻找创造性解决方案的动力。

（4）任务强反馈：及时提供帮助大客户经理提高领域相关技能的信息，从而提高大客户经理更有效地解决问题的能力。

（5）任务重要性：重要性更高的任务更强调成功的解决方案，而这些解决方案往往是由于创造性的问题解决方案而产生的。

除了工作特征有关的情境因素外，心理氛围也与大客户经理的创新倾向有关。销售组织中的创新氛围被定义为销售人员认为企业鼓励和重视变革和原创性，包括在熟悉和不熟悉的销售领域承担风险。研究结果表明，更有创造力的员工会经历更大程度的角色冲突，因为他们可能会在发起被认为不受欢迎的创造性工作行为时遇到挫折。

4.3　创造力与创新的区别与联系

创新过程包括两个主要活动：创造力和创新。创造力涉及产生新颖有用的想法，而创新则需要将这些想法实施到新产品和流程中。个人创造力是所有组织创新的基础。新产品、新服务或新业务实践的成功都始于一个人或一个团队想出一个好主意，并将该主意发展到成熟状态。长期以来，将创意转化为实际的新产品和流程一直被认为是创新管理的核心挑战。通常情况下，创造力被认为是新颖和有用的想法的产生。相比之下，创新与创造力的区别在于创意的实施，而不仅仅是创意的产生。创意实施包括出售创意、拉赞助、收集必要资源、创新以及将创新引入市场等活动。

以往研究已表明，创造力与创新的联系在企业内随着组织层级的变化而变化。具体而言，对创造力与创新关系的研究强调了个人层面、团队层面和企业层面的差异。

4.3.1　个人层面与团队层面比较

先从个人和团队层面考虑创意和创新的联系，然后再做一些比较。创意的产生和创意的实施有时是相互冲突的，而且是相互交织的活动，这些活动对参与创新过程的个人构成了重大的自我调节问题。个体层面，例如大客户经理，需要通过自我调节来执行和整合创意产生和创意实施的能力。研究发现，5 个因素会影响个人层面的创造力与创新联系：专业知识、创造性加工活动、性格特征、动机和任务环境。相关领域的专业知识是促进创意转化为新产品和新流程的主要因素。专业知识的作用可以在一定程度上增强创意的产生和实施，并且个人比团队更擅长整合他们专业知识的深度和广度；创造性加工活动会影响想法的产生以及这些想法的后续实施；开放、灵活、负责和思辨等性格特征对创造力与创新的关系有显著影响；动机，尤其是内在动机，对创造力和创新至关重要；任务环境对将创意转化为创新有重大影响。

大量研究表明，创新经常来自团队。团队可以带来多种观点、更丰富的技能和专业知识，以及将想法转化为创新的更多认知能力。这会增强团队产生更广泛、更复杂、更具创造性的想法的能力，并更好地处理创意实施所需的大量任务。影响团队层面创造力与创新关系的 5 个关键因素包括：气候和环境、领导力、团队流程、团队任务特征和团队构成。以团队构成为例，团队构成可以进一步分解为多种结构因素，例如团队异质性、团队规模和团队任期。团队在职能、专业、教育、任期、知识、技能或专长方面的异质性已被证明有助于创意的产生，因为这些属性带来了不同的观点和知识，也促进了与团队外部成员的沟通。然而，也有研究表明，团队异质性会增加冲突并损害团队凝聚力，导致更高的人员流动、更少的社会融合和更多的沟通问题，这些对于有效的创意实施都很重要。同样，团队规模也影响创造力与创新的联系，因为小团队缺乏产生许多新想法所需的多样性，但团队成员过多也会缺乏创意实施所需的互动、协调、交流和参与。长期的团队任期表明团队成员已经在一起很长时间了，这有助于创意的实施，因为团队成员已经进行了交流并分享了相似的经历。然而，长期的团队任期往往会导致群体思维，团队成员变得不那么挑剔，也不太可能挑战现状，这会损害创造力。

上述内容有助于说明在团队层面影响创意产生和创意实施之间关系的因素多种多样。简而言之，虽然团队可以利用更广泛、更多样化的资源处理更大范围的想法和更复杂的任务，但实践表明，在团队层面实现个人创造力到组织创新的转化可能比在个人层面更难。

4.3.2　团队层面与企业层面比较

在企业层面实现创造力到创新的转化，比在团队层面更加复杂和耗费资源，因此将进一步降低将创意转化为新产品或服务的可能性。在一个柔性的复杂的企业中，创意的产生和创意的实施需要截然不同的组织结构、流程、战略、能力和文化。例如，有机结构、松耦合系统、即兴和自治促进了创意的产生，而创意实施需要机械结构、紧耦合系统、程序化和控制。

长期以来，创意产生和创意实施的分离一直被看作为一种潜在的整合机制，以在企业层面实现资源探索和利用这种双元能力。然而，这种分离经常导致企业内部孤立，因为双重结构没有有效整合，或者实施部门不接受真正新颖的想法。因此，企业应当开发一种互补的整合机制，管理人员应创造一种工作情境，鼓励个人和团队做出判断，在相互冲突的活动之间合理分配时间。创意产生和创意实施这两种冲突活动的整合始于最高管理层，企业必须进行文化变革，为组织注入能够有效管理冲突的价值观。这在企业层面比团队层面更具挑战性，因为创意产生和创意实施的协调和整合需要新的组织逻辑和集体互动模式。

综上，个人创造力是指对组织的实践、流程、产品和服务产生的新颖的、潜在有用的创意。当包括对已有素材的重要重组或者发展出完全新鲜的素材时，创意是新颖的；当在短期或者长期内为组织提供了直接或间接的价值时，创意是有用的。创造力与创新的区别在于，创新包括创意的产生，同时也包括创意的实施，因此个人创造力是组织创新的第一步。本章的实证研究关注的仅仅是个人创造力，即大客户经理创意的产生。

4.4　创造力与创新关系的影响因素

由于将创意转化为新产品、流程和服务是一项高度情境化的活动，因此了解创造力和创新之间关系的影响因素有助于进一步开拓大客户经理个人创造力的价值空间。现有文献已经分析了创造力与创新关系的强度是否随着企业特定因素而变化，例如企业规模和创新类型，这是创业研究人员最感兴趣的两个变量。学者们还进一步研究了文化和行业类型作为情境因素对创造力与创新关系的潜在影响。尽管先前的研究已经阐明了单独影响创造力的各种因素，但对塑造创造力与创新关系的因素知之甚少，例如组织相关和环境相关的因素。本节将介绍在什么样的组织和环境背景下，创造力更有利于创新。

4.4.1　企业规模

企业规模被认为是组织设计的主要特征之一，也是影响组织中创造力与创新关系的最重要因素之一。大企业通常有足够资源来有效地执行与创意产生和创意实施相关的活动，而资源较少的小企业则必须做出选择。关于企业规模对创造力与创新关系的这种影响，也有一些其他论点。一些学者认为，较大的企业有更多的财务空间、更精细的营销技能、更强大的研究能力和更深入的产品和流程开发经验，这将有助于将创意转化为新产品。例如，较大企业存在较高水平的资源闲置，这有助于缓冲可能对企业生存能力产生的负面影响，防止从创意到创新的转换中断。一些学者认为，较小的企业相对于较大的同行处于劣势，因为它们没有那种等级的管理系统来帮助管理相互冲突的内部流程，这限制了它们实现创意到创新转换的能力。但是，就规模而言，较小的企业可以与团队进行比较。大企业内的团队可以使用必要的资源将创造力转化为创新，而小企业可能无法实现这种转化，因为它们受到资源的限制。

4.4.2　创新类型

创新类型主要分为产品创新和流程创新。产品创新是指将新产品或服务引入市场以满足客户需求，它们以市场为中心，主要以客户为导向。流程创新是指新的尝试以改变企业内部的生产和服务流程，使其更有效率，它们是由内部导向和效率驱动的。相比于产品创新，流程创新更能激发创造力到创新的转化。首先，以往研究表明，流程创新在本质上相对更加系统，而与产品创新相关的知识没有系统协调。系统创新通常是一个过程的结果，在这个过程中，想法的产生和想法的实施密切相关，组织内不同领域的知识的产生和整合通过相互匹配进行协调。其次，流程创新往往来自企业内部，需要完全开放的信息交换，以促进创意产生和实施过程中知识的产生和整合，这是柔性组织的一个重要特征。相比之下，产品创新需要整合外部各方，例如供应商、分销商和客户，这要求各方协调、沟通和完全信任各方不会以投机取巧的方式行事（即无机会主义行为），显然比流程创新的要求更高。此外，产品创新还要求企业将客户需求和供应商要求清楚地具化到产品设计中，这进一步使创意"产生"和"实施"这两个活动的整合复杂化。以往实践也表明，产品创新的失败率高于流程创新。

4.4.3　行业类型

行业类型也可能影响创造力与创新的关系。与低技术行业相比，高科技行业中创造力与创新的联系更强。更具体地说，高科技产业平均具有更高水平的技术活力，这反过来又增加了创新相关活动的重要性。高科技企业在应用特定技术的特定工业环境中运作。当基本的行业技术稳定（如低技术行业中经常出现的情况）时,创造性活动对企业的重要性将降低,用于产生和实施新想法的精力和时间将减少。相比之下,快速的技术变革会刺激创造性和创业活动,由此产生的创新是对技术变革带来的不确定性的回应。与低技术产业相比,高科技产业的特点是研发支出水平高,这有助于将想法转化为新颖的创新。高科技产业的竞争基础是将创意快速转化为新的创新,与基于规模经济的低技术产业竞争相比,高科技企业需要更高水平的柔性。此外,低技术行业由供应商主导的企业组成,这些企业通常研发能力较弱,主要依靠外部技术供应商来开发和生产新产品或服务。

4.4.4 文化背景

在文化价值观的指导下,不同的文化可能会在相似的社会需求上安排不同的优先事项。创意的产生需要新颖的思维,因此,人们应该愿意打破现有的思维框架并使用发散思维。相比之下,想法的实施强调遵守规则和规范、关注细节,并需要收敛思维。将创意转化为创新受到 3 个文化维度的影响:集体主义、不确定性规避和权力距离。

集体主义对创造力与创新的关系具有非线性的影响。集体主义程度低（个人主义程度高）的国家崇尚思想开放、独立、个人主动性和自信,所有这些特征都刺激了创造性想法的产生。然而,想法的实施是一项集体努力,需要收敛思维、遵守规则和协调人们的任务,所有这些活动都倾向于集体主义而不是个人主义。这表明个人主义与集体主义这两个对立的维度对创意向创新的转化产生了相互冲突的影响。换句话说,高度个人主义的社会或强烈的集体主义社会将加剧创造力和创新之间转化的难度。集体主义文化优先考虑集体目标和社会规范。企业可以利用集体社会中的规范力量来协调不同员工的活动。此外,这些力量会增强想法的有用性和适当性,以确保它们被他人接受。然而,集体主义的一个弱点是它会抑制正在产生的想法的新颖性。因此,作为促进创意转化为创新的综合策略,销售企业应该让大客户经理接触新的外部知识,使用奖励制度激励所有有利于创造力的行动。相比之下,个人主义对人们活动的协调产生了负面的效果,并可能在想法实施过程中导致个人之间的冲突,因为个人喜欢追求自己的想法。在这里,为了促进创意转化为创新,销售企业需要尝试在促进创造多样性的个人主义行为和集体行动所需的整体行为之间取得良好的平衡。然而,在具有中等集体主义水平的文化中可以找到对创意产生和创意实施的有效整合机制。因为在这样的文化中,这两种相互冲突的文化之间的副作用会被最大限度地减少。

不确定性规避是指对未来的不安全感、对变革的抵制和风险规避。不确定性规避对创造力与创新的关系具有非线性的影响。高度的不确定性规避反映了社会规范明确的文化环境，以及对偏离这些规范的人实施严厉制裁的文化环境。在这样的社会中，规则和程序限制了创新性想法的产生。也就是说，高度的不确定性规避可能有利于想法的实施，因为它强调了秩序、一致性、常规和稳定性。因此，高度的不确定性规避往往会增强创意的实施，抑制创意的产生，从而阻碍创意向创新的转化。相反，低不确定性规避文化鼓励偏离规则、打破常规和容忍错误，这些特征对想法实施产生不利的影响。在低不确定性规避文化中，企业往往不会指定目标、截止日期和行动计划。特别是当产生的想法非常新颖时，在此类企业中系统的实施方法（例如，项目管理）会变得非常困难且耗时。总之，低不确定性规避的文化对创意实施有弊，但有助于产生新创意。

权力距离是指企业内权力较小的成员接受权力分配不均的程度。权力距离对创造力与创新的关系也具有非线性的影响。与权力距离低且更相信平等主义和财富均分的文化相比，权力距离高的文化更专制，更容易接受权力和财富分配的差异。在具有高权力距离的文化中，人们倾向于遵守现行规则，未经上司许可不会进行创新尝试。尽管高权力距离文化对创意产生有不利影响，但权力距离的某些方面却有助于创意实施。例如，高权力距离的文化可以促进新想法快速有效地自上而下的实施。由于权力距离与领导风格密切相关，有效的整合机制可以被看作是一种领导风格，它建立精心设计的沟通渠道和反馈系统可以弥补高权力距离文化中沟通的缺乏。相反，低权力距离往往会促进创意的产生，因为即使上司表示反对，个人也愿意挑战现状并自主追求创意。低权力距离文化中的企业面临着自己的挑战。在这样的文化中，企业需要精简的集体行动才能将新颖的想法转化为新的创新，如果领导者仅仅依赖权力地位，他们的决定可能不易被接受。因此，通过某种形式的整合机制以增加组织柔性，在权力距离适中的文化中最有效。因为在这种情况下，创意产生和实施之间的潜在矛盾可能会最大限度地减少。

4.5　实证研究二：跨界效能、跨界行为与个人创造力

对于组织内部团队以及员工跨界行为的研究一直是国外学者重视的话题，也涌现出了诸多理论和实证文献，但是鲜有兼顾个人与环境角度探究影响个人创造力因

素的实证研究。首先,已有实证研究的结论不一致。有的学者研究发现相比于一般员工,实施跨界行为的团队成员对外界技术更有洞察力,个人创造性更有扩张力,也更有可能成为开放式创新团队的领导;而有的学者认为跨界行为会使员工承受多重任务的压力而遭受角色崩溃,从而阻碍员工创造力和生产能力。其次,对于跨界行为的研究已经区别出基于内向视角的边界紧缩活动和外向视角的边界松弛活动,然而这两种跨界行为是互补关系还是协同关系仍存在分歧。反观国内,对跨界行为的研究仍属空白。本研究采用整合视角,重点关注边界松弛和紧缩活动对大客户经理创造力的影响。再次,现有文献对角色过载与个人创造力的关系研究依旧匮乏,因此本研究重点关注跨界活动中由大客户经理自身能力与资源不足造成的角色压力对创造力的影响。

4.5.1　跨界效能与创造力

跨界大客户经理在行使跨界职能时,会承担搜索外部信息和协调内外部关系等旨在为边界两端提供连接的边界松弛活动,以及承担缓冲外部压力和提升边界内员工凝聚力等旨在将边界内外部区别开的边界紧缩活动,本质上这是具有一定矛盾关系的工作任务。具有高度跨界效能的大客户经理在与边界外的组织或者个人交流互动时更加自信,相信自己拥有足够的能力和技巧来有效管理影响工作效率的一系列外部因素,包括复杂、繁重的工作任务,以及极具挑战性甚至冲突的工作环境等。高跨界效能的大客户经理会将这些因素视为完成工作所必需的机遇和动力,而不是应该回避的障碍。因此,高跨界效能的大客户经理会为自己的跨界工作设立更高的目标,并寻求出最合适的解决方案完成工作,在寻求最佳解决方案的过程中,跨界大客户经理也实现了创造力的发挥。相反,具有较低跨界效能的大客户经理,由于缺乏足够的自信面对复杂的工作任务,极易产生角色压力等负面甚至有害的情绪反应,继而有角色崩溃的风险,在这种情形下很难对创造力的产生起到积极作用。

假设 1:跨界效能与个人创造力具有正向相关关系,即大客户经理的跨界效能越高,个人创造力越强。

4.5.2　跨界行为与创造力

角色过载是一类当任务要求超过了所能获得的资源时员工感知到的角色压力,对员工的工作绩效既有正向影响也有负向作用。当大客户经理的确没有足够的资源(例如,时间和能力)来克服角色过载带来的压力时,造成负面的工作表现是可以预料的。然而，当大客户经理因为承担了更多的任务和责任而产生了给予良好表现的动机时，角色过载更应当被看作一种机遇而不是困难。更重要的是，角色过载能够触发大客户经理的自我调节和应对机制。

既然角色过载是大客户经理不可避免的普遍现象，那么大客户经理必须更加有效地解决这一问题。基于此，大客户经理会用一种建设性的方式应对角色过载，具体来说就是采用富有创造力的方法来改变以及管理压力局面。在零售情境下为了实现顾客和企业的双赢，大客户经理会通过知识架构的重组来实现创意的产生，以此获得更高效的工作表现。对于跨界大客户经理而言，边界内部信息的来源以及内外部关系的协调与管理都依赖于跨界行为的实施，当出现角色过载时，跨界大客户经理有能力关注以及评估他们面临的风险并且采取多种多样的应对措施，这会激发个人创造力的产生。因此，笔者提出：

假设 2：跨界员工（即大客户经理）感知的角色过载与个人创造力呈正相关。

边界松弛活动能够潜在促进跨界大客户经理的创造力，这是通过大客户经理感知的角色过载实现的。首先，边界松弛活动（侦查和协调）是一类经纪活动，为原本没有直接联系的潜在合作者（例如，边界内部和外部人员）提供直接的纽带服务。因为个人创造力是一系列新想法的整合，处在经纪活动中的大客户经理具有接触新想法和创意的独特优势，因此实施边界松弛活动的跨界大客户经理在经纪过程中也更有创造力。其次，因为实施外向视角的边界松弛活动要求跨界大客户经理同时与内部团队和外部组织紧密联系，大客户经理有时需要横跨不同甚至相互冲突的工作系统；此外，边界内部要求跨界行为必须与内部进程保持平衡，大客户经理每次跨界都会感受到额外的内部角色要求，因此边界松弛活动会使跨界大客户经理遭受更多的角色过载。最后，面对角色过载的压力，跨界大客户经理会努力采取更具创造性的工作方式来面对管理压力局面，由此，跨界大客户经理的创造力会得到提升。

相反，边界紧缩活动潜在阻碍大客户经理的创造力，这也是通过大客户经理感知的角色过载实现的。首先，边界紧缩活动（缓冲和强化界限）能够将边界内部员工紧密凝聚在一起，紧密结合的组织架构会促进群体思维，这样群体中的员工倾向于循环利用已有想法，从而产生更少的新创意。其次，角色过载产生于在有限的时间内大客户经理承担了过多的工作任务，因为边界内部凝聚力的提升其他员工会适时分担跨界大客户经理的工作任务，从而缓解了跨界大客户经理的角色过载，跨界大客户经理也不需要采取更富建设性的解决方式来应对角色过载压力。因此，笔者提出：

假设 3a：跨界员工（即大客户经理）感知的角色过载在边界松弛活动与个人创造力之间起中介作用；

假设 3b：跨界员工（即大客户经理）感知的角色过载在边界紧缩活动与个人创造力之间起中介作用。

4.5.3　实证方法与结果

项目组采用问卷调查的方式收集数据，采用与实证研究一相同的样本。为了提高问卷的回收率，选择在人事部两轮招聘间隙发放问卷，以此降低团队员工变动对研究的影响。于 2014 年 6 月、9 月以及 12 月分别对 50 个工作团队的大客户经理发放 300 份问卷。第一次收集员工汇报的"跨界行为"的测量数据以及相关人口统计学变量，3 个月后收集员工自评的"角色过载""跨界效能"变量数据，回收问卷 219 份，包含 45 个工作团队；3 个月后再收集"员工创造力"的测量数据。回收有效问卷 205 份，包括 43 个工作团队，每组员工数量 3—8 人，回收率为 68.3%。有效样本中，女性 152 人（占 74%），男性 53 人（占 26%）；平均年龄 44.5 岁，员工平均工作经验为 6.4 年；受教育程度方面，专科及以下 150 人，本科及以上 55 人。员工创造力的测量选取了成熟量表，共设计 3 个题项；共设计 8 个题项。以上量表采用 7 点计分，1 代表"完全不同意"，7 代表"完全同意"。

本研究采用多变量回归的方法检验假设 1，验证自变量（跨界效能）与因变量（个人创造力）的关系，实证结果也支持了这一假设。将控制变量和自变量对因变量（员工创造力）进行回归，发现系数是显著为正的（$\beta = 0.436$，$p < 0.001$），假设 1 得到了支持。

采用多步回归的方法来验证角色过载的中介效应。第一步，验证自变量（跨界行为）与因变量（员工创造力）的关系。表 4.1 证明这一步在模型 1 中得到了支持，跨界员工的边界松弛活动对员工创造力的影响显著为正（$\beta = 0.285$，$p < 0.001$），而边界紧缩活动对员工创造力的影响显著为负（$\beta = -0.302$，$p < 0.001$）。第二步，验证自变量（跨界行为）与中介变量（角色过载）的关系。模型 2 也支持了这一假设，跨界员工的边界松弛活动显著促进员工感知到的角色过载（$\beta = 0.365$，$p < 0.001$）；跨界员工的边界紧缩活动与角色过载显著负相关（$\beta = -0.275$，$p < 0.05$）。第三步，验证中介变量（跨界员工感知到的角色过载）会显著影响因变量（员工创造力）。模型 3 支持了这一假设（$\beta = 0.253$，$p < 0.01$），假设 2 成立。第四步，将自变量（跨界行为）与中介变量（角色过载）同时对因变量（员工创造力）进行回归，模型 4 验证了跨界行为与角色过载同时对员工创造力有显著的影响作用。特别地，当存在中介变量时，跨界员工的

边界松弛活动对创造力的正向影响变得不那么显著($\beta=0.218$，$p<0.1$)，边界紧缩活动对员工创造力的负向影响也变得不十分显著了($\beta=-0.248$，$p<0.05$)，说明角色过载对跨界行为与员工创造力的关系具有部分中介作用，因此假设 3a、3b 也成立。

表 4.1　实证研究二中介效应分析的多步回归结果

变　量	模型 1 员工创造力	模型 2 角色过载	模型 3 员工创造力	模型 4 员工创造力
控制变量				
团队规模	$-0.160^{\dagger}$	-0.243^{*}	$-0.203^{\dagger}$	$-0.143^{\dagger}$
	(0.102)	(0.099)	(0.121)	(0.084)
工作年限	0.130	0.157	0.128	0.041
	(0.197)	(0.161)	(0.249)	(0.079)
性别	0.204^{**}	$0.140^{\dagger}$	0.200^{**}	$0.156^{\dagger}$
	(0.085)	(0.083)	(0.091)	(0.084)
自变量				
边界松弛活动	0.285^{***}	0.365^{***}		$0.218^{\dagger}$
	(0.124)	(0.128)		(0.111)
边界紧缩活动	-0.302^{***}	-0.275^{*}		-0.248^{*}
	(0.111)	(0.184)		(0.098)
中介变量				
角色过载			0.253^{**}	0.297^{***}
			(0.109)	(0.060)
F 值	9.372^{***}	3.293^{***}	6.027^{***}	12.382^{***}
R^2	0.285	0.179	0.215	0.451
调整 R^2	0.276	0.125	0.179	0.414

注：$^{\dagger}p<0.1$，$^{*}p<0.05$，$^{**}p<0.01$，$^{***}p<0.001$；括号内为标准误。

4.5.4　结论与讨论

本研究探讨了大客户经理的跨界行为和跨界效能对个人创造力的影响，明确了跨界大客户经理的边界松弛与紧缩活动对创造力作用的区别，在角色理论的指导下，分析了员工感知的角色过载压力在跨界行为与创造力的关系之间所起的作用，得到了具有理论与实践意义的结论和启示。

首先，大客户经理的跨界效能对自身创造力的启发作用显著。研究发现，跨界效能与大客户经理的自我效能类似，可以对个人创造力的发挥产生积极的影响。除了个人跨界能力和团队绩效这两个结果变量外，员工的跨界效能对其他个人以及组织层面的变量也应当有显著的促进作用,例如个人创造力和组织创新。因此,本研究探索了跨界效能对大客户经理创造力的直接作用。

其次,大客户经理的跨界行为对自身创造力的启发作用显著。研究发现,大客户经理的跨界行为可以明确地区分为边界松弛活动(包括侦查和协调)和边界紧缩活动(包括缓冲和强化界限)两个维度。其中,旨在促进与边界外部交流沟通的边界松弛活动对个人创造力有显著的提升作用,而强调组织界限的边界紧缩活动对个人创造力的产生有不利影响。因此,大客户经理以及组织应当在确保边界内部重要信息与资源安全性的前提下,尽可能地开放组织边界,加强与外部的信息交流与资源共享,这对个人创造力的促进十分有利。

再次,有关创造力的文献指出,大客户经理的个人工作因素与社会关系因素是激发个人创造力的两个重要诱因。本研究发现,大客户经理的个人工作因素——角色过载,对个人创造力有显著的促进作用,而且角色过载在大客户经理的跨界行为与创造力之间起到重要的中介作用。尽管表面意义上,角色过载属于大客户经理感知的角色压力的一部分,但是正所谓"有压力才有前进的动力",适量的角色过载压力能够促进大客户经理的创造力。因此,跨界大客户经理在感受到角色过载的压力时,应当抓住产生创造力的契机,组织也应适当地给予大客户经理相应的角色压力。

4.6 小 结

个人创造力被公认为是企业创造和保持竞争优势的关键。创造性的大客户经理可以对卓越的客户体验、客户满意度、客户关系质量乃至组织绩效产生重要的影响,一旦认识到与个人创造力相关的重要个人特征和环境因素,组织可以从中获得巨大利益。因此,管理实践者应当从调整大客户经理的个人行为以及协调工作环境的角度出发,提升创造力。企业越来越依赖员工创造力来获得竞争优势、适应环境变化以及保证持续经营。更重要的是,大客户经理的创造性行为是在所处的工作团队中得以实现的,并且只有在团队中大客户经理的创造性行为才可以聚合成团队的创新绩效。这说明团队的工作环境能够显著影响大客户经理进行创造性努力的程度。

飞速发展的先进技术和复杂多变的客户需求对企业提出了从组织边界外获取知识的要求,大客户经理跨界获取外部信息的行为也因此成为个人创造力和团队创新的有力源泉。跨界员工在与许多组织内部和外部人员(例如领导、同事和客户)打交道时,面临来自他们的不同需求和期望,这些大量不一致的期望会使大客户经理承受多重任务而遭受角色压力，从而影响到个人创造力和生产能力的发挥。大客户经理实施跨界行为时所处的工作环境等情境因素，也有可能改变个人创造力。同时，面对极具挑战力和错综性的跨界行为，自我效能可以帮助跨界大客户经理适应和应对复杂的工作局面。因此，研究跨界行为和跨界效能对大客户经理创造力的影响非常必要。

情境因素的作用及其对个人创造力的影响表明，销售队伍可能是销售企业发现和创造机会的最佳来源。尽管需要销售企业内部的其他部门协同，例如数据挖掘和管理、市场研究和各种其他项目组，但最终进入客户沟通环境中的还是销售队伍，并且只有销售团队最有能力观察各个参与者并将他们结合在一起。正是这种复杂销售环境中的机会识别为销售创造力的发生提供了最有利的环境，这也是未来研究的重要领域。

随着现代企业寻求更广泛、更深入合作的客户关系，大客户经理被要求发现和参与创新解决方案，以应对越来越复杂的客户问题。实践表明，随着客户的要求越来越高，大客户经理也更有可能增加他们的创新活动。在客户需求高的情况下，自然选择过程会发挥作用，那些可以在非常规的组织结构中游刃有余的大客户经理将更有可能获得创造性绩效。一项旨在调查何种组织环境更有助于建立成功的关系销售的研究表明，如果企业希望更有效地满足关系销售团队的需求，他们可能需要采用更扁平的组织结构和更灵活的文化；将扁平化组织与创造力和销售业绩联系起来，为未来的研究提供了一条路径。

思考题

1. 创造力对大客户经理的工作有何帮助？

2. 哪些因素能够有效激发大客户经理的个人创造力？

3. 个人创造力与组织创新之间有何区别和联系？

4. 如何从个人层面、团队层面和组织层面系统地理解个人创造力？

5. 个人创造力一定会带来组织创新么？哪些因素影响了大客户经理的个人创造力向组织创新的转化？

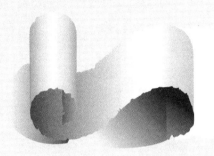

团 队 篇

大客户管理
项目的团队建设

　　大客户经理作用的发挥和企业大客户管理战略的成功实施都离不开项目团队。基于项目团队的组织是最近一种新兴的、灵活的组织结构,可以克服大多数组织面临的传统障碍。与更专注于系统流程的传统组织相比,基于项目团队的组织将战略重心和企业资源更多地放在独特和临时的任务上,这为企业提供了动员资源和能力的机会。项目团队形成的组内网络、领导力、沟通风格和上下级关系等被认为对组织灵活与有效运营至关重要。

第**5**章
团队社会网络：网络中心度与密度

Through accumulated work experience, a KAM generally builds his or her own client network, which is constituted of the focal KAM, his or her key accounts, and the social ties connecting them.

通过积累的工作经验,一个大客户经理通常会建立自己的客户网络,该网络由大客户经理、他/她的大客户以及连接他们的社会纽带构成。

——刘益,李雪 & 董婵嫣,2019

5.1 引 言

大客户经理的个人工作网络呈现多样性。例如,大客户经理与销售团队其他成员的社会网络有助于他们在收集和处理竞争情报方面发挥作用;大客户经理与其他部门同事的社会网络有助于不同部门之间的合作;大客户经理还努力建立广泛的客户网络以获取和利用有关客户的更多信息以及大客户开发机会。团队网络描述了大客户经理与其团队成员的关系,这些团队成员可能彼此时常有联系,也可能较少联系。例如,作为同一项目的参与者共同跟进某一采购商,他们虽不是来自同一项目组,不跟进同一采购商,但他们通过相同产品参与同一供应链。

社交网络通常被认为是网络成员多样化资源的来源,它们通过网络规范塑造网络成员的行为。资源的获取和行为的塑造都与网络成员与其他成员的联系以及网络结构有关。一方面,从联结主义者角度看,社交网络关系扮演着通道的角色,网络成员通过它可以访问或交换其他成员拥有的资源(例如资本、信息和情感支持);同时,社交网络关系也是网络成员传播思想和观念以形成共同态度和价值观的渠道。社会联系越紧密,资源和态度在网络中流动的可能性就越大,速度也越快。另一方面,根据结构主义者的说法,相比于密集网络的参与者,稀疏网络的参与者可以触及拥有不同资源的网络成员,从而获得非冗余的有价值信息;同时,通过连接稀疏网络内许多彼此间未连接的成员,该参与者能够控制网络内的资源流动,从而获得权力资源(例如,对其他网络成员的影响力)。

因此,从社交网络的角度来看,销售团队的社会网络为大客户经理提供了访问各种资源和机会的途径。从团队网络中获得的信息、知识和经验等资源将提高大客户经理为其客户提供服务的能力,从而提高销售效率。同时,大客户经理可以利用团队网络向其他网络成员传播思想和价值观,这最终可能会影响同事对大客户经理的态度。因此,团队网络是影响大客户经理工作绩效的重要环境。

从联结主义者和结构主义者的角度来看,团队社会网络可以通过网络成员与其网络结构(例如网络中心度和网络密度)之间的联系紧密程度来衡量。换言之,网络中心度和网络密度反映了团队网络特征的两个重要维度,并被广泛认为是社交网络研究中最重要的两个变量。

5.2　团队网络特征

社会网络是社会行动者相互间的关系的集合。每一个实施大客户管理项目的团队内部,负责不同职能的员工聚合在一起,形成了一个工作网络,我们称之为团队内部网络,其主要价值为信息的利用;而每一个实施大客户管理项目的团队同时也是跨界团队。在跨界团队情境下,每一个跨界大客户经理就是一个社会行动者,他们之间的联系使得不同的团队构成了一个社会网络,我们称之为跨团队网络,其主要价值为信息的交换(见图 5.1)。

5.2.1　跨团队网络与团队内部网络

无论是起到信息收集和交换作用的跨团队网络,还是起到信息处理和利用作用的团队内部网络(见图 5.1),其信息交换和利用过程均为大客户经理提供服务,因此两个网络之间的相互作用对大客户经理的绩效至关重要。两个网络具有以下 5 个特征:

(1) 跨团队网络密度——描绘了大客户经理与非团队内部成员信息交换的数量。跨团队网络中的联系从一个团队的每个成员到其他团队的许多成员。

跨团队网络（信息交换）		团队内部网络（信息利用）		
网络密度	相似职能联系	网络密度	网络中心度	跨职能联系
大客户经理与跨团队非团队成员信息交换的数量	大客户经理和非团队成员通过共同的知识和专长进行信息交换的丰富程度	团队内部信息流通的容量（团队内部成员之间互相咨询信息的数量）	可以协调和整合团队工作以实现信息利用的团队核心（大客户经理）的存在	通过跨职能协商和专长的多样性，进行信息交换的丰富程度
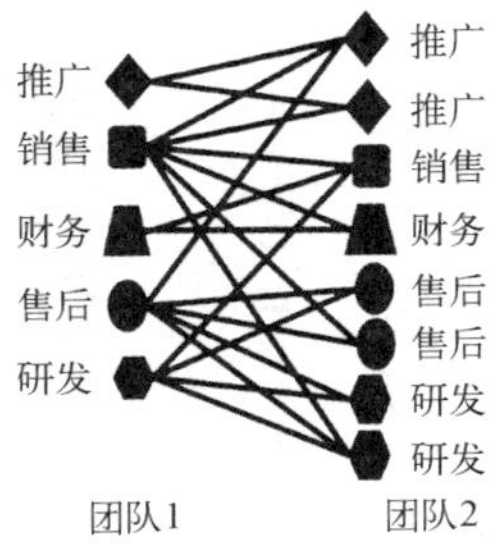 团队1 团队2	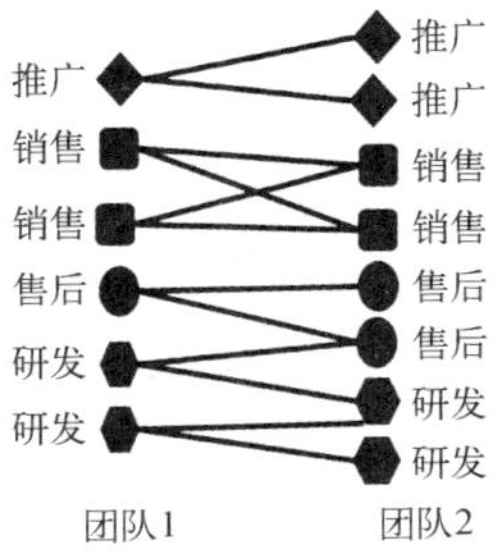 团队1 团队2	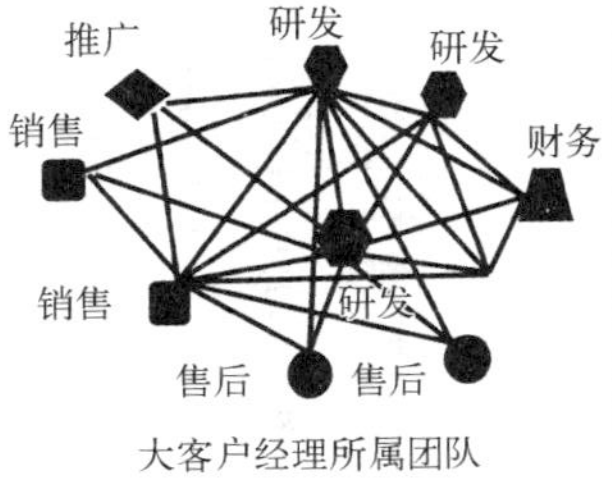 大客户经理所属团队	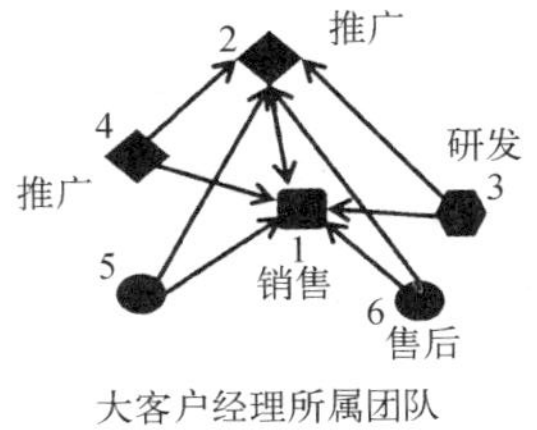 大客户经理所属团队	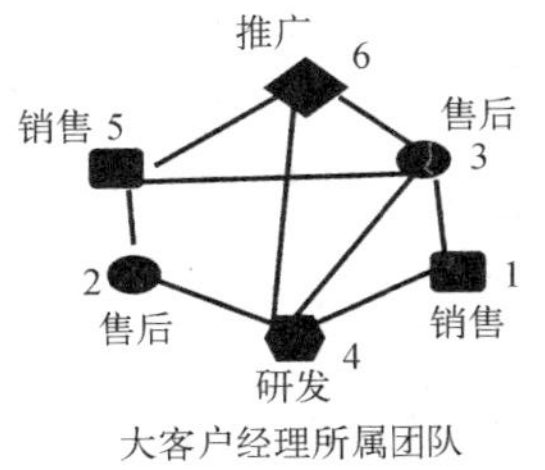 大客户经理所属团队
该图表示跨销售团队的网络密度，网络中的每个成员从一个团队的每个成员到其他团队的许多成员。	该图代表了跨职能中具有相似职能联系的个人之间的联系。	该图代表了一个密集的大客户管理项目团队内部网络，其中许多咨询关系从团队的每个成员到团队的其他成员。	该图代表了一个集中的大客户管理项目团队内部网络，其中成员1和2有许多联系。2和3、4、5和6联系。1和2、3、4、5和6联系，网络中的所有成员都联系1。	该图表示团队中的跨职能联系，其中5和2、5和6、5和3、6和4、3和1、3和4、1和2之间有联系。4、1和4之间跨职能关系，4、3和4之间有关系。所有关系都是跨职能协商关系。

职能：　◆ 推广　■ 销售　⬡ 研发　● 售后　▲ 财务

图 5.1　跨团队网络与内部网络

（2）跨团队网络相似职能联系——描绘了大客户经理和非团队成员通过共同的知识和专长进行信息交换的丰富程度。跨团队网络中具有相似职能的个人之间会彼此联系，分享彼此领域内的新知识和新见解。

（3）团队内部网络密度——描绘了团队内部信息流通的容量（即团队成员互相之间咨询信息的数量）。一个密集的大客户管理项目团队内部网络中，每个成员会和团队的其他成员彼此交流，分享推进工作必需的信息。

（4）团队内部网络中心度——描绘了可以协调和整合团队工作以实现信息利用的团队核心（大客户经理）的存在。一个集中的大客户管理项目团队内部网络中，所有成员联系最多的人往往是网络的核心节点，也是内部网络的中心。

（5）团队内部网络跨职能联系——描绘了团队内部通过跨职能协商，根据观点和专长的多样性，进行信息交换的丰富程度。一个大客户管理项目团队内部网络中必然伴随跨职能联系，行使推广、销售、售后服务、IT支持、财务管理、产品研发等各个职责的人员需要紧密联系以满足客户需求。

5.2.2　网络中心度：权力的分配

两个网络主要涉及两种网络特征，即网络中心度和网络密度。这里将着重介绍团队内部网络的中心度。网络中心度刻画的是和网络内其他员工相比，某一个核心员工掌握权力的程度。作为一个分析指标，中心度描述了一个员工在网络内的可见度和流行度，表现为该员工所涉及的直接与间接的网络联系数量。联系数量的差异，加上联系质量的差异，使得每个员工的中心度有所差别，因而在一个固定的网络中员工的权力大小和所起到的作用也有区别。研究表明，网络中心度在一定程度上促进了员工的个人创造力和团队创新。

在一个大客户管理项目团队内部网络中，中心度描述了大客户经理在整个内部网络中的重要性或突出性。研究表明，大客户经理可以通过在内部网络中占据中心位置来获得更高的绩效，因为其可以更轻松、更快速地监控信息并在需要时获得建设性帮助。大客户经理在网络中的突出地位反映了相比于网络其他成员的更高知名度。位于中心位置的大客户经理比位于网络外围的销售人员更有可能更快地了解相关信息。因此，在网络中占据中心位置的大客户经理更有可能获得和控制知识。下文具体介绍两个主要的网络中心度维度：点度（degree）中心度和接近（closeness）中心度。

（1）点度中心度是大客户经理与网络中所有其他成员直接联系的程度。点度也可以定义为来自大客户经理的长度为1的路径总数。因此，点度中心度表示某一大客户经理在内部网络中没有任何非直接联系人员,他/她也是该网络的核心。作为沟通的焦点,这个大客户经理很可能处于信息流的中心。大客户经理的职位允许其与内部网络中的许多其他人直接联系,其也被视为主要的信息渠道。研究表明,点度中心度可能是大客户经理创新和绩效的关键驱动因素。此外,与他人联系对于大客户经理影响他人分享知识的能力也很重要。这是因为更多的联系促使大客户经理在网络成员之间传播需求,在某些网络成员无法或不愿意提供帮助的情况下提供信息。

(2)虽然大客户管理项目团队内部网络最初通常会根据直接联系的数量来看待,但内部网络也可能通过间接联系最有效地获得回报。接近中心度表示大客户经理可以通过最少的直接和间接联系触及网络中的所有其他人的程度。接近中心度低的大客户经理与他人的距离最短,而接近中心度高的大客户经理与他人之间的间接联系更多。研究表明,接近中心度得分较低的大客户经理往往更早收到信息,因此可以在信息最有价值的时候尽早获取新信息。因此,在内部网络中接近中心度低或"到达时间"快的大客户经理能够比同行更快地开发独特的解决方案。

虽然接近中心度只考虑访问信息的直接联系人,但接近中心度揭示了大客户经理从整个网络中的成员间接快速访问信息的能力。接近中心度也与沟通控制有关,因为大客户经理不依赖他人来传递信息,从而避免了他人的控制。作为团队内部网络中最核心的点,大客户经理以最少的沟通成本或时间从所有其他人那里获取信息。短距离意味着更少的消息传输、更短的时间和更低的成本,这适用于大客户经理发送和接收知识。

图 5.2 显示了内部网络的两种中心度类型。该图有助于以图形方式说明点度中心度和接近中心度之间的位置差异。在图中,大客户经理 D 的长度为 1 的关系最多,因此在点度中心度方面的得分较高。同时,大客户经理 F 和 G 与网络中的所有成员最接近,因为他们到所有其他成员的路径最短。F 和 G 到网络中所有其他人的路径长度为 2 或更少,而其余大客户经理的路径为 2 或更长。

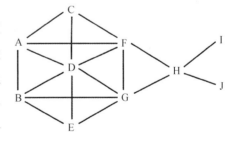

图 5.2　点度中心度和接近中心度

5.2.3　网络密度:知识的传递

网络密度相比于网络中心度而言是一个较为宏观的概念,定义为:已存在的网络联系数量占所有可能联系数量的比例。在社会网络研究中,一个员工自我网络的密度体现了所有包括该员工的子网络的凝聚程度。在所有的子网络中信息传递和相互影响的频率越高，子网络的凝聚力越大，该员工自我网络的密度也就越大。

在一个大客户管理项目团队内部网络中，网络密度反映了团队内所有成员在工作上相互关联的程度。高网络密度表明网络成员之间的联系更紧密，高网络密度使大客户经理与其团队同事能够及时交换项目进程中的实时信息。此外，在一个密集的大客户管理项目团队内部网络中，成员彼此之间有着密切的联系，这可以产生基于威慑的信任，包括彼此以有效的方式监测和惩罚失当行为的能力。虽然高网络密度带来了潜在的好处，但密集网络并不一定有助于项目团队实现产品的创新和推广，甚至可能会降低对大客户的新产品价值。这是因为：

首先，以往社交网络的研究得出了一些结论，表明密集网络比稀疏网络产生的社会影响要小。此外，从社会网络理论的角度来看，密集网络中的集体社会资本会限制其成员对网络外部知识的开放性。高网络密度可能会降低大客户管理项目团队参与新产品开发。因为，在高网络密度的环境中，网络内容变得越来越冗余，使得大客户经理通过该网络获取新知识的积极性降低。相比之下，低网络密度提供了更合适的环境，以促进项目团队成员参与新产品开发，这使大客户经理能够获取新知识，从而促进创新发展。

其次，如果网络密度高，也会降低项目团队成员从社交网络获取新见解的能力。造成这种情况的主要原因是，密集网络具有较少的结构洞（指的是社交网络的两个参与者之间缺乏联系），为项目团队成员提供了较少的获取新知识的途径，这导致他们产生更少的新想法。团队外部成员是一个大客户管理项目团队的新型知识资源，可以通过让他们参与新产品开发过程来获得新产品的成功。为了实现新产品开发，参与新产品开发的大客户管理项目团队需要具备支持新产品开发所需的新知识。然而，在密集的团队内部网络中，团队成员（包括大客户经理自身）被重复的、繁杂的、冗余的团队内沟通占据了大部分工作时间，导致团队外部成员无法及时有效地提供高度新颖的知识，从而导致无法及时满足客户需求。

5.3 团队个人与社交环境的匹配

在个人心理学的领域一个吸引了无数理论家和实践者的课题，就是个人如何与所处的环境相匹配。并且经过多年的研究发展，个人-环境匹配的研究框架已经从个人心理学领域延伸到工业和组织心理学范畴。由于无论是学界还是实践界都非常认同"在不同的工作环境中员工的适应程度也不同"这一观点,以至个人-环境匹配这一话题被称为"工业/组织心理学和人力资源管理学的基石"。个人-环境匹配这一概念是如此深入人心,由此发展而来的各种概念架构已经被认为是管理学研究领域一个重要的概念集群。然而,由个人-环境匹配的视角引发的研究仍存在模糊之处,需要清晰界定研究的方向。本节将对个人-环境匹配理论及相关研究进行系统回顾,明确个人-环境匹配的定义,详细分析匹配的各种类型和运行机制,为实证研究三的主题提供理论基础。

5.3.1　个人-环境匹配的定义及内涵

个人-环境匹配的定义十分明确,即一个特定员工的特征与其工作环境特征的兼容程度。作为一个最为学界和实践界广泛接受的定义,个人特征与工作环境特征涵盖了许多方面,例如个人兴趣爱好与其所从事的职业特征的匹配,个人的价值观与企业文化的匹配,个人偏好与组织管理系统的匹配,个人的知识、技术和能力(KSAs)与工作要求的匹配,个人的需求与工作提供的资源的匹配,以及员工个人与员工领导或同事的目标和性格的匹配,等等。

尽管匹配的概念涵盖的诸多方面为研究者提供了丰富的匹配情境,近期的研究仍然呼吁更精确的适应特殊情境的定义,以激发更多的理论研究和实践探索,以及避免构念上的冲突。例如,早期学者提出了如下定义:匹配是一个主体人物 P 的一个或多个属性的集合(例如 a, b, c)与主体所属环境 E 的对应属性集合(例如 a, b, c)的兼容状态。用代数形式表示,匹配就是 $(Pa, Pb, Pc) \bigcap (Ea, Eb, Ec)$。这一定义允许匹配现象发生在任意个人特征(例如,KSAs、需求、目标或价值观)和环境特征(例如,工作要求、工作条件和奖励、工作氛围和组织文化)之间。此外,这一定义同样指出个人的行为是个人与所处环境共同作用的结果。因此,个人-环境匹配本质上是互动心理学中的概念。

在最基础的研究层面,互动心理学就要求研究应当关注"个人与环境的关系"。这里的关系可以包括多种形式和内涵,其中大部分都不属于笔者所讨论的"个人-环境匹配"的内容。例如,早期学者提出了一个五维度的个人与环境互动的范式,包括无交集型、中介型、非互动型交集、互惠型以及感知型。在各个维度中,尽管个人特征和环境特征均独立地或一同作用于结果变量,而且互动心理学也将这些维度划归为"个人与环境的关系"的理论范式。但是,本书的"个人-环境匹配"的类型更精确、更严格、更严谨。

5.3.2　个人-环境匹配的类型

毫无例外，精准的个人-环境匹配研究探索了员工与工作环境中方方面面要素的匹配关系。因此，工作环境以外的生存要素，例如社区、配偶、国家文化等，并不在个人-环境匹配的研究范畴。此外，个人-环境匹配研究还不同于生活要素间的关系研究，例如工作与家庭的冲突，也不同于组织权变理论中组织架构与权变因素关系的研究，例如企业规模和多元化战略的匹配。然而，也需要明确指出，还有一些特殊主题的相关研究，虽然不是管理学领域的文献，但仍恰当地使用了个人-环境匹配理论，属于该理论的研究范畴，例如学生与校内兄弟会等组织的匹配、学院与学校的匹配、组织的客户与组织的员工的匹配、外派员工与他国国家文化的匹配、年长者与城镇住房条件的匹配等。而在管理学的研究中，个人-环境匹配作为一个重要的理论，解释了工作环境中各方面的匹配现象。这里将具体回顾个人-环境匹配理论指导下的各匹配类型。

（1）个人-职业匹配。这一类型的个人-环境匹配研究关注的是个人与其所从事的职业之间的契合关系。此类型的研究内容包括个人的职业选择，即个人的需求、能力和兴趣爱好与职业道路的要求和提供的资源之间的匹配。个人-职业匹配的研究还包括工作适应与调整，即强调员工对职业的适应程度和满意程度是员工的个人需求被职业环境满足的结果。此外，尽管实证研究并没有完全证实其假设，职业咨询领域的相关研究也运用了个人-职业匹配的思想，强调了个人-环境匹配理论在职业选择上的作用。最后，O* NET 数据验证了个人-职业匹配的独特性，指出其与下文所述的个人-工作匹配的相似性及概念区别。

（2）个人-工作匹配。与个人-职业匹配研究类型极为相似的是个人-工作匹配类型。然而，由于在组织招聘和员工选拔环节的不同研究背景，个人-工作匹配探讨的是一个员工的特征与某一具体工作的契合程度。也正因为"工作"指的是一个员工在团队内所扮演的角色，这项研究也称为个人-角色匹配。这一类的研究包含两个主要流派：第一个称为"要求与能力匹配"流派，其研究包括传统意义上的员工选拔，即员工的知识、技术和能力与工作的要求所匹配的程度；第二个称为"需求与资源匹配"流派，其研究包括工作满意度和工作压力的研究，即工作所提供的资源如何满足员工的需求和愿望。

然而，在第一个"要求与能力匹配"流派的员工选拔研究中，个人-工作匹配的实证测量往往并没有体现"匹配"的思想，因为在探讨员工能力是否满足工作要求时，员工的能力超过工作要求也被认为是个人-工作匹配，而实际上员工的能力过高是一种个人-工作不匹配的体现。因此,类似的研究诸如不充分就业、大材小用、角色过载等,由于其单方面研究了"员工能力"不匹配"工作要求",而没有考虑"工作要求"不匹配"员工能力",因此不应当算作严格意义上的个人-工作匹配研究。相反,第二个"需求与资源匹配"流派往往在实证中使用等价测量,无论是组织资源不满足员工需求,还是组织资源超过员工需求,都被视作个人-工作的不匹配。

(3) 个人-组织匹配。自 20 世纪 70 年代研究结果证实员工在和他们的个人性格最匹配的组织中工作可以获得最大的成功开始,个人-组织匹配的研究逐渐强调个人和组织间的相似性。这个类型的个人-环境匹配研究内容包括员工性格和组织工作氛围的匹配、员工和组织的价值观的匹配、员工和组织的目标的匹配。在这些研究中,组织特征的测量有时使用组织内所有员工特征的集合来代表,有时将组织作为一个独立的个体,测量其自有的特征。

在进行个人和组织特征匹配的测量时,通常使用等价测量的方式,即个人和组织的匹配要求双方在某一特征上的程度完全一致。然而,有一些研究个例使用了更为宽泛的匹配定义,只在广义上定义了组织和个人特征的一致性,并不要求统计学意义上的绝对一致,例如员工特征与组织报酬机制的匹配、员工特征与组织架构和流程的匹配等。

(4) 个人-团队匹配。另一个逐渐受到瞩目的工作环境因素是员工所属的工作团队。个人-团队匹配的研究关注员工与其同事或工作小组之间的匹配关系。在所有的个人-环境匹配的研究类型中,个人-团队的匹配研究是最为匮乏的,尽管很多学者关注同事之间人口统计学变量的相似性对组织绩效的影响,但很少有研究关注团队内同事之间心理层面要素的匹配对员工个人绩效的影响。仅有的个人-团队匹配的研究内容包括员工与团队内同事的目标的匹配、价值观的匹配,以及对工作氛围偏好的匹配。此外,大部分的个人-团队匹配研究关注了员工与同事个性的匹配。

(5) 个人-领导匹配。这种个人-环境匹配研究的类型关注了员工和其工作环境中其他重要成员的双边关系。由于这种双边的匹配发生在两个个人之间,因此这类研究又被称作"个人-个人匹配"。这一类的研究情境包括共事者之间的匹配、应聘者和招聘者之间的匹配、导师和门徒之间的匹配,以及领导和下属之间匹配。因此,领导和下属的价值观一致性研究、性格相似性研究,以及目标一致性研究都属于个人-领导匹配的研究范畴。

5.3.3　个人-环境匹配的两种机制

无论何种匹配类型,无一例外地有两种解释机制成为个人-环境匹配的基础。第一个解释机制是基于两个特征之间的相似性带来的匹配，故而这种基于相似性的匹配被称为"相似型匹配机制"（Supplementary fit）。相似型匹配是指一个人之所以和环境因素相匹配，是因为他/她具有和环境中其他个人相似的特征。相似型匹配机制在传统的匹配研究中多有应用。例如，职业选择理论指出，人们会选择某些特定的职业，因为他们觉得从事该职业的其他人和他们志趣相投。相似型匹配机制也可以用来解释个人-组织匹配。例如，个人与组织之间的匹配源自员工与所属组织的价值观和个性的相似性。此外，ASA 模型也运用了相似型匹配的解释机制，指出员工会被吸引、选择和留在某个组织，因为他们与组织中已经就职的员工之间非常相似。

第二个解释机制是基于一种互补的过程，即环境和个人互相"弥补"对方某个特征的缺陷，因此这种基于补充的匹配称为"互补型匹配机制"（Complementary fit）。互补型匹配是指个人与环境之所以能够相兼容，是因为他们之间在某些相关特征上互相补充。这种机制是一种"内部锁定"，因为这种互补机制是双向的，可以由个人"弥补"环境的缺陷，也可以由环境"弥补"个人的缺陷。当个人的特征使得环境变得完整了，这一方向的"互补型匹配"也印证了前文提及的"要求与能力匹配"的概念，因此这种"互补型匹配"的解释机制也通常用在个人-工作匹配的研究中；当环境的特征使得个人变得完整了，这一方向的"互补型匹配"也印证了上文提及的"需求与资源匹配"的概念，这种"互补型匹配"的解释机制在个人-工作匹配以及个人-组织匹配的研究中都有广泛应用。

自从"相似型匹配机制"和"互补型匹配机制"的概念问世之后，个人-环境匹配的研究就广泛认可这两种解释机制，并且发展成为匹配理论的重要组成部分。例如，个人与组织的匹配反映了如下的兼容关系：① 至少一方为另一方满足了需求，② 双方具有相似的特征，或者③ 上述两点都具备。这一定义默许了个人-组织匹配的多维度概念，指明应当从相似型匹配和互补型匹配两个视角共同审视匹配现象。图 5.3 直观反映了这两种机制的关系。

（1）相似型匹配机制的起源与发展。如前文所述，相似型匹配机制强调个人和其所处环境的相似性带来的相互匹配关系，相似型匹配机制的基础假定便是相似是匹配的重要前提。因此，在运用相似型匹配机制和个人-环境匹配理论解决实际问题之前，理解相似型匹配机制的心理学依据，以及它的起源和发展过程，是十分必要的。

相似性首先被定义为双方态度的相似程度，这在之后的匹配研究中被广泛具象化为兴趣爱好、性格、目标以及价值观的相似度。之后的研究探讨了一个更经典的话题——物以类聚，并提出了一个"相似相吸的范式"。研究指出，人们会被与其相似的

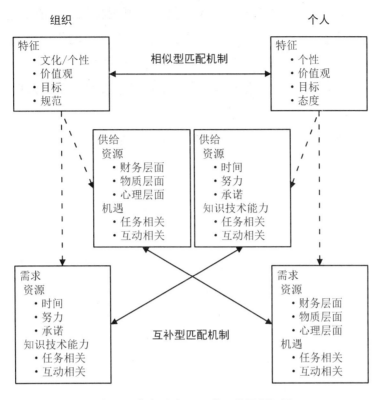

图 5.3 个人-组织匹配的两种解释机制

他人吸引是因为在他们的互动过程中能够强化彼此的信念和选择。这种互动是令人愉悦的,并能够带来积极的情绪上的反馈。

职业咨询相关文献的基本假设也暗含相似型的匹配机制,即人们之所以会被某些特定的职业吸引,是因为他们觉得从事该职业的其他人和自己志趣相投。类似的研究也指出员工会偏好和自己个人性格最匹配的组织。结合以上研究结论,开发出了一套在个人-环境匹配研究中最著名的理论体系——ASA 模型,即假设员工会被吸引、选择和留在某个组织,因为他们与组织中已经就职的员工之间非常相似。ASA 模型的两个著名论断是"当与某个人具有类似的特性时,该个人不仅会被吸引到这个工作中,更会被吸引到这个组织中",以及"特殊的一类人会聚集到特定的环境中,随之而来的是无法适应的人们会离开该特定环境,从而为该环境建立了严格的准入壁垒"。ASA 模型为"相似相吸范式"融入组织管理情境提供了强有力的理论基础,并且带来了一系列的组织情境下的"相似型匹配机制"的研究。尽管 ASA 模型仅关注了组织之间的异同,而不是个人层面的匹配关系,但是这种思想为个人-组织匹配研究提供了依据。

个人-组织匹配被定义为"组织的规范和价值观与个人的价值观之间的一致性"。

这种定义将组织人格化了，赋予了组织人性化的价值观特征。价值观是对偏好的行为和结果的持续信念，因此无论是个人还是组织都具有同等的价值观概念。个人-组织匹配理论强调了审视个人和组织间长期的互惠互动的必要性，成为运用最广泛的涉及个人与组织文化匹配的"相似型匹配机制"的理论依据。以此为基础，学者们还开发了运用最广泛的个人-组织匹配的测量方法——组织文化量表。

作为最早的研究价值观匹配的文献之一，J. R. 爱德华兹（J. R. Edwards）和 D. M. 凯布尔（D. M. Cable）提供了解释为何价值观一致具有独特优势的四种机制，即更顺畅的双边沟通、更准确的可预测性、更高度的人际吸引、更强烈的互相信任。J. R. 爱德华兹和 D. M. 凯布尔根据一份由多个组织组成的研究样本实证发现，由个人-组织的价值观匹配带来的积极结果中，首先，很大一部分是因为员工信任该组织（信任解释了 0.29 的工作满意度，0.23 的组织认同，以及 0.21 的留职意愿）；其次，是更顺畅的双边沟通（沟通解释了 0.14 的满意度，0.10 的组织认同和留职意愿）；再次，是人与人之间的互相吸引（解释了 0.08 的工作满意度和组织认同，以及 0.06 的留职意愿），而双方行为的可预测性仅仅解释了 0.01 的工作满意度和留职意愿，0.03 的组织认同。然而，他们的实证结果也表明，当组织的价值观程度超过个人的价值观时，结果绩效反而是更优的，这与绝对匹配的定义中双方价值观程度不一致将带来不利结果的假设相违背。因此，J. R. 爱德华兹和 D. M. 凯布尔的研究不仅为"相似型匹配机制"提供了新的研究视角，还从另一方面证实了"精准匹配"不一定总是带来积极的绩效影响。

（2）互补型匹配机制的起源与发展。与"相似型匹配机制"类似，"互补型匹配机制"也具有悠久的理论发展历史。自柏拉图开始，哲学家们就已经率先开始探讨人类的需求以及美好生活的含义。需求压力理论为个人-环境匹配理论中的需求研究奠定了基础。这一理论建立了人类需求和环境压力的分类，并指出环境的压力或供给能够满足或者抑制人类的需求。该理论的核心就是，互补型匹配的心理学机制在根本上是人类需求的满足。

作为态度的重要决定因素，需求的满足是工作满意相关的一系列理论研究的基石。尽管早期的理论研究并没有明确提出个人-环境匹配的概念，但是，这些理论研究的基本前提依旧是"人们做出情绪上的反馈，是基于对环境是否实现了人们的工作价值的评估"。换言之，即环境是否满足了人们的需求。尽管每一个理论研究在具体的解释功能上，以及对需求满足和情绪反馈的认知评价上有所区别，但是它们的核心概念都是满意度是环境满足了个人的必然结果。

基于满意度的研究，"互补型匹配机制"的研究也通常从人的角度出发，探讨环境是否"互补"了人的需求，因此被称为"需求与资源匹配"。而当从环境的角度出发，探讨人的能力是否"互补"了环境的要求时，又被称为"要求与能力匹配"。这两种匹配的形式都是"互补型匹配机制"的体现。

在招聘与选拔的研究模型中，"需求与资源匹配"和"要求与能力匹配"这两种类型的"互补型匹配机制"都有所运用。雇佣员工时，应当使组织的工作氛围和奖励机制与员工的需求相匹配，同时也要使员工的能力与工作的要求相匹配。与招聘和选拔的研究文献类似，其他的"互补型匹配"研究也涉及工作压力和应变。例如，员工的心理健康和自我调整有赖于员工个人和环境的匹配，这种匹配不仅包括员工的个人需求和环境所给予的资源的匹配，也包括环境的要求和员工个人能力之间的匹配。与此相似，工作调节理论认为，只有当"满意"（工作环境满足了员工的需求）和"令人满意"（员工的能力满足了工作环境的要求）同时存在时，员工的工作自我调节才成立。这一理论指出"需求与资源匹配"和"要求与能力匹配"两种类型的"互补型匹配机制"对工作调节都是不可或缺的必备要素，因此它们之间可以互相影响。工作调节理论也因此成为职业选择研究的理论基础，并被广泛应用于组织行为研究领域。

5.4 实证研究三：团队社会网络的调节作用

5.4.1 网络中心度与跨界效能

根据员工创造力的社会网络视角研究，员工创造力受到社会网络因素的影响是与创造力相关的员工认知过程以及与专业领域相关的员工知识共享息息相关的。与创造力相关的认知过程包括：远程关联，即把看似无关的事物关联起来；发散思维，即另辟蹊径更高效解决问题；灵活思维，即采取多种方法应对一个问题。

网络中心度衡量的是网络中某一员工的可见度和流行度，因此网络中心度高的大客户经理具有更高水平的远程关联、发散思维以及灵活思维，也能够更快地完成与创造力相关的认知过程。在跨界情境下，高网络中心度的跨界大客户经理因为具备更高水平的认知能力而被赋予了更多的跨界责任，来自边界内部的授权也持续增长。根据认知评价理论，这种持续增长的授权满足了跨界大客户经理对自我管理、自我效能的需求，从而成为支持大客户经理的内在动机。在此基础上，内在动机会促进个人创造力的提升，使得跨界大客户经理在复杂的工作环境中产生新颖的工作方式。

假设1：网络中心度在跨界效能与个人创造力的关系间起着正向的调节作用。

5.4.2 网络密度与跨界效能

网络密度刻画了员工所属网络的凝聚程度，网络密度越高的业务网络，其间关于专业知识的交流、沟通与共享越频繁。当大客户经理具备更多的与专业领域相关的知识时，就有潜力产生更多的工作方法并实施以验证方法的可行性，从而大客户经理的创造性绩效得到了提升。重要的是，在与特定领域内其他个人或组织的社会互动中，大客户经理可以更加了解这一领域并获得更多的专业知识。在跨界情境下，高网络密度的大客户经理不仅能与边界内部员工进行知识共享，还能利用独特的工作性质与边界外的员工共享专业领域的相关知识和工作经验。因此，高密度的业务网络内的社会互动可以帮助跨界大客户经理产生更多新颖的想法，创造力的提升也更加容易。

假设2：网络密度在跨界效能与个人创造力的关系间起着正向的调节作用。

5.4.3 实证方法与结果

项目组采用问卷调查的方式收集数据，采用与实证研究一相同的样本。第一轮于 2014 年 9 月对 50 个工作团队的 300 名员工发放问卷，收集员工汇报的"跨界效能""网络中心度""网络密度"的测量数据以及相关人口统计学变量，回收问卷 219 份，包含 45 个工作团队。于 2014 年 12 月进行第二轮问卷收集，包括员工自评的"员工创造力"的测量数据。最终回收有效问卷 205 份，包括 43 个工作团队，每组员工数量 3—8 人，回收率为 68.3%。有效样本中，女性 152 人（占 74%），男性 53 人（占 26%）；平均年龄 44.5 岁，员工平均工作经验为 6.4 年；受教育程度方面，专科及以下 150 人，本科及以上 55 人。

个人创造力的测量选取了成熟量表，共设计 3 个题项；跨界效能的测量也采用成熟量表，共设计 8 个题项。以上量表采用 7 点计分，1 代表"完全不同意"，7 代表"完全同意"。

网络中心度的测量通常存在两种测量基型，即点度中心度、接近中心度，由于后种方式倾向于测量社会行动者间的最短路径，本研究采用最适合本研究情境的加权点度中心度测量：$C_D(i) = \sum_j^N x_{ij}$ ，其中：i 表示某一基点员工，j 表示所有其他员工，x_{ij} 表示员工 j 针对员工 i 的评估值。网络密度的测量采用自我网络密度的计算方式：$D_i = (\sum_j \sum_q x_{jq})/(\{N(N-1)\}/2)$ ，其中：x_{jq} 表示员工 j 与员工 q 间的评估值，N 表示工作团队内与员工 i 相连结的员工数量。首先，每一位员工对团队内的其他成员分别评价"过去一年中，我与该员工交流工作的次数（面商、电话、邮件等）"（1＝少于每周一次，至7＝每时每刻）。接着，根据测量公式计算该员工的网络中心度值和密度值。

本研究采用分层回归的方法来验证调节效应，将自变量（跨界效能）和调节变量（网络中心度、网络密度）中心化后构造调节效应，然后依次检验笔者的假设。模型1只将控制变量和自变量对因变量（个人创造力）进行回归，发现系数是显著为正的（$\beta=0.436$，$p<0.001$）；模型2中加入了其他主效应变量，包括网络中心度、网络密度；模型3中加入了跨界效能与网络中心度、网络密度分别相乘的交互项，发现系数均显著为正（$\beta=0.281$，$p<0.001$；$\beta=0.216$，$p<0.01$），说明网络中心度和网络密度分别对跨界效能与个人创造力的关系起显著的正向调节作用，假设1、2均成立。在模型4中，继续加入其他的二阶交互项，发现假设1和2仍然得到了支持，且其他交互作用均不显著。

5.5　小　结

本章探讨了在跨界情境下，大客户经理业务网络的中心度和密度对员工创造力的影响作用。本研究首先明确了大客户经理的跨界效能对创造力的促进作用，其次在角色理论的指导下，分析了不同的网络环境在跨界效能与创造力的关系之间所起的截然不同的作用，得到了一些具有理论与实践意义的结论和启示。

本研究对影响个人创造力的社会关系因素研究方面做出了努力。在工作情境因素研究的基础上，本研究探索出大客户经理业务网络环境对大客户经理创造力有显著的促进作用，而且业务网络环境在大客户经理的跨界效能与创造力之间起到重要的调节作用。跨界大客户经理可以在工作中通过展示自身的优秀技能，以提升他人对自己的依赖程度，销售企业也应当鼓励大客户管理项目团队内部信息和资源的交流与共享，这样可以促进大客户经理创意的产生，进而激发团队创新。

尽管这项研究对大客户管理和社交网络的文献做出了贡献，但仍有一些局限性，笔者期待未来的研究能够解决这些问题。一是虽然这项研究揭示了跨界效能对个人创造力的影响，但它对其他结果（如大客户经理的财务绩效）的影响并未得到解决。因此，希望看到未来的研究从大客户经理跨界行为的角度考虑对其财务绩效的影响。二是笔者选择了网络中心度和网络密度来反映团队网络特征并展示它们的调节作用。然而，其他网络属性（例如关系强度和结构洞）也可能影响大客户经理跨界行为的有效性。三是由于可用资源的不同，大客户经理的其他社交网络（例如非正式网络和客户网络）可能会与团队网络共同作用并施加影响。希望未来的研究能够通过将来自不同网络形式的不同网络变量引入一个研究架构来解决这些问题。

思考题

1. 跨团队网络与团队内部网络有何异同？

2. 网络中心度维度有几种？分别适合在什么情境使用何种测量？

3. 网络中心度越高，为大客户管理团队的绩效带来哪些优势和劣势？

4. 网络密度越高，为大客户管理团队的绩效带来哪些优势和劣势？

5. 大客户经理个人和环境的匹配包含哪些维度？

6. 互补型和相似型的匹配机制分别适用于何种大客户管理问题？

7. 团队社会网络特征与大客户经理的创造力之间存在何种联系？

第**6**章
共享领导力：团队绩效的润滑剂

The question of considering shared leadership has arisen, where everybody is a leader and expected to increase his share in the leadership responsibility whenever needed.

近年来共享领导力的作用日益凸显，团队中每个人都是领导者，并希望在需要时承担更多的领导责任。

——O. 阿约德勒 & M. A. 科辛德，2020

6.1 引 言

现代企业的组织架构从传统的垂直领导逐渐转变为越来越多地依靠具有一定自治权的项目团队，特别是实施大客户管理项目的销售企业。这为销售企业带来了挑战，促使企业寻找一种比竞争对手更好地完成大客户管理任务的方法。更扁平的组织结构不可避免地需要团队领导力，而不是基于等级制度的个人领导。毕竟，与团队管理相关的技术要求使得单个领导者不可能令人满意地履行所有必要的领导职能。共享领导力为大客户管理项目团队的运行提供了可行的方案。共享领导力是指团队的所有成员都充分参与团队的领导，并且毫不犹豫地影响和指导彼此的行为以最大限度地发挥整个团队的潜力。它不同于将权力授予单个或少数成员的传统领导类型。当共享领导力的概念完全融入团队的日常活动时，所有员工对团队的成功和失败承担同等的责任，这会激励他们做出贡献。

共享领导力可以积极促进团队创新行为，这种创新的重要性在于能够在不输给竞争对手的情况下适应组织的环境变化。共享领导力的目标是使团队用一种独特的内部影响方式实现成员相互领导以及组织目标。这种内部影响力不是由员工在组织结构中的职位产生的,而是取决于员工使用沟通作为工具将自己的想法传递给团队成员的能力。因此,共享领导力被定义为领导权力在团队内的公平分配,使团队中的每个成员都可以有意义、合理和认真地做出贡献以实现组织目标。供应链上下游的快节奏环境迫使大客户管理项目团队必须寻找通过共享领导力在员工之间培养更高水平团队合作的方法。

领导力的失效已被确定为实施大客户管理项目的企业失败的主要原因之一。然而,只有少数团队领导力模型明确将领导力视为团队绩效的决定因素之一。尽管许多学者专注于研究领导团队的单个人的领导力,但并没有尝试研究团队内部或团队共享领导力的影响。

6.2　共享领导力的定义演变

共享领导力是指在一个工作团队里,领导权力分散在团队成员中而不是集中于某一个确定的领导者。共享领导力揭示了一种管理结构,其中团队成员之间的领导没有限制或特殊性,但承担共同决策和对其决策后果的平等责任。共享领导力是一个统一的过程,领导力由整个团队成员展示,而不限于单独的个人。从这个意义上说,共享领导力的概念意味着团队领导。

领导力首先被定义为二分构念:分散型和集中型。集中型的领导力是指团队的领导权力赋予一个指定的个人,而分散型的领导力产生于团队中两个或更多的员工分享、承担以及实施领导权力。分散型领导力是一个至关重要的概念,应当被视为团队的一项特征,是团队必须履行的职责纲要,其强调,在共享领导力理念下,领导职责应该由每个人承担。共享领导力作为一种不断发展的团队属性,源于领导权分散在几个团队成员之间,这些团队成员通常是为了实现共同愿望。这两类领导力应当是位于一个连续型的领导力构念两端,而不是精确地被二分为两种。共享领导力被描述为一种相互影响的状态,交织在团队成员之中,可以提高团队绩效。在这里,团队合作至关重要,每个组员的贡献都受到重视。

共享领导力是一个根据团队内领导力来源的数量(团队人数)决定该团队领导力影响程度高低的连续型变量。社会网络的研究提出,团队内形成的相互影响关系可以由团队内部的领导力网络来描述。领导力网络刻画了团队内每个员工都依赖其他人领导的模式,随着依赖程度的提高,领导力网络的密度也逐步增加。与业务网络的网络密度定义类似,领导力网络中只有当某个员工感知到另一个员工在实施领导行为，这两者之间的网络联系才存在。因此，领导力网络的密度是每个员工被感知到实施领导力的联系数量的比例。因此，将领导力网络的密度定义为"共享领导力"，是指在一个工作团队里，领导权力分散在团队成员中，而不是集中于某一个确定的领导者。在共享领导力高的团队中，员工在工作任务的一些具体方面提供领导力，同时在其他方面接受不同的团队成员的领导。Ayodele 和 Kehinde（2020）对共享领导力做了系统回顾（见表 6.1），列举了重要的共享领导力文献和相关定义。

表 6.1　以往文献对共享领导力的定义

文献来源	文　献　标　题	相　关　定　义
Perry 等（1999）	Empowered Selling Teams：How Shared Leadership Can Contribute to Selling Team Outcomes	一种团队流程，其中领导力由整个团队执行，而不是仅由指定的领导者（例如销售经理或首席销售员）执行
Pearce 和 Barkus（2004）	The Future of Leadership：Combining Vertical and Shared Leadership to Transform Knowledge Work（and Executive Commentary）	团队内同时、持续、相互影响的过程，其特点是"连续出现"官方和非官方领导人
Carson 等（2007）	Shared Leadership in Teams：An Investigation of Antecedents Conditions and Performance	由多个团队成员的领导影响力分布而产生的新兴团队特征
Vandewaerde 等（2011）	Board Team Leadership Revisited：A Conceptual Model of Shared Leadership in the Boardroom	共享领导力可以被概念化为一个相互和流动的影响过程，成员根据当前情况下所需的能力和专业知识，不断在"领导者"和"追随者"角色之间切换，以带领团队取得成果
Hoch（2013）	Shared Leadership and Innovation：The Role of Vertical Leadership and Employee Integrity	多个团队成员参与领导的情况，其特点是协作决策和对结果的共同责任
Daspit 等（2014）	TMT Shared Leadership and Firm Performance：Investigating the Mediating Role of Absorptive Capacity	成员共同参与领导职责

对共享领导力的研究尚处于萌芽阶段。早期的研究根据团队成员之间出现的充分授权的表现来考虑共享领导力，认为其唯一目的单纯是实现目标或设定目标。可以简单地说，团队成员完全具备领导权力，可以产生想法并与组织目标一起运行。团队共享领导力可细分为变革型领导力、交易型领导力、放任主义领导力，只有变革型团队领导力能够逐步激发员工的潜能并实现更好的团队绩效。共享领导力对于需要高度创造力的任务有益。

应该指出的是，共享领导力的一个主要方面在于在团队成员之间传递有益的信息。共享领导力是团队可用的一种重要的无形资源，可以提高团队在多方面任务上的表现。最后，可以通过鼓励团队成员之间的互相影响来维持共享领导力。把共享领导力与垂直型领导力作比较不难发现，尽管垂直型领导力与共享领导力都能够给企业绩效带来正向的影响，但共享领导力对员工的成长与企业的收入增长有更显著的促进效应。团队内部环境（包括共享的目标、社会支持以及谏言）与外部指导是一个团队产生共享领导力的诱发因素，而且共享领导力能够为团队绩效带来显著的提升。

国内学者还研究了一个与共享领导力类似的概念——自我领导，指出员工的自我领导在员工自我效能的中介作用下，能够激发创新构想的产生和执行。但是与共享领导力不同的是，员工的自我领导相对独立，较少依赖团队中其他人，通过员工自身努力为工作做出贡献。国内学者研究还发现，辱虐式的领导力会抑制员工创造力的产生。有关创造力的文献表明，员工工作中的社会关系因素是影响员工创造力的主要情境变量。共享领导力正是一个社会关系现象，主要体现为共同完成团队目标的成员之间的互相影响。

6.3　共享领导力的类型

共享领导力可以积极影响旨在提高销售人员绩效的创新行为，尤其是在大客户管理领域。以往研究已经对不同领域的共享领导力进行了单独和广泛的探索，例如共享领导力对组织业绩、销售员业绩、组织结构、跨组织运营和创新的影响效果和作用机制。这些研究从变革型领导力、个人赋权领导、团队赋权领导和参与型领导力方面对共享领导力进行了精心考虑和分析。

6.3.1　变革型领导力

变革型领导力刻画的是关注更高层次需求来实现目标的领导者，例如对团队愿景的承诺、专业影响和自我实现。与交易型领导力相反，变革型领导力并不关注直接奖励，而是以激发智力思维能力为激励工具。变革型领导力可以提高大客户经理的工作绩效，它会增强团队成员之间的共同愿景。此外，变革型领导力激励大客户经理超越自身利益并专注于团队目标，这有助于团队进行创新。因为成员可以自由地进行知识共享、积极学习、验证假设，并且鼓励同事进行创造性思维。在这里，个人的愿望被转化为团体的目标,从而为多个人创造一个共同的愿景,并能获得长远的满足感。

变革型领导力还有助于强化团队凝聚力,它通过使参与团队的努力更有意义,并与团队联系在一起来增强团队效力。小组领导可以突出任务的重要性以及小组如何有更大的能力来应对困难的挑战。变革型领导者是致力于提高群体的显著性和重要性的人,让成员甘愿为团队的更大利益牺牲自己的利益。因为人们更有可能为他们相信并认同的事物做出牺牲,而不是为了必须执行的任务。通过共同建立对更美好未来的信念,团队成员之间共享的变革型领导力有望增强团队内部的整体凝聚力。变革型领导力通过增强团队成员的信心和培养他们成功的信念来直接影响团队绩效。

6.3.2　赋权型领导力

赋权型领导力可分为个人赋权领导力和团队赋权领导力两种。个人赋权领导力可以通过培养员工与生俱来的管理能力来实现。在一个大客户管理项目团队中,重点是提高大客户经理作为个人的技能,只有团队内的成员优秀了,团队才可能和成员一样优秀。换句话说,团队的能力是形成团队的个人素质的集合。因此,个人赋权领导力是实现大客户管理项目团队目标的必要条件。大客户经理可以通过给予其自主性、智力头脑风暴和自我发展等独特行为来培养。这些技能对于增强大客户经理的个人领导力是必要的。因为当他们需要作为一个团队运作时,这些技能会给大客户经理以及其他团队成员,甚至更多人带来巨大的好处。

团队赋权领导力被定义为由团队成员对其组织任务的集体积极评估而增加的任务动机。在一个大客户管理项目团队中,团队成员享受他们执行的任务,从而受到激励去追求共同的目标。团队赋权领导力需要团队成员的自我发展,使他们能够通过知识共享和团队合作有效地影响团队外部环境。团队赋权领导力的最终目的就是实现团队目标。因此,团队赋权领导力也是共享领导力的重要组成部分。

6.3.3　参与型领导力

传统的参与型领导力意味着"决策权的分配"。在一个大客户管理项目团队中,参与型领导力反映了决策过程由团队内的多个人执行的程度。这种领导力的一个关键方面是团队成员对实现目标的内在参与,因此参与型领导力也可以被视为一种通过上级管理者赋予员工权力的方式。参与型领导力和赋权之间存在联系,参与型领导力风格会促进大客户经理的创新性想法产生、获得支持并逐步实施,这也是企业实现创新的三个步骤。如第 4 章所述，这三个实现创新的步骤不是相互独立的，因为创新性想法的产生并不能直接带来创意的实施，这三个步骤必须整合互补，共同助力组织创新。重要的是，对大客户管理项目来说，这三个步骤要求大客户经理们完成不同的任务，行使不同的职能。

创新性想法产生是组织创新第一步，它是某一个念想经过应用、实施和产生后果的一连串活动之后，经过更新完善成完美的想法的过程。在具有参与型领导力的大客户管理项目团队中，头脑风暴的方式往往能够促进创意的产生。创意的产生需要人们对企业现存的状态发起挑战，这需要大客户经理们的知识积累以及主动的、智力上的互动。在参与型领导力的指引下，团队成员们会持续地分享对彼此有益的、新颖的信息，以期待共同完成目标。换句话说，创意的产生源于共享领导力的滋养。与传统的将个人领导力置于团队之上的垂直领导力不同，共享领导力将产生创意的责任分担到团队之中，这形成了一个有益的团队氛围。

创意获得支持是创新的第二步，它包含向组织寻求必要的支持和批准，以方便刚刚产生的创意能够在组织内实施。在具有参与型领导力的大客户管理项目团队中，获得支持通常指大客户经理向团队内部和外部具有一定行政权力的人寻求肯定的答复，这些人能够帮助其将抽象的创意逐步具体化。获得支持的大客户经理可以向企业高层陈述其创意的优点，通过严密的分析和试验阐述创意可能为企业带来的竞争优势。因此，当团队内的共享领导力氛围浓厚时，创意更有可能获得普遍的支持。

创意实施是组织创新的第三步，是指产生和获得支持的创意在企业的日常商业活动中日益实现的过程。相比于每个人追求不一致的团队，具有高度共享领导力的团队因其强大的凝聚力可以更加方便地促进创意的实施。

6.4　实证研究四：共享领导力的调节作用

6.4.1　共享领导力与社会网络

工作中的社会关系因素是影响员工创造力的主要情境变量，而共享领导力体现了团队成员之间互相影响的社会关系现象。因此，共享领导力是影响员工创造力的情境因素之一。与业务网络环境因素类似，共享领导力由于为个人和组织的资源交流提供了平台，方便了内部信息的共享以及提升了处理复杂任务的效率，而在一定程度上促进了组织绩效的提升。但当业务网络因素与领导力网络因素交互作用时，会产生意料之外的负面效应。

根据角色理论,组织是一个由角色构成的系统,大客户经理在这个系统中通过与他人显性或者隐性的交流而形成对自我角色的感知。当感知到自己在组织中的角色不一致或者角色的负担超过自己的能力和动机范畴时,大客户经理会产生角色冲突、角色过载以及角色模糊的压力。首先,在高网络中心度的社会网络中,大客户经理由于获得了团队内部持续增长的授权逐步建立了在团队内部较高地位的角色认知。然而高度的共享领导力说明在很大程度上,该大客户经理又需要依赖其他人的领导,在某些不熟悉的专业领域仍然无法建立较高的自我效能,因此大客户经理会对自己在团队中角色地位的定位产生冲突。其次,在依赖他人的领导力的同时,该大客户经理认识到没有足够的能力完成所有的工作任务,尽管形成了高度的跨界效能,对角色负担的感知还是超过了效能所能承受的范围,这样的角色过载会抑制高网络中心度带来的内在动机。

类似地,在高网络密度的社会网络中,首先,大客户经理认为角色之间的信息交流和资源共享已经足够透明,然而共享领导力提醒大客户经理团队内各角色所掌握的信息仍存在显著的差异,大客户经理因此感受到了角色的模糊。其次,共享领导力分散了高网络密度情境下大客户经理对自我角色的注意力,大客户经理一方面对他人提供领导力,一方面受到他人的领导会使大客户经理对完成工作的方法产生模糊的定义,进而加剧了角色模糊的压力。因此,共享领导力会削弱高网络中心度和网络密度对大客户经理跨界效能作用实施的调节能力。

假设 1a: 共享领导力越强,网络中心度对跨界效能与个人创造力关系的调节作用越弱。

假设 1b: 共享领导力越强,网络密度对跨界效能与个人创造力关系的调节作用越弱。

6.4.2　共享领导力与跨界行为

根据角色理论,组织是一个由角色构成的系统,大客户经理在组织中通过与他人显性与隐性的交流形成自身角色的感知。因此,大客户经理所处的组织情境也会影响大客户经理的角色感知,继而成为影响个人创造力的重要因素。有关创造力的文献指出,工作中的社会关系因素是影响个人创造力的主要情境变量,共享领导力就是体现共同完成团队目标的成员之间互相影响的社会关系现象。因此,跨界大客户经理所处团队的共享领导力能够影响员工的角色感知。

共享领导力的一个来源是外部指导,即来自边界外部的旨在帮助内部员工协调共同资源、完成工作任务的直接互动行为。通过鼓舞、强化以及奖励行为,外部指导促使员工形成一种自我胜任感和团队独立感；员工共同接受了如何更好地管理工作以及流程的指导之后，将有更大的可能性产生相互影响，最终形成较高的共享领导力。进行边界松弛活动的跨界大客户经理作为连接边界内外部的桥梁，直接承担了外部指导的沟通职责，团队的共享领导力要求跨界大客户经理承受外部更多的有关工作要求和标准的阐释，因而跨界大客户经理将承受更多的角色过载压力。

类似地，共享领导力的另一诱因来自团队内部环境，包括关于团队任务的共享的目标、员工之间情绪以及心理上的互相支持、员工关于如何实现团队目标的话语权。通过由这三方面构成的团队内部情境，可以激发员工在接受他人领导的同时提供自身领导力的意愿。所以在共享领导力高的团队中，员工往往在某一特定的团队功能方面对他人提供领导力，而在他人擅长的功能领域接受领导。根据角色理论，进行边界紧缩行为的跨界大客户经理，尽管因为内部凝聚力的增强缓解了部分角色过载压力，但是在共享领导力的情境下，领导者与被领导者双重角色的转换会弱化边界紧缩行为对角色过载的缓解作用。

假设 2a： 共享领导力对边界松弛活动与角色过载的关系起着正向的调节作用。

假设 2b： 共享领导力对边界紧缩活动与角色过载的关系起着正向的调节作用。

6.4.3　实证方法与结果

项目组采用问卷调查的方式收集数据，采用与实证研究一相同的样本。于 2014 年 6 月、9 月和 12 月分别发放 300 份问卷，第一次收集员工汇报的"跨界行为"、研究假设 1 中"共享领导力"的测量数据以及相关人口统计学变量，3 个月后收集员工自评的"角色过载""跨界效能""网络中心度""网络密度"、研究假设 2"共享领导力"变量数据，3 个月后收集包括员工自评的"员工创造力"的测量数据。回收有效问卷 205 份，包括 43 个工作团队，每组员工数量 3—8 人，回收率为 68.3%。有效样本中，女性 152 人（占 74%），男性 53 人（占 26%）；平均年龄 44.5 岁，员工平均工作经验为 6.4 年；受教育程度方面，专科及以下 150 人，本科及以上 55 人。

（1）研究假设 1 验证。员工创造力的测量共设计 3 个题项；跨界效能的测量共设计 8 个题项。以上量表采用 7 点计分，1 代表"完全不同意"，7 代表"完全同意"。

网络中心度和网络密度的测量同实证研究三。共享领导力的测量采用了跨界员工所属团队的领导力网络密度计算公式：$D_L = (\sum_i \sum_j x_{ij})/(\{N(N-1)\}/2)$，其中：$x_{ij}$ 表示员工 i 与员工 j 间的评估值，N 表示工作团队内的员工数量。首先，每一位员工对团队内的其他成员分别评价"在多大程度上本团队依赖于这个人的领导能力和决策能力?"(1＝完全不依赖,至 7＝完全依赖);接着,将团队内所有员工的所有打分求和,并除以该团队内所有可能的联系数量,最后得到的值作为该团队的"共享领导力"测量数据。控制变量选取团队规模、工作年限和员工感知到的组织支持。表 6.2 给出了研究假设 1 相关变量的描述性统计结果,包括均值、标准差、相关系数以及主要量表的 Cronbach 系数。

表 6.2　实证研究四假设 1 变量描述性统计结果

变　　量	Mean	S.D	1	2	3	4	5	6	7	8
团队规模	4.19	1.45								
工作年限	6.40	5.84	0.36							
组织支持	5.21	0.98	−0.04	−0.21	(0.75)					
跨界效能	5.01	1.41	−0.32	−0.23	0.34	(0.93)				
网络中心度	17.78	5.59	0.67	0.24	0.09	−0.22				
网络密度	4.43	0.95	−0.48	−0.17	0.14	0.17	0.24			
共享领导力	4.13	1.26	0.15	0.20	0.20	−0.11	0.13	0.02		
员工创造力	5.17	1.16	−0.26	−0.23	0.39	0.63	−0.07	0.22	−0.11	(0.77)

注:所有相关系数大于|0.16|的在 $p < 0.05$ 时显著;所有相关系数大于|0.20|的在 $p < 0.01$ 时显著;对角线值为内部一致性。

本研究采用分层回归的方法来验证调节效应,将自变量(跨界效能)和调节变量(网络中心度、网络密度和共享领导力)中心化后构造调节效应,然后依次检验了 5 个模型,表 6.3 验证了笔者的假设。

表 6.3　实证研究四假设 1 分层回归结果

变　　量	模型 1	模型 2	模型 3	模型 4	模型 5
控制变量					
团队规模	−0.056	−0.200	−0.363*	−0.353	−0.126
	(0.054)	(0.149)	(0.213)	(0.274)	(0.193)
工作年限	−0.008	−0.005	0.091	0.121	0.115
	(0.013)	(0.013)	(0.139)	(0.150)	(0.145)
组织支持	0.236**	0.240**	0.243***	0.220**	0.215*
	(0.077)	(0.081)	(0.086)	(0.100)	(0.083)
主效应					
跨界效能	0.436***	0.433***	0.427***	0.456**	0.527***
	(0.056)	(0.056)	(0.109)	(0.146)	(0.099)

续　表

变　量	模型 1	模型 2	模型 3	模型 4	模型 5
网络中心度		0.047	0.200	0.165	0.087
		(0.034)	(0.190)	(0.219)	(0.176)
网络密度		−0.087	−0.049	−0.045	−0.006
		(0.171)	(0.153)	(0.187)	(0.141)
共享领导力		−0.076	−0.082	−0.170	−0.036
		(0.059)	(0.074)	(0.125)	(0.122)
二阶交互					
效能×中心度			0.281***	0.314***	0.205***
			(0.078)	(0.099)	(0.078)
效能×密度			0.216**	0.169*	0.174***
			(0.107)	(0.112)	(0.078)
效能×领导力				0.141	0.168
				(0.139)	(0.152)
中心度×领导力				−0.171	−0.071
				(0.198)	(0.148)
密度×领导力				−0.075	−0.039
				(0.254)	(0.130)
三阶交互					
效能×中心度×领导力					−0.166***
					(0.145)
效能×密度×领导力					−0.214*
					(0.219)
F 值	30.551***	18.581***	6.076***	5.320***	5.415***
R^2	0.438	0.458	0.539	0.569	0.583
调整 R^2	0.423	0.433	0.450	0.462	0.475

注：* $p < 0.05$，** $p < 0.01$，*** $p < 0.001$；括号内为标准误。

　　模型 1 只将控制变量和自变量对因变量（个人创造力）进行回归，发现系数是显著为正（$\beta = 0.436$，$p < 0.001$）。模型 2 中加入了其他主效应变量，包括网络中心度、网络密度和共享领导力。在模型 3 中，加入了跨界效能与网络中心度、网络密度分别相乘的交互项，发现系数均显著为正（$\beta = 0.281$，$p < 0.001$；$\beta = 0.216$，$p < 0.01$），说明网络中心度和网络密度分别对跨界效能与员工创造力的关系起显著的正向调节作用。在模型 4 中，继续加入其他的二阶交互项，发现其他交互作用均不显著。在模

型 5 的回归方程中，发现跨界效能、网络中心度和共享领导力之间存在显著的负向交互作用（$\beta=-0.166$，$p<0.001$），假设 1a 得到了支持，跨界效能、网络密度和共享领导力之间也存在显著的负向交互作用（$\beta=-0.214$，$p<0.05$），假设 1b 也成立。

基于上述验证，相应的研究假设模型如图 6.1 所示：

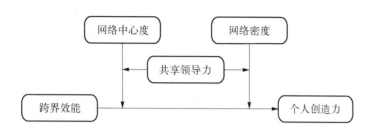

图 6.1　跨界效能与个人创造力关系概念模型

（2）研究假设 2 验证。共享领导力的测量计算了跨界大客户经理所属团队的领导力密度。首先，每一位大客户经理对团队内的其他成员分别评价"在多大程度上本团队依赖于这个人的领导能力和决策能力？"接着，将团队内所有大客户经理的所有打分求和，并除以该团队内所有可能的联系数量，最后得到的值作为该团队的"共享领导力"测量数据。表 6.4 给出了研究假设 2 所选取的所有相关变量的描述性统计结果，包括均值、标准差、相关系数以及主要量表的 Cronbach 系数。

表 6.4　实证研究四假设 2 变量描述性统计结果

变　量	Mean	S.D	1	2	3	4	5	6	7	8
团队规模	4.19	1.45								
工作年限	6.40	5.84	0.36							
性　　别	1.72	0.45	−0.41	−0.34						
边界松弛活动	5.22	1.20	−0.12	−0.14	0.13	(0.88)				
边界紧缩活动	4.93	1.01	−0.15	−0.02	0.15	0.23	(0.86)			
角色过载	3.72	1.75	−0.23	−0.15	0.21	0.25	−0.15	(0.85)		
共享领导力	4.13	1.26	0.15	0.20	−0.19	0.10	0.01	−0.13		
员工创造力	5.17	1.16	−0.26	−0.23	0.33	0.48	−0.51	0.21	−0.11	(0.77)

注：所有相关系数大于 $|0.19|$ 的在 $p<0.05$ 时显著；所有相关系数大于 $|0.21|$ 的在 $p<0.01$ 时显著；对角线值为内部一致性。

本研究采用分层回归的方法来验证共享领导力的调节效应，将自变量（跨界行为）和调节变量（共享领导力）中心化后构造调节效应；然后，依次检验了 5 个模型，表 6.5 验证了笔者的假设。模型 1 只将控制变量对结果变量（角色过载）进行回归，模型 2 中加入了主效应变量。在模型 3 中,加入了边界松弛活动与共享领导力的相乘项,发现系数显著为正($\beta=0.363$, $p<0.001$),说明共享领导力对边界松弛活动与角色过载的关系起到显著的正向调节作用,假设 2a 成立。在模型 4 中,用边界紧缩活动与共享领导力的相乘项替换前一个相乘项,发现系数依旧显著为正($\beta=0.171$, $p<0.01$),说明共享领导力对边界紧缩活动与角色过载的关系也作正向调节,假设 2b 成立。最后,模型 5 的回归方程中包含所有变量,依旧得到了相同的结果,验证了本研究的稳健性。

表 6.5 实证研究四假设 2 分层回归结果

变　　量	模型 1	模型 2	模型 3	模型 4	模型 5
控制变量					
团队规模	-0.318^{**}	-0.345^{***}	-0.316^{*}	-0.443^{*}	-0.323^{*}
	(0.116)	(0.099)	(0.169)	(0.230)	(0.188)
工作年限	-0.127	0.174	0.276	0.230	0.278
	(0.225)	(0.188)	(0.205)	(0.195)	(0.194)
性别	0.058	0.065	0.192	0.064	0.209^{*}
	(0.131)	(0.087)	(0.105)	(0.182)	(0.110)
主效应					
边界松弛活动		0.358^{***}	0.467^{**}	0.388^{**}	0.456^{**}
		(0.136)	(0.221)	(0.206)	(0.228)
边界紧缩活动		-0.278^{*}	-0.287	-0.394	-0.308
		(0.174)	(0.271)	(0.257)	(0.232)
共享领导力		-0.188	-0.022	-0.141	-0.006
		(0.118)	(0.173)	(0.194)	(0.194)
调节效应					
边界松弛活动× 共享领导力			0.363^{***}		0.448^{***}
			(0.106)		(0.129)
边界紧缩活动× 共享领导力				0.171^{**}	0.237^{***}
				(0.095)	(0.104)
F 值	7.978^{***}	2.641^{**}	3.442^{***}	2.544^{**}	3.119^{***}
R^2	0.169	0.238	0.365	0.276	0.386
调整 R^2	0.148	0.148	0.259	0.168	0.262

注: * $p<0.05$, ** $p<0.01$, *** $p<0.001$;括号内为标准误。

为了更直观地体现调节效应,本研究分离出两个交互项,并比较在较低与较高共享领导力的情境下,跨界行为对角色过载的影响变化。图 6.2A 显示跨界大客户经理的边界松弛活动在高共享领导力的情境下，对角色过载的促进作用更明显；图 6.2B 显示跨界大客户经理的边界紧缩活动在低共享领导力的情境下，对角色过载的抑制作用更明显。本研究组织情境因素的调节效应也得到了验证。

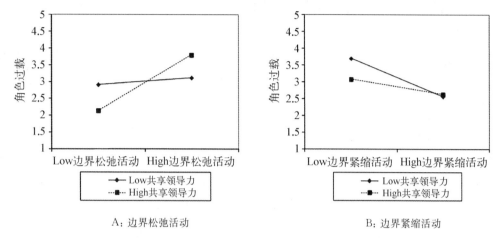

A：边界松弛活动   B：边界紧缩活动

图 6.2 共享领导力调节效应的简单斜率分析

基于上述验证，相应的研究假设模型如图 6.3 所示：

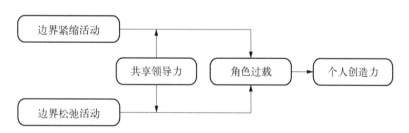

图 6.3 跨界行为与个人创造力关系概念模型

6.5 小 结

大客户经理的社会关系因素——团队的共享领导力，也是大客户经理创造力的源泉，这是通过角色过载的中介作用实现的。高度共享领导力的团队，因为在接受他人领导力的同时，大客户经理自身也必须提供领导力，因此共享领导力会增加大客户经理感知的角色过载。在跨界大客户经理的跨界行为已经产生角色过载压力的基础上，共享领导力会促进边界松弛活动对角色过载压力的形成，而缓解边界紧缩活动对角色过载形成抑制作用。因此，组织应当培养工作团队形成良好的相互领导的氛围，这对个人创造力与团队创新有良好的巩固作用。

本研究深入发掘了领导力网络的特征——共享领导力在组织管理中扮演的角色，回应了以往研究对于进一步解释共享领导力情境效应的呼吁。与以往研究认为共享领导力积极影响组织绩效的结论不同，本研究发现当领导力网络因素和业务网络因素共同作用时，会对个人创造力产生意料之外的副作用。因此，跨界大客户经理应当注重建立自身的特定社会网络环境，面面俱到会分散大客户经理的资源和能力，实施大客户管理项目的组织也可以针对不同的工作团队鼓励形成不同的领导力氛围。

由于研究方法上的局限，本研究也存在一些不足，希望后续研究能够加以完善。一是由于共享领导力的存在，本研究没有引入团队的实际领导对员工创造力进行评价，所有构念都由大客户经理分 3 个时间段自评完成，可能存在共同方法偏误的问题，之后的研究可以采取客观测量（例如，专利数量）以及不同数据来源（例如，上级评价）等方法解决。二是跨界行为的二分法研究还不完善。本研究发现边界松弛和紧缩活动对个人创造力的不同影响，似乎两者是冲突的，因此这两种跨界行为的具体关系（例如，冲突、互补还是协同）有待进一步研究。三是本研究将社会网络的作用限定在跨界情境下，业务网络和领导力网络对个人创造力的作用有待在一般组织环境中进一步进行研究。

思考题

1. 共享领导力和自我领导有什么异同？

2. 共享领导力有几种类型？大客户销售团队更适合哪一种领导力类型？

3. 结合组织行为学中的领导力概念，分析不同的领导力类型在团队内部情境和跨团队情境下发挥作用有何差异？

4. 除了书中详述的几种共享领导力风格，还有哪些可能给企业带来竞争优势的领导力风格？

5. 共享领导力如何与团队内部社会网络共同作用，激发大客户经理的个人创造力？

第7章

沟通风格：专注任务还是人际互动

A communication style is a relatively stable communication pattern indicating a person's communication preferences in social interactions.

沟通风格是一种相对稳定的沟通模式，是人们在社交互动中的沟通偏好。

——C. 霍姆堡，M. 穆勒 & M. 克拉曼，2011

7.1 引 言

双边沟通是关系学研究的核心。组织内部的双边沟通研究多关注于团队内沟通与同事关系质量之间的联系，例如亲密度、自我披露、关系亲密性、关系期望和互动丰富度等。然而，尽管该领域学者对组织沟通进行了大量的理论和实证研究，但对大客户管理项目团队内领导与成员之间的双边沟通问题的关注却很少。

工作绩效不仅取决于领导风格，还取决于领导者与追随者之间的沟通风格（communication styles）。领导者和追随者之间的沟通风格的匹配或契合度可以引导团队规章流程的制定，并提高沟通质量，从而在工作团队成员之间培养一种归属感。例如，在组织变革的背景下，成功的领导者可以采用下属导向的沟通方式，并获得下属对变革的认同。因此，作为双边沟通的独特组成部分，沟通风格在解释不同绩效水平的工作成果和团队关系质量方面起着举足轻重的作用。

由于个体之间的差异，领导者通常无法与每个成员建立相同质量的关系。如果他们的沟通风格非常契合，那么领导者和追随者可能会达成较高程度的双边默契，这可以带来高质量的领导-成员关系，并提高工作绩效。但是，如果追随者的沟通风格与他们的领导者不相适应，则可能会出现一系列问题，包括不稳定的团队内部沟通和低质量的领导-成员关系。尽管以往研究已经对领导-成员关系的质量进行了丰富探索,但如果不引入领导和成员之间沟通风格的"匹配"概念,我们就无法准确获知如何建设大客户管理项目团队的上下级关系。因此,对团队层双边沟通研究而言,重要的是研究追随者与领导者之间的沟通风格之间的"契合"效应。

自 20 世纪 60 年代以来,随着买卖双方利益冲突、关系恶化等现象的频频发生,买卖双方的沟通问题也逐渐引起了理论界和实践界的重视。其中,作为销售沟通中的一个重要元素,沟通风格对买卖双方关系质量、销售互动的效率以及销售绩效起到了决定性的作用。学界对于沟通风格的研究已经从 B2C(企业对个人)扩展到 B2B(企业对企业)的各个领域。其中,在 B2C 情境下,大量的研究关注沟通风格在保险销售、商业服务、电子商务以及其他零售业中的应用;在 B2B 情境下,沟通风格的研究也在个人销售和渠道谈判等领域展开,从各个视角切入界定沟通风格,但至今对沟通风格概念尚无统一认识。

7.2 沟通风格概念

7.2.1 沟通对象的主观感知

在营销学中,沟通风格的研究起源于 B2C 情境,并且主要关注沟通者对沟通对象所使用风格的主观感知。在一项针对销售人员挨家挨户推销产品的行为研究中,实地记录销售人员如何使用语音语调、话语、眼神交流、肢体语言、倾听质量,以及整体的沟通技巧。其中,整体沟通技巧就一定程度上反映了沟通风格。按照消费者对销售人员的偏好,销售人员可被划分为侵占型和响应型两种。侵占型的销售人员通常会主动地、强势地表达自己的意愿;而响应型的销售人员则被动地响应消费者的提问与需求。基于社会权力基础模型,销售人员会根据自身的权力基础进行专家型沟通和参照型沟通。专家型的沟通风格表明销售人员在某一特定领域具有专业知识、信息、能力;参照型的沟通风格表明销售人员个人对于沟通对象来说很有吸引力。面对面销售互动中人际沟通同样重要,由此衍生出关系型沟通的沟通风格概念,特指除沟通内容以外,体现买卖双方相对关系的沟通信息。买卖双方可以通过关系型沟通进行交涉,转换相对沟通地位(包括主动地位、防御地位和平等地位)。此外,探索开放型和支配型沟通风格对销售效率的影响发现,开放型的销售人员较为健谈、爱社交、坦白;而支配型的销售人员较自信、充满热情、求胜心切、强硬。前台员工在应对服务失败事件中使用的沟通风格也不尽相同,采用随和型沟通风格的员工通过非正式的沟通，满足客户需求；采用正式型沟通风格的员工注重标准化的沟通流程，相比于随和型的员工不是特别关注客户所需。B2C 情境下沟通风格定义的最新研究关注于线上买卖互动，将线上销售人员的沟通风格划分为主动型和被动型。主动型的销售代表通常主动发起与消费者的互动；而被动型的销售代表则被动回答消费者提出的疑问。

B2B 情境下的沟通风格的研究较为有限。研究者在贸易市场中选取采购代表作为调研对象，分析供应链上下游企业买卖交易互动中供应商的销售人员所采用的沟通风格。根据具体沟通内容的不同，将销售人员的沟通行为划分成获取型、给予型和使用型三种。获取型的沟通风格反映了销售人员获取客户信息的行为（例如客户需求信息）；给予型的沟通风格反映了销售人员传播信息的行为（例如向客户传递和分享创意、想法）；使用型的沟通风格反映了销售人员处理和产生信息的行为（例如解决客户问题，获得客户认同）。

7.2.2　语法信息的客观组合

早期的沟通风格文献，对销售人员沟通中所传递的实际信息的研究可谓凤毛麟角。在 B2C 的情境下根据销售人员在沟通中所传递的信息，将销售人员沟通风格分为产品导向型和人物导向型。产品导向型的销售人员会重点介绍产品相关的特征和属性；而人物导向型的销售人员会主要介绍该产品如何影响消费者的生活。大量的沟通风格研究将视角局限于对沟通者所使用交互方式的主观感知上，忽略了实际信息中所包含的词汇、语法模式等客观内容。因此，他们将沟通风格的定义视角从主观评价延伸到客观内容上，强调互动过程中的沟通质量。他们定义低质量型的沟通风格为：销售人员在实际传递销售信息时语言不具备说服力，使用了大量的模糊（如"我好像做过"）、强调（如"我确实做了"）、犹豫（如"我……嗯……可能喜欢"）、人称代词（如"那边那个人"）、反问（如"是这样的，不是吗？"）、升调（如"哦，是吗？"）的表达方式。相反，使用高质量型沟通风格的销售人员在实际传递销售信息时语言比较有说服力，他们不仅较少使用上述的表达方式，而且对话相对流利、简洁、直接。

在 B2B 的情境中也有类似的对沟通者对话的实际内容的定义及研究。以供应链上下游企业议价过程为研究单位，研究者分析议价过程中买卖双方代表所使用的沟通风格。按照沟通信息的不同，将双方沟通行为划分成信息型、关系型和强制型三种。信息型的沟通表示谈判双方沟通时传递说服性信息，包括强调产品质量、各自的产品结构和保留价格等；关系型的沟通表示谈判双方沟通时表达建立友谊的意愿，包括互换承诺、强调共同利益、建立长久联系等；强制型的沟通表示谈判双方沟通时向对方发出强硬意图的信号，包括使用对抗性语气、维持强权地位、威胁施加惩罚制裁等。

7.3　任务导向型与互动导向型沟通

尽管没有给出实证结果证明其假设，一份研究首次提出了普适于 B2C 和 B2B 情境的，同时考虑买卖双方视角的，结合了对沟通者的主观表达方式的感知和客观信息内容的"沟通风格"（communication styles）概念，并将之描绘成买卖双方互动中的一个重要元素。沟通风格被定义为"买方或卖方在互动中采用的语言格式、惯例或特殊习惯"，并指出买卖双方沟通中存在三种风格，即任务导向型、互动导向型、自我导向型。

采取任务导向型沟通风格的人员通常是目标指向且目标明确的，他们总是期望尽可能高效地完成手头的任务，并且无法容忍任何低效的或者与现行任务无关的活动；互动导向型的沟通人员相信社交是买卖互动过程中的重要一环，他们仅仅对与对方沟通代表发展友谊和建立私人关系感兴趣；自我导向型的沟通风格表明沟通人员仅仅关注自身利益，对于他们来说买卖互动就是满足个人需求的场所。实践中，互动导向型和任务导向型的沟通风格有助于促进买卖双方的交流互动，而自我导向型的沟通风格不仅阻碍销售互动，更会让使用该种风格的员工难以在组织中生存。

因为这项研究的沟通风格定义和分类方法兼顾了沟通对象主观的感知和客观的实际沟通内容，加之适用于 B2C 和 B2B 等多种买卖互动情境，已经成为学界最广泛接受和应用的沟通风格定义，包括 B2C 领域的保险服务行业、零售行业、电子商务行业，以及 B2B 领域的个人销售研究和国际商务研究。考虑到自我导向型的沟通风格在买卖双方互动中的不利影响，大部分实证研究仅对买卖双方互动导向型和任务导向型的沟通风格匹配进行探索，暂不研究自我导向型沟通风格的作用。

7.4　营销学中的沟通风格实证

7.4.1　B2C 情境的沟通风格研究

7.4.1.1　卖方沟通风格

因为沟通风格的定义多数出于卖方视角刻画销售人员在销售互动中所使用的沟通方式和语言，因此，大部分研究沿用了已有文献的卖方研究视角，探索销售人员沟通风格的使用效果。

（1）面对面销售情境。在 B2C 情境下，卖方沟通风格的第一类研究领域出现在线下面对面销售中。在一项销售人员挨家挨户推销产品的行为研究中，发现基础的语言沟通技巧是影响销售成功的关键因素，而且只有话语和整体技巧才能够显著影响销售绩效。研究还发现，独立型的消费者偏好强势一些的销售人员，而依赖型的消费者偏好不那么强势的销售人员。在研究消费者对产品本身和产品与人的联系的偏好时，发现不同的消费者对销售人员的产品导向型和人物导向型沟通风格具有不同的偏好和评价：当销售人员介绍更多产品相关的信息，而不是介绍产品对消费者生活的影响时，消费者对销售人员的评价更高。在保险销售的情境下，研究发现相比于参照型的沟通风格，专家型的沟通风格更能有效地提升消费者对销售人员的信任，激发消费者的购买行为。在一项记录体育用品商店销售人员进行销售互动的研究中，证实销售人员任务导向型和互动导向型的沟通风格能够促进销售绩效，而自我导向型沟通风格不利于销售绩效提升。在研究消费者对音响系统销售人员的沟通风格的态度时，引用沟通者风格模型，发现相比于高支配型/高开放型和低支配型/低开放型的销售风格，高支配型/低开放型和低支配型/高开放型的销售风格更受消费者青睐，无论是消费者对所售产品的感知和购买倾向，还是对买卖互动和销售人员的感知都有较大差异。类似地，研究发现在房地产行业销售情境下，销售人员的精准型沟通风格能够显著影响销售绩效。此外，精准型沟通风格的效用还取决于销售人员和消费者的关系亲密度。在研究应对服务失败的沟通风格效用时，发现相比于正式型的沟通风格，随和型的销售人员能够获得更高的消费者满意度和服务质量。研究服务行业面对面沟通中的沟通风格，发现相比于互动导向型和自我导向型的沟通风格，任务导向型的沟通风格更有助于建立销售人员可信度，提升消费者的满意度。最新的研究表明，相比于低质量的沟通风格，高质量的沟通风格可以作为一种论据，提升消费者对销售人员提案的深度思考，从而改善消费者的态度。

（2）电子商务服务情境。B2C 情境下卖方沟通风格的第二类研究领域出现在电子商务领域。在一项线上商务平台的沟通情景研究中，跟踪线上讨论组的技术架构、小组特征以及金融顾问的沟通风格对消费者满意度的影响作用，发现线上金融顾问的沟通风格能够调节消费者感知的平台技术属性和沟通群体特征对消费者满意度的影响。当金融顾问采用任务导向型的沟通风格时，平台的控制、可靠性、及时性、易用性以及小组成员的相似性、反馈都能更有效地激发消费者的满意度；而金融顾问采用互动导向型的沟通风格时，平台的有趣性和小组成员的代入感更能促进消费者满意度的提升。另一项研究针对相似的情境，发现线上顾问的沟通风格(任务导向型和互动导向型)可以有效调节消费者认知满意度和社交满意度的继发影响。在线上顾问任务导向型的沟通风格影响下,消费者的经济满意度能够带来对顾问的认知型信任,并相继带来计算型承诺和购买意愿;在线上顾问互动导向型的沟通风格影响下,消费者的社交满意度能够带来对顾问的情感型信任,并相继带来情感型承诺和参与意愿。

在一项线上平台的客服机器人的沟通风格研究中,证实具有互动导向和任务导向的线上客服机器人的沟通风格有助于提升消费者的信任度和惠顾倾向。客服机器人的任务导向型沟通风格能够带来消费者对搜索型产品的信任,而互动导向型的沟通风格能够带来消费者对信用型产品的信任和惠顾倾向。研究一家欧洲银行的线上客服沟通风格发现,线上客服代表的沟通风格(主动型和被动型)会影响新客户适应度,并调节买卖互动内容对新客户适应的影响。客服代表的主动型沟通风格能够促进新客户的适应并带来绩效提升,而且主动型沟通能够正向促进沟通双方沟通内容对新客户适应的影响;但是客服代表的被动型沟通风格会降低新客户对线上服务系统的适应度。最后,一项研究构造了手机运营商虚拟客服的情境,发现虚拟客服代表的沟通风格能够调节客服代表特征对消费者社会临场感和人性化感知的影响。相比于任务导向型的沟通风格,当虚拟客服使用互动导向型的沟通时,虚拟客服代表的友善、专业和微笑更能激发消费者的社会临场感和人性化感知。

7.4.1.2　买方沟通风格

沟通风格的定义表明,在买卖双方的沟通互动中,风格的使用是一个相辅相成、相互呼应的过程。因此,沟通风格的研究不应只从卖方单方面展开。然而,对买方沟通风格的研究,不仅数量有限,而且直至近10年才逐渐引起了学界的重视。在B2C的情境下,买方沟通风格的研究领域多出现在线下销售或服务行业。

(1)线下销售情境。在人寿保险的销售互动中,销售环节的不同阶段匹配不同的沟通风格能够获得有差异的销售绩效。首先,在销售活动的早期,消费者越期待使用互动导向型的沟通风格,他们越可能接受销售人员善意的销售陈述;如果消费者越期待使用任务导向型的沟通风格,他们越可能接受销售人员专业的销售陈述。其次,在销售活动的后期,随着消费者对互动导向型沟通风格使用期望的提升,销售人员对消费者反对意见的善意型反馈更能够获得消费者满意和关系建立;而随着消费者对任务导向型沟通风格使用期望的提升,销售人员对消费者反对意见的专业型反馈更能够获得消费者满意和关系建立。最后,相比于销售活动的后期,在销售的初始阶段进行销售战略和消费者沟通风格(互动或任务导向型)的匹配,能够获得更好的销售绩效。

（2）服务行业情境。通过对个人服务和商业服务等多个行业的消费者数据进行分析，发现消费者沟通风格（互动或任务导向型）能够调节消费者参与度对信息共享意愿的影响作用。首先，相比于互动导向型的消费者沟通风格，任务导向型的沟通风格更能够有效调节消费者参与度对信息共享意愿的影响。其次，消费者沟通风格（互动或任务导向型）与参与度的交互作用能够通过信息共享意愿的中介，来实现服务质量和消费者满意度的提升。将研究领域聚焦在服务失败的应对上，发现消费者沟通风格（互动或任务导向型）能够调节组织应对服务失败的行为对消费者公平感知的影响作用。具体而言，消费者的互动导向型沟通风格能够调节组织承认服务失败的行为对消费者公平感知的正向作用，而消费者任务导向型沟通风格能够调节组织弥补服务失败的行为对消费者公平感知的正向作用。

7.4.2 B2B 情境的沟通风格研究

7.4.2.1 卖方沟通风格

（1）卖方视角的沟通风格研究还引申至 B2B 情境下，主要集中在营销渠道的研究领域中。研究跨文化销售中销售人员沟通风格的适应性，发现销售人员在文化差异越显著的销售环境中，应对不同沟通风格的能力越弱。当身处文化异质性较强的销售互动中时，事前的文化多样性应对技巧培训就显得尤为重要，否则销售人员会觉得自己无力处理心理压力，难以与买方建立私人关系以及适应买方的沟通风格。类似地，在相同情境下进行了第二次研究，发现适应性销售行为能够提升销售人员应对不同沟通风格的能力。销售人员的移情、思想开放性、民族优越感和归属多样性能够帮助他们积极开展适应性销售行为，并提升应对文化多样性的沟通能力，包括处理心理压力的能力、建立与买方的私人关系和适应买方的多种沟通风格。

（2）另一项研究收集全美及波多黎各采购方代表的数据，测量他们对销售人员的沟通风格的感知，研究发现销售人员的沟通风格根据不同的交易情境改变，在复杂的采购情境下，销售人员倾向于使用获取型的沟通风格；在较复杂的采购情境下，销售人员倾向于使用给予型的沟通风格；而使用型的沟通风格则不受采购环境复杂度的影响。

（3）第三项研究则特别探索了买卖双方议价的互动环节，发现议价双方沟通风格（信息型、关系型、强制型）的使用可以有效缩短议价时间，促进买卖双方达成一致。随着议价阶段的递进，沟通风格的使用频率会发生变化，在议价的早期阶段，信息型的沟通多于关系型和强制型，而在议价的后期阶段，关系型和强制型的沟通频率上升。

7.4.2.2 买方沟通风格

（1）买方视角的沟通风格研究也被引申至 B2B 情境下，主要集中在营销渠道的研究领域中。在研究 100 家机构买家对广告企业销售人员的沟通风格偏好时，发现相比于互动导向型的买卖沟通关系，买方更偏好任务导向型的沟通关系，他们希望销售人员是值得信赖、沉着冷静、专注任务的。此外，研究还发现销售人员其实很清楚机构买家对任务导向型沟通风格的偏好，然而销售人员仍然高估了互动导向型沟通风格的作用。引用沟通者风格模型，聚类分析出机构客户具有 4 种沟通风格类型，即合作型、理解型、社交型和竞争型。其中，相比于合作型的风格，销售人员需要在理解型、社交型和竞争型的沟通风格上获得更多的技巧培训。

（2）另一项研究通过分析农用设备经销商和下游分销商的沟通过程，发现销售人员影响战略的选择取决于客户的沟通风格（任务导向型、互动导向型、自我导向型）。当买方是任务导向型时，销售人员通过内部化的影响机制，使用信息交换和推荐能够获得更好的影响效果；当买方是自我导向型时，销售人员通过强制型的影响机制，使用威胁、承诺、逢迎能够获得更好的影响效果；当买方是互动导向型时，销售人员通过认同感的影响机制，使用逢迎和激励能够获得更好的影响效果。此外，研究还通过聚类分析，将买方的沟通风格特征后验的分为三类，发现买方通常不能被某一种单一的沟通风格特征来刻画。除了第一类的买方可以被描述成单纯的任务导向型之外，第二类的买方则是兼具任务导向型和互动导向型两种风格，第三类则是在具有较高的任务导向型和互动导向型风格的同时，特别关注自身利益的自我导向型。

（3）第三项研究通过收集金融服务、物流、医疗健康、机械制造、化工、信息技术等行业的 B2B 市场中买卖双方的交易数据，研究卖方客户导向对买方忠诚度的影响过程中买方沟通风格所起的作用，发现客户沟通风格（任务导向型、互动导向型）能够调节卖方客户导向对买方忠诚度的影响作用。具体而言，买方的互动导向型沟通风格越高时，卖方的关系型客户导向能够获得更高的忠诚度；当买方的任务导向型沟通风格越高时，卖方的功能型客户导向能够带来更高的买方忠诚度。

7.4.3 沟通的权变视角

沟通风格的作用不是一成不变的，也会随着环境的变化而产生效力的改变。现有研究对沟通风格产生作用的边界条件进行了初步的探索。当制造商不确定性高时，买卖双方的沟通能够有效缓解制造商的忧虑，促进议价绩效的显著提升。因此，随着制造商不确定性的增加，沟通风格的使用（信息型、关系型、强制型）能够明显缩短议价时间、达成一致价格，并使利润逐渐向制造商转移。

　　另一项研究是对沟通风格作用边界的第二次尝试(见图 7.1)。他们研究了线上平台的客服机器人的沟通风格,发现产品不确定性(搜索类或信用类)能够调节客服代表的沟通风格对消费者评价的影响作用。产品的类型对企业线上零售业务的开展以及消费者购买决策的做出具有重要影响,如搜索型的产品在售前即告知消费者详尽的产品属性,而信用型的产品则让消费者很难在售前对产品属性做出判断。因此,产品不确定性的增加,推动着线上客服借助互动导向型的沟通风格来获得消费者的信任和惠顾意向,而搜索型的产品只需要线上客服使用任务导向型的沟通风格来获得消费者信任。

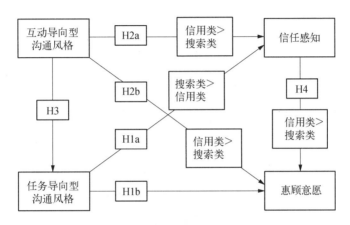

图 7.1　线上客服机器人沟通风格模型

7.5　领导与成员的沟通风格匹配

　　员工与主管之间的匹配是指员工与主管之间的适应度。作为个人-环境匹配的重要一环,个人与领导的匹配与领导-成员交换研究息息相关,因为员工与其相应主管之间的特质匹配是上下级关系质量的基础。如果员工觉得自己的性格与上司的性格相匹配,则他们最有可能建立良好的双边关系。如前文所述,沟通风格则代表了一种相当稳定的个人特征,反映了个人日常生活中的任务和互动取向。

　　沟通风格的概念起源于 20 世纪 70 年代末期的社会学领域,诺顿建立了沟通者风格结构的基础,该结构反映了"一个人通过语言和类似语言的交互方式,表明他/她所传递的信息应如何被接收、解释、过滤或理解"。在此研究的同时,管理研究中引入了沟通风格的概念,建议人们可以根据他们的任务导向、自我导向和互动导向进行分类。领导-成员交换研究与沟通风格相关,因为领导者和追随者都对双方的互动有自己的交流偏好。因此，除了区分工作相关的互动和与人相关的互动之外，两种沟通风格理应得到特别重视：任务导向，是指人们倾向于关注当前任务并强调领导与成员交流的效率；互动导向，是指一个人在工作中与他人建立良好关系的倾向。

在大客户管理情境下，大客户经理和项目团队领导之间的双边沟通是团队内部互动的重要组成部分。为了维持与项目团队领导的关系，建立良好的团队内部氛围，无论是大客户经理，还是项目团队领导，常常要改变沟通的方式来达到与团队同事和谐相处。因此，对于大客户经理而言，无论是互动导向型还是任务导向型，选取适当的沟通风格与项目团队领导进行适配至关重要。以往的研究已经证实，自我导向型的沟通风格不仅会妨碍销售互动，而且会使销售人员无法在组织中开展工作。因此，本书遵循以往文献的研究思路，专注于大客户经理-项目团队领导的互动导向型和任务导向型沟通风格的匹配研究。

将个人-环境匹配理论引入大客户管理情境，分析大客户经理与项目团队领导沟通风格的匹配程度，双方沟通风格的一致意味着他们对使用某一种沟通风格（互动导向型或任务导向型）具有一致的认识和行动，沟通风格的不一致意味着双方对于某一种沟通风格的偏好程度存在分歧，具体的沟通行为表现以及使用的方法和频率也存在差异。本书将大客户经理和项目团队领导的沟通风格分别化为高低两种水平，并使用了两个二乘二的矩阵来描述沟通风格的匹配，分别对应互动导向型沟通风格的一致和不一致（见表 7.1）和任务导向型沟通风格的一致和不一致（见表 7.2）。

表 7.1　大客户经理与项目团队领导互动导向型沟通风格矩阵

		大客户经理的互动导向	
		高	低
团队领导的互动导向	高	双方均展现出建立良好私人关系的意愿，有助于合作开展和持续（Q1）	项目团队领导建立私人关系的意愿得不到大客户经理的积极反馈，双方的关系质量不是非常良好（Q4）
	低	大客户经理积极开展社交活动，团队领导不情愿做出积极响应（Q3）	双方均不十分积极进行互动，私人关系较为薄弱和平淡（Q2）

在表 7.1 的矩阵中，象限 Q1 表示大客户经理和项目团队领导的互动导向型沟通风格的偏好同时高，此时双方均展现出建立良好私人关系的意愿，有助于合作的开展和持续；象限 Q2 表示大客户经理和项目团队领导的互动导向型沟通风格偏好同时

低,这种情况下,双方均不十分积极进行互动,私人关系较为薄弱和平淡;象限 Q3 表示大客户经理的互动导向很高,而项目团队领导的互动导向很低,此时大客户经理积极开展社交活动,而项目团队领导不情愿做出积极响应;象限 Q4 则正好相反,大客户经理的互动导向很低,而项目团队领导的互动导向很高,这种情况下项目团队领导建立私人关系的意愿得不到大客户经理的积极反馈,双方的关系质量不是非常良好。

类似地,表 7.2 的矩阵表示大客户经理和项目团队领导任务导向型沟通风格的匹配情况,象限 Q1 代表双方任务导向都很高,这种情况下双方积极地就销售任务展开互动,提升合作意愿;象限 Q2 代表双方的任务导向同时低,此时双方均不非常积极进行互动,任务难以开展和持续;象限 Q3 表示大客户经理的任务导向高,项目团队领导的任务导向低,此时大客户经理极力想完成任务,而项目团队领导相对不配合;象限 Q4 表示大客户经理的任务导向低,而项目团队领导的任务导向高,这种状态下项目团队领导致力于完成任务的意愿得不到大客户经理的支持和满足,双方的良好关系难以为继。

表 7.2　大客户经理与项目团队领导任务导向型沟通风格矩阵

		大客户经理的任务导向	
		高	低
团队领导的任务导向	高	双方积极地就销售任务展开互动,提升合作意愿 （Q1）	团队领导致力于完成任务的意愿得不到大客户经理的支持和满足,双方的良好关系难以为继 （Q4）
	低	大客户经理极力地想完成销售任务,而项目团队领导相对不配合 （Q3）	双方均不非常积极进行互动,任务难以开展和持续 （Q2）

7.6　小　结

在大客户管理情境下,已有大量的学术研究试图探讨大客户管理项目中的沟通问题,研究内容涉及销售沟通的各个方面,例如沟通质量、沟通战略、沟通频率、适应性沟通能力、沟通效力,以及供应商企业内部沟通。作为买卖双方沟通活动的重要组成部分,沟通风格在买卖关系中也起到了决定性的作用,并且能够显著影响销售互动的效率和最终绩效。

目前，关于沟通风格的研究尚存在一些问题需要进一步探讨，主要表现在以下三个方面：首先，尽管存在研究团队内部沟通风格的重要性和必要性，但该领域学者尚未研究领导者和追随者的沟通风格对成员工作成果的影响。其次，现有的关于沟通风格的文献，均只关注互动中某一方的沟通风格，而没有同时关注互动对象的沟通风格。沟通风格是双边关系中的一个重要变量，如果双方沟通风格不一致的话，会产生多种负面效应，例如双方防御性的敌对心理状态、销售互动的低效，以及较低的销售绩效。因此，通过同时考虑双方的沟通风格来探究沟通风格一致性的影响是十分必要的。最后，已有的沟通风格的研究忽视了一些重要的、能够影响沟通风格一致性作用的相关权变变量。这些特殊的权变变量构成了重要的边界条件，会对双边互动和沟通效率产生重要影响。

思考题

1. 沟通风格的概念演变经历了哪几个阶段？

2. 最新定义将沟通风格分成几种类型？大客户销售团队更适合哪一种沟通风格类型？

3. 面对面销售和线上销售有何区别？分别适用何种类型的沟通风格？

4. 作为大客户经理，一定要与上级领导的沟通风格匹配吗？一定要与采购代表的沟通风格匹配吗？

第 8 章

上下级关系：从圈外成员到圈内成员

LMX not only positively contributes to subordinates' work engagement, but also serves as a filter through which supervisor support can influence an employee's behavior.

上下级关系质量不仅对下属的工作敬业度有影响，而且还有助于将上司的支持转为对下属行为的实际影响。

——樊骅 & 韩冰，2018

8.1 引 言

大客户经理与普通销售人员不同，因为他们关注战略驱动的目标，包括建立和维护与大客户的长期关系，而不一定是在短期内实现销量最大化的目标。为了实现他们的目标，大客户经理与典型的销售人员具有不同的技能和行为。特别相关的是与企业内部其他部门的关系，即参与大客户价值创造过程中的其他员工。大客户信息的捆绑和管理是大客户经理绩效的决定性组成部分，因此在很大程度上取决于其他部门成员的跨职能合作。这对大客户经理来说是一个重大挑战，因为他们通常缺乏对同事的正式权威。由于缺乏授予大客户经理的正式权力，高层管理人员的参与对于大客户管理的有效性和大客户经理的绩效至关重要。最高管理层应确保其他部门对大客户经理的支持，并在决策过程中积极做出贡献，或者授予大客户经理必要的权力、资源和指导。

上下级关系包含多种类型和多种解释机制，相互之间多有差异，也存在诸多共通之处。一个首要的共同点就是上下级匹配的奖励和强化原理，即良好的上下级关系质量是因为彼此之间个人特质的匹配，这种良好的上下级关系不仅对员工个人有激励作用,也对领导个人有激励作用。而何种匹配创造了这种激励和强化作用,会根据具体的匹配特质而变化。正因为这种"相似相吸"或"需求满足"的解释机理,成就了个人-环境匹配理论的基本假设,即人们对环境持有积极的态度以及愿意成为环境的一部分,是因为他们感受到了环境给予的积极的激励和强化作用。

以此为基础,近期的上下级关系研究逐步发现激励和强化作用最强的情境,往往是多种类型和机制并存的个人-环境匹配情境。这也为未来的研究提供了一个多维度的研究视角,其中个人-职业、个人-工作、个人-组织、个人-团队以及个人-领导的匹配共同构成了一个整体的匹配框架。此外,由"需求与资源匹配"和"要求与能力匹配"两种类型共同构成的解释机制也为"互补型匹配"的研究绘制了更完整的研究框架,在这个框架内个人与环境的因素相辅相成、互为补充、互相强化。最后,学者们越来越认识到同时探讨"相似型匹配机制"与"互补型匹配机制"的重要性,认为配对使用两种解释机制能够为个人-环境匹配的研究提供更完备的理论视角。

然而,个人-环境匹配的研究还存在诸多不足与挑战,包括理论的模糊性、概念的重复性,以及方法论的冲突。因此,首先,应当回归个人-环境匹配的本质,从传统的定义上审视匹配的含义,即将个人与环境的综合效用最大化。其次,应当追求概念的纯粹化,通过多维度的实证分析消除理论的模糊和概念的重复。因此,在实证过程中使用多种方法和分析工具,建立多维度的个人-环境匹配框架,可以有效地实现这一目标。尽管仍有部分学者坚持认为,单一维度的匹配定义和单一方法论的实证方法可以有效地排除其他因素的干扰;但是,在同一理论框架下,运用各种匹配解释机制,同时探讨各个类型的个人-环境匹配内容,可以为理论和实践提供更强有力的支持。

8.2 上下级关系质量:领导-成员交换理论

上司的时间和资源有限,根据下属的工作表现,他们会与下属分享和职位相关的私人资源,这被学界称之为"领导-成员交换",反映了上下级的关系质量。领导-成员交换关系是连续的,领导者倾向于开发和维护上下级的关系,其下属的质量在高(圈内)、中(圈边)和低(圈外)之间变化。高质量的上下级关系也被称为圈内、骨干或伙伴关系,这表现为高度的互助、忠诚、人际沟通的贡献或义务、专业的尊重和信任,而相反的情况则表现为低水平的人际交换关系,有时被称为圈外或雇员。对"领导-成员交换"的研究表明,与低质量领导-成员交换关系中的下属相比,高质量领导-成员交换的下属通常能取得更好的工作评价；即使绩效不佳，但高领导-成员交换的员工无论其实际表现如何，均获得良好的评价。此外，高质量领导-成员交换的成员始终比低质量领导-成员交换关系中的下属获得更多的正式和非正式奖励。低质量的交换成员可能会感到不公平，这会引起二等身份的感觉。

领导-成员交换理论从角色理论演变而来，认为在一系列上下级交流过程中，随着时间的推移，双边关系不断发展，包括最初互动中的"角色获取""角色制定"（领导者分配角色，下属满足领导期望，以及双方角色谈判的持续过程）和"角色常规化"三个阶段。这一系列过程的结果是，领导者与每个下属建立起独特的关系。这些关系的质量从低级（以基于雇佣合同为基础的经济交换为特征）到高级（以信任、尊重、忠诚和共同义务为特征）。

根据领导-成员交换理论，在大客户管理项目团队中，大客户经理和项目团队领导双方在项目初始和后续沟通过程中的"角色期望"和双方的反应都会影响以后的双边关系质量。在"角色获取"阶段，当项目团队领导将角色"发送"给大客户经理（例如，分配试用任务）并评估大客户经理的反应时，就会进行关系测试。大客户经理成功完成角色要求后，领导者就可以发送其他角色并继续建立关系；当互动双方进入"角色制定"阶段时，双方可以互相发送角色并评估对方的回应；在"角色常规化"阶段，这种关系逐渐正式化。

领导-成员交换质量不同的大客户经理和项目团队领导之间沟通的频率不同，采用不同的说服、印象管理或寻求支持的方式，并会利用不同类型的沟通风格。研究还表明，不同领导-成员交换质量的上级和下属还会参与各种关系维护和沟通策略，形成了不同的归因逻辑来解释自身的绩效表现，并使用不同体量的外部咨询进行最终决策。这些结果表明，领导-成员交换的质量会直接导致上级和下级之间不同的交互模式和态度。领导-成员交换的质量似乎决定了大客户经理和项目团队领导之间交互模式的类型和质量，项目团队领导偏向于参与高质量关系的下属互动，而不是处于低质量上下级关系的下属互动。

8.3　上下级匹配的检验方法

一致性问题一般使用多项式回归（polynomial regression）和响应曲面分析（response surface analysis）。本书将介绍一个检验上下级匹配的实证方法，并以实证研究五为例，具体分析如何采用多项式回归和响应曲面对上下级匹配研究的假设进行验证。

　　长期以来，一致性和匹配问题一直是微观和宏观研究关注的热点，比如营销学科中买卖双方在诸如信息、市场导向、权力使用、双边依赖等的异同对于合作关系绩效的影响，这些研究对于匹配问题要么代数作差，要么取平均值，生成一个新变量作为匹配的测量构念。这种处理虽然从一定程度上反映变量间的相同或差异，但是省略了许多有价值的信息，比如传统的一致性问题处理方式使得解释力度低；代数作差隐藏了两个变量对于结果变量相对贡献的情况，可能犯假设检验第二类错误（存伪）。为了避免上述问题，一种替代性的检验方法——包括一次项和二次项组成的多项式回归方程——可以用来评估一致性效应。随后这种方法得到了重复的验证和推广，成为处理一致性问题的主要研究方法。

　　该方法的一般性模型如图 8.1 所示，X 表示上级（或下级）的某一个人特征，Y 表示下级（或上级）的某一对应的个人特征，Z 为中介变量，S 为结果变量，M 为调节变量。上下级匹配研究通常会提出三个假设：① 主效应：X 和 Y 的匹配/失配影响变量 Z；② 中介效应：变量 Z 中介了 X 和 Y 的匹配/失配对变量 S 的影响；③ 调节效应：变量 M 对主效应 X 和 Y 的匹配/失配与变量 Z 之间的关系起调节作用。

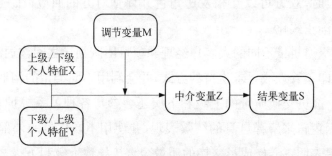

图 8.1　上下级匹配研究的一般模型

$$Z = b_0 + b_1(X - Y) + \varepsilon \qquad (1)$$

　　方程（1）是传统上处理两个测量构念 X，Y 存在差异分数时的处理方法，通过 X，Y 作差后与结果变量 Z 建立一般线性回归函数，b_1 为正表明 X 与 Y 的差与 Z 呈正向关系，ε 为随机误差项。随后学者使用了绝对值作差处理。

$$Z = b_0 + b_1 \mid X - Y \mid + \varepsilon \qquad (2)$$

　　方程（2）这种处理与方程（1）并没有实质差异，可能的问题依然存在。于是一些学者采用平方项作差处理。

$$Z = b_0 + b_1(X - Y)^2 + \varepsilon \qquad (3)$$

将方程(3)展开可以得到如下方程：

$$Z = b_0 + b_1 X^2 - 2b_1 XY + b_1 Y^2 + \varepsilon \tag{4}$$

方程(4)包括了两个平方项 X^2 和 Y^2，以及一个交互项 XY，该方程表示为曲线和交互效应组成的图形。同时，该方程存在如下约束条件：① Z 与 X^2 和 Y^2 正相关；② X^2 和 Y^2 的系数相同，同时等于 XY 的系数的 1/2。通过释放这些约束条件，最终得出如下方程：

$$Z = b_0 + b_1 X + b_2 Y + b_3 X^2 + b_4 XY + b_5 Y^2 + \varepsilon \tag{5}$$

方程(5)是在上面几个方程的基础上提出的，它不仅释放了方程(4)的约束条件，同时也释放了 X 和 Y 的系数。

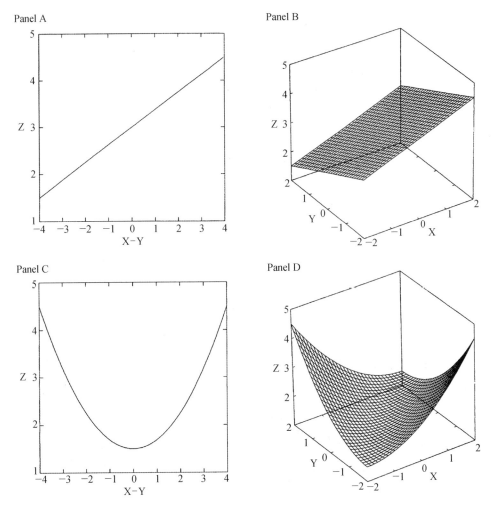

图 8.2　多项式回归曲面图

以方程(1)、方程(3)和方程(5)的二维图及三维曲面图为例(见图 8.2 中 Panel A—D)，Panel A 反映直接作差的效果，Panel B 反映作差情况下的三维图，在这个图中任意固定一个变量，另一个变量与结果变量呈线性关系。但是这种处理存在一个问题，即 X 与 Y 可能存在交互关系，这意味着其残差中包含着重要信息，降低了结论的可信度。而 Panel C 中平方项作差及 Panel D 中的三维图，可以看见多项式回归方程相对于直接作差、绝对值作差、平方项作差更翔实、更充分地展现了变量间信息，既通过 X 与 Y 的组合完整展现 X>Y 或 X<Y 的情况，同时也反映 X 与 Y 在不同水平相等情况下的结果的变化。尽管多项式回归提供了解决一致性问题的思路，回到研究问题，还需要同时借助响应曲面分析方法。

8.3.1　主效应

多项式回归方程提供了研究一致性问题的思路，但是要解释一致性问题需要借助响应曲面分析技术。多项式回归和响应曲面分析可以用于解释如下研究问题：一是当两个预测变量的水平相同时(X=Y)，如何影响结果变量？ 也就是说研究者如何清楚的解释两个预测变量(如员工的价值观和组织的价值观)水平相同时，对结果变量(如组织认同、工作绩效)的影响；二是两个预测变量间存在差异时(X≠Y)，如何影响结果变量？ 例如，员工的价值观与组织的价值观存在差异，对员工的组织认同和工作绩效的影响。

通过方程(5)获得了多项式回归方程及系数，如何回答上述研究问题呢？ 这时需要分别引入响应曲面分析的两个重要特征来依次回答上述两个问题：一致线的斜率；不一致线的曲率。

首先，引入一致线(X=Y)的概念，并获得一致线的斜率(slope)。将 X=Y 代入方程(5)，可以得到方程(6)：

$$Z = b_0 + (b_1 + b_2)X + (b_3 + b_4 + b_5)X^2 + \varepsilon \tag{6}$$

从方程(6)可以得到一致线下斜率为 $(b_1 + b_2)$，如果假设两个预测变量(X=Y)越一致，结果变量越好，此时斜率 $(b_1 + b_2)$ 必须为正向显著。例如，为了验证大客户经理沟通风格(以 X 为代表)和项目团队领导沟通风格(以 Y 为代表)的一致程度对关系质量(以 Z 为代表)的直接作用，则先按照方程(5)进行多项式回归，获得各项系数 b_1—b_5，计算 $b_1 + b_2$ 的值，在为正的基础上，按照蒙塔卡罗 5 000 次 bootstrap 获得该值的误差修正置信区间，检验其显著性。

其次，引入不一致线(X=−Y)，并获得不一致线的曲率(curvature)。将 X=−Y

代入方程(5)，可以得到方程(7)：

$$Z = b_0 + (b_1 - b_2)X + (b_3 - b_4 + b_5)X^2 + \varepsilon \tag{7}$$

从方程(7)可以得到不一致线下曲率为$(b_3 - b_4 + b_5)$。如果假设两个预测变量越不一致$(X \neq Y)$，结果变量越差，此时曲率$(b_3 - b_4 + b_5)$必须为负向显著。例如，为了验证大客户经理沟通风格(以 X 为代表)和项目团队领导沟通风格(以 Y 为代表)的不一致程度对关系质量(以 Z 为代表)的直接作用，则先按照方程(5)进行多项式回归，获得各项系数 b_1—b_5，计算 $b_3 - b_4 + b_5$ 的值，在为负的基础上，按照蒙塔卡罗 5 000 次 bootstrap 获得该值的误差修正置信区间，检验其显著性。

8.3.2　中介效应

为验证关系质量在沟通风格一致和不一致与销售绩效间的中介作用，采用区块变量回归法(block variable approach)。具体的操作方法如下：为了获得一个可以代表由多项式回归的 5 个项(X，Y，X^2，XY，Y^2)共同组成的一致或不一致效应的变量，将这 5 个项整合成一个区块变量。区块变量是一个线性加权集合，权重即是多项式回归中这 5 个项的系数。在构建了区块变量之后，重新进行跨层多项式回归，获得的该区块变量的标准系数就是中介分析的路径系数。例如，为了验证关系质量(以 Z 为代表)在大客户经理沟通风格(以 X 为代表)和项目团队领导沟通风格(以 Y 为代表)的一致程度与销售绩效(以 S 为代表)间的中介作用，先按照方程(5)进行多项式回归，获得各项系数 b_1—b_5，再按照如下方程建立区块变量 B：

$$B_i = b_1 X_i + b_2 Y_i + b_3 X_i^2 + b_4 X_i Y_i + b_5 Y_i^2, (i = 1, 2, 3, \cdots, n)$$

由区块变量 B 对关系质量 Z 进行回归，得到区块变量 B 的系数 γ_1，再在加入区块变量 B 的情况下由关系质量 Z 对销售绩效 S 进行回归，得到关系质量 Z 的系数 γ_2。通过关系质量 Z 进行中介的区块变量 B 到销售绩效 S 的非直接效应的系数大小可以由 $\gamma_1 \times \gamma_2$ 获得。该中介效应的显著性则通过 bootstrap 检验获取，通过蒙特卡洛 5 000 次 bootstrap，可以获得该中介效应系数的误差修正置信区间。如 Edwards 和 Cable(2009)所述，通过区块变量可以便捷地进行中介效应检验，而且不会改变方程中其他变量的系数大小。

8.3.3　调节效应

大部分一致性研究关注直接效应和中介效应，对于存在的调节效应的研究较少，一些研究采取分样本研究调节效应，但是考虑到调节变量本身是连续性变量，这些研究存在缺陷。带调节的多项式回归为本研究进行调节效应检验提供了机会，采用对调节变量中心化处理，加减一个标准差分别替代高水平和低水平的调节变量。具体的操作方法如下：首先，利用两个预测变量（X 与 Y）建立方程（5），同时在研究交互项效应之前将调节变量（M）加以控制得到方程（8）：

$$Z = b_0 + b_1 X + b_2 Y + b_3 X^2 + b_4 XY + b_5 Y^2 + b_6 M + \varepsilon \tag{8}$$

其次，将调节变量（M）与预测变量（X 与 Y）的交互项加入方程（8），得到方程（9）：

$$Z = b_0 + b_1 X + b_2 Y + b_3 X^2 + b_4 XY + b_5 Y^2 + b_6 M + b_7 XM + b_8 YM$$
$$+ b_9 X^2 M + b_{10} XYM + b_{11} Y^2 M + \varepsilon \tag{9}$$

本研究假设调节变量调节一致性和不一致性，因此需要考虑调节变量对响应曲面在不一致线（X = −Y）和一致线（X = Y）上的不同表现。研究调节变量对不一致效应的影响时，将 X = −Y 代入方程（9），整理得到方程（10）：

$$Z = b_0 + [b_1 - b_2 + (b_7 - b_8)M]X + [b_3 - b_4 + b_5$$
$$+ (b_9 - b_{10} + b_{11})M]X^2 + \varepsilon \tag{10}$$

从方程（10）得到了响应曲面的曲率 $b_3 - b_4 + b_5 + (b_9 - b_{10} + b_{11})M$。正向的曲率意味着响应曲面在不一致线上表现为凸，负向的曲率则指响应曲面在不一致线上表现为凹，不显著则表明曲面缺乏凹凸性，为平缓的面。把 M 加减一个标准差分别代入上述方程（10），计算出高水平和低水平的调节变量影响下的响应曲面的曲率，并通过蒙塔卡罗 5 000 次 bootstrap 获得置信区间，进而验证响应曲面曲率变化的显著性。例如，为了验证团队共享领导力（以 M 为代表）在大客户经理任务导向型沟通风格（以 X 为代表）和项目团队领导任务导向型沟通风格（以 Y 为代表）的不一致与关系质量（以 Z 为代表）间的负向调节作用，分别将（M − s.d.）和（M + s.d.）代入方程（10），两轮 5 000 次蒙特卡洛 bootstrap 之后，如果两个响应曲面的曲率值 $[b_3 - b_4 + b_5 + (b_9 - b_{10} + b_{11})M]$ 和显著性显著变化，则负向调节效应成立。

$$Z = b_0 + [b_1 + b_2 + (b_7 + b_8)M]X + [b_3 + b_4 + b_5$$
$$+ (b_9 + b_{10} + b_{11})M]X^2 + \varepsilon \tag{11}$$

类似地，研究调节变量对一致效应的影响时，按照方程（11）得到了响应曲面的斜率 $b_1 + b_2 + (b_7 + b_8)M$。把 M 加减一个标准差分别代入到上述方程（11）计算出高水平和低水平的调节变量影响下的响应曲面的斜率，并通过蒙塔卡罗 5 000 次

bootstrap 获得置信区间，进而验证响应曲面斜率变化的显著性。例如，为了验证共享领导力（以 M 为代表）在大客户经理互动导向型沟通风格（以 X 为代表）和项目团队领导互动导向型沟通风格（以 Y 为代表）的一致与关系质量（以 Z 为代表）间的正向调节作用，分别将（M－s.d.）和（M＋s.d.）代入方程（11），两轮 5 000 次蒙特卡洛 bootstrap 之后，如果两个响应曲面的斜率值 $[b_1+b_2+(b_7+b_8)M]$ 和显著性显著变化，则正向调节效应成立。

8.4　实证研究五：领导-成员 交换与沟通风格匹配

在这项研究中，我们探讨了一个尚待解决的重要问题：大客户管理项目团队的领导和成员的沟通风格如何影响上下级关系？为了解决这个问题，我们借助个人-环境匹配（P-E fit）理论，以及前文所述的角色理论，通过领导-成员交换的中介，创建了一个上下级沟通风格匹配或不匹配对团队成员工作成果影响的理论模型。通过验证和阐明模型中的假设关系，我们做出了 3 个重要贡献：① 通过解释沟通风格上的领导者与跟随者匹配可以提高工作成果，为个人-环境匹配的研究做出了贡献；② 通过明确沟通风格不匹配的方向可以影响团队成员工作绩效，扩展了沟通风格的实证研究；③ 通过验证领导-成员交换的中介作用，为上下级关系的研究做出了贡献。

8.4.1　区别匹配与不匹配（Q1 & Q2 vs. Q3 & Q4）

应用个人-环境匹配理论来区分沟通风格的匹配（即高-高和低-低水平：象限 Q1 和 Q2）与不匹配的情况（即高-低和低-高水平：象限 Q3 和 Q4），关系质量随着大客户经理和项目团队领导的沟通风格变得越来越相似而增加，随着大客户经理和项目团队领导的沟通风格产生差异，关系质量的不确定性也会增加。

当大客户经理和项目团队领导都以任务为导向时，他们倾向于通过专注于手头的任务来优先为组织做出贡献。因此，面向任务的大客户经理通常会对在角色承担阶段分配的工作角色和委派任务做出良好的响应。对大客户经理的努力留下深刻印象的，以任务为导向的领导者可以在"角色制定"阶段为该大客户经理提供更多有价值的资源（例如，物质资源、信息和有吸引力的任务）。最终，在"角色常规化"阶段，符合领导者任务导向的大客户经理倾向于建立更高质量的关系。其他与领导者的任务倾向缺乏匹配的大客户经理通常关系质量较低。

同样，当领导者和下属都以互动为导向时，他们对建立友谊和建立人际关系更感兴趣。具体来说，互动导向的大客户经理倾向于认为社交是工作的关键方面，非常重视与领导者的个人互动。对于具有相同互动导向的领导者来说，发展令人满意的关系也是最重要的考虑因素。这样的领导者愿意在"角色获取"阶段让其下属扮演"朋友"的角色；在随后的角色形成阶段，领导者和大客户经理可能经常因为仅仅享受彼此的陪伴而经常互动。通过这些互动，他们可以建立相互友好和喜欢的关系模式。基于此，笔者提出以下假设：

假设 1：大客户经理和项目团队领导的任务/互动导向越一致（即匹配度越高），双方关系质量（领导-成员交换）就越好。

8.4.2 区别两种情境的匹配（Q1 vs. Q2）

考虑了沟通风格匹配与不匹配的影响之后，我们现在将注意力转向检查组成每个对角线的象限之间的差异。首先，我们关注匹配对角线内的两个象限（即高-高和低-低水平：象限 Q1 与象限 Q2），因为大客户经理和项目团队领导可以在同时高水平或同时低水平的沟通风格方面相互匹配，从而适应彼此的沟通方式。

在双方沟通风格都匹配的情况下，较高程度的匹配与双方关系质量呈正比关系。例如，当大客户经理和项目团队领导都高度专注他们的任务时，对工作目标的共同理解可能会鼓励他们做出更大的努力来实现其当前目标并提高效率。这样的组织关系甚至可能使双方参与超出其雇佣合同要求的任务，承担角色外的职责，并且这种努力可以极大地提高关系质量。同样，当双方都高度重视社交活动时，他们的共同目标（即增进友谊）可能会激发他们在工作关系要素上投入更多的精力，而不是在工作相关任务的细节上付出更多的努力。在这种情况下，他们建立的相互喜欢程度可能是上下级关系质量的主要预测指标。基于此，笔者提出以下假设：

假设 2：当大客户经理和项目团队领导在较高程度的任务/互动导向下匹配时，双方关系质量（领导-成员交换）较高；当双方在较低程度的任务/互动导向下匹配时，双方关系质量（领导-成员交换）较低。

8.4.3 区别两种情境的不匹配（Q3 vs. Q4）

考虑了匹配与不匹配的相对影响，并对比了匹配对角线内的两个象限（即，即高-高和低-低水平：象限 Q1 与象限 Q2），现在考虑不匹配对角线内的两个象限（即，即高-低和低-高水平：象限 Q3 与象限 Q4）。

当存在不匹配的情况，并且大客户经理比领导具有更高的任务导向时，大客户经理会更加在意工作互动的效率，并更加专注实现目标。对于这样的员工而言，仅仅完成分配的任务是不够的，而大客户经理可能比领导表现出更积极的个性。在"角色获取"阶段的双边互动中，更积极的大客户经理的主动行动可以帮助领导更快、更有效地完成任务，从而有更多的时间执行其他任务（例如，更具灵活性）。当面对因任务导向不匹配而导致的不利情况时，更高程度任务导向的大客户经理可能会通过他们努力争取更好的工作成果来减轻沟通风格不匹配对上下级关系的负面影响。

相反，当大客户经理的任务导向水平低于领导时，大客户经理往往将自己视为"纯雇员"，并通常通过有限的工作努力寻求维持现状。比大客户经理更注重任务的领导在"角色获取"阶段分配任务时可能很机械或循规蹈矩，并且可能很难从大客户经理那里获得积极的反馈。结果，更注重任务完成的领导者可能会惩罚那些不太注重任务的大客户经理（例如，减少资源或机会），从而导致上下级关系质量降低。基于此，提出以下假设：

假设 3：当领导者的任务导向高于大客户经理的任务导向时，双方关系质量（领导-成员交换）会低于当大客户经理的任务导向高于领导者的任务导向时的双方关系质量。

类似地，互动导向水平的不匹配对上下级关系也是不利的，因为互动导向程度较高的大客户经理试图被领导视为"可信赖的朋友"，而互动导向程度较低的领导者往往期望员工表现为"纯雇员"。因此，领导者很可能会将大客户经理建立人际关系的尝试视为滋扰，甚至是不诚实的标志。这种来自领导的负反馈对尝试社交互动大客户经理而言，会产生负面效应。

相反地，如果领导者具有高水平的互动导向型沟通方式，上下级关系反而会好一些。具有明显互动取向的领导者将其员工视为"可信赖的朋友"，并高度重视与朋友的角色响应行为。在此情况下，领导者往往会奖励员工偶尔以互动为导向的行为表现。领导者的这种积极反馈使上下级的共同利益更加突出，大客户经理也被激励着将领导者的利益放在心上。结果，高度互动的领导者倾向于与其员工建立可信赖的个人关系，这通常会提高上下级的关系质量。基于此，提出以下假设：

假设 4：当领导者的互动导向高于大客户经理的互动导向时，双方关系质量（领导-成员交换）会高于当大客户经理的互动导向高于领导者的互动导向时的双方关系质量。

8.4.4　领导-成员交换的中介作用

角色理论表明，随着员工运用自己的个人资源来满足他们对角色的要求，角色可能会收缩或扩展。当角色扩展时，沟通风格可以使上下级制定相似的目标以建立共同爱好；当角色紧缩时，沟通风格的匹配也可能使大客户经理和项目团队领导共享目标以维持现状。因此，上下级双方的共识可以引导大客户经理保持更好的态度，追求更高的任务绩效。双方关系质量（领导-成员交换）能够作为合适的通道，中介沟通风格对团队工作满意度和任务绩效产生影响。高质量的领导-成员交换不仅为下属的工作投入起到积极作用，而且还充当了"过滤器"，主管的支持可以通过"过滤器"来影响员工的行为。最近的一项分析还表明，领导-成员交换可能是重要的介质，可以解释领导者的行为对众多员工成果的影响。基于此，提出以下假设：

假设 5：领导-成员交换的质量中介了上下级沟通风格的(不)匹配对大客户经理的(a)工作满意度和(b)任务绩效的影响。

8.4.5　实证方法

（1）数据收集方法。笔者从一家在中国上市的制造企业收集数据。访问者首先抽取了 138 个团队领导的样本，这些团队领导来自大客户管理项目部门；然后，将编码后的中文调查问卷邮寄给其中 65 位团队领导，团队领导被要求确定所有下属大客户经理。在通过电话、电子邮件和重新发送邮件等 3 次提醒后，收回了 43 份完整的问卷（占 66.2%）；之后，将配对的问卷（第二套）发送给团队领导指定的 226 名下属。最终样本包括 43 位大客户管理项目团队领导和 205 位大客户经理（占 90.7%）。

（2）信效度分析方法。在第一阶段，使用成熟的 4 题项和 3 题项量表来测量领导和员工的任务和互动导向的沟通风格。任务导向型沟通风格的示例题项是"我使领导与成员之间的交互尽可能高效"。互动导向型沟通风格的示例题项是"我对这位领导者的个人情况感兴趣"。在第一阶段，领导-成员交换通过让每个大客户经理描述其与主管之间的关系质量来进行衡量。我们采用了 8 题项量表。一个示例题项是"我将我与领导之间的工作关系描述为极其有效"。

在第二阶段，对每个大客户经理的态度和工作成果进行测量。采用 5 题项量表，其中包括示例题项"我觉得确实在做工作中值得做的事情"。领导对每个大客户经理的任务绩效的评分是在第二阶段以 4 题项量表来衡量的。一个示例题项是"与该小组的其他员工相比，×××的工作表现很好"。与现有研究一致，在两个层面上考虑了控制变量：个人层面和配对层面。个人层面的控制变量是员工的自我效能感和工作组认同；配对层面的控制变量是性别和年龄相似性，受教育年限和双边关系的形成时间。

进行了几次测试，以评估变量的测量有效性。首先，通过为所有变量找到高 Cronbach's α 系数值（>0.76，请参见表 8.1）来验证题项间的一致性。其次，分别对领导的数据和大客户经理数据进行了验证性因子分析。拟合指数显示出对领导者数据（$\chi^2=62.61$，$df=41$，$p=0.00$；RMSEA=0.03；CFI=0.97；TLI=0.96）和大客户经理数据（$\chi^2=377.60$，$df=164$，$p=0.00$；RMSEA=0.08；CFI=0.95；TLI=0.93）的拟合很合适，这些结果证实了单独数据集的每个变量都是一维的。再次，在检查测量量表的收敛有效性时，发现所有题项的因子载荷均大于 0.70，并且为每个量表提取的平均方差大于项目间的相关系数的平方。表 8.1 报告了基于匹配的双边数据所有变量的描述性统计、可靠性和相关系数。

（3）数据分析方法。多项式回归以及响应曲面方法用来计算匹配与不匹配的效应。在多项式回归（以任务导向的沟通风格为例）中，中介变量（领导-成员交换质量）对控制变量、领导任务导向（LT）和成员任务导向（FT）以及 3 个较高阶变量（即 LT^2，FT^2 和 $LT\times FT$）回归（参见表 8.2）。但是，每个多项式项的回归系数不会直接用于检验任何假设。取而代之的是，使用每个多项式项的回归系数来计算沿着匹配和不匹配线的斜率和曲率。这种方法也称为响应曲面分析。在本研究中，笔者沿着匹配（LT=FT）和失配（LT=−FT）线计算了斜率和曲率，作为匹配斜率（LT+FT），匹配曲率（$LT^2+LT\times FT+FT^2$），失配斜率（LT−FT）和失配曲率（$LT^2−LT\times FT+FT^2$）。

为了测试领导-成员交换质量的中介效应（假设 5），笔者使用了区块变量方法，即将多项式系数乘以原始数据，以加权综合得分计算区块变量。形成区块变量后，重新运行多项式模型，以估计区块变量的标准化回归系数作为路径系数，该系数将用于中介分析。通过将从区块变量到领导-成员交换质量的路径乘以从领导-成员交换质量到工作满意度和任务绩效的每条路径，来计算间接影响效应。由于间接效应不是正态分布的，因此使用 bootstrap 技术（2 000 次样本取样）计算偏差校正的置信区间（CIs）并测试间接效应的显著性。

8.4.6 实证结果

表 8.2 中的模型 1 和模型 2 提供了回归系数，以及用于预测领导-成员交换质量的多项式回归的匹配线和失配线的斜率和曲率。

基于这些系数，图 8.3A 和 8.3B 分别代表了任务或互动导向的匹配或不匹配的响应曲面。如表 8.2 所示，对于领导-成员任务导向（曲率=−0.19，$p<0.05$）和互动导向（曲率=−0.17，$p<0.05$），沿着失配线的曲面都向下弯曲。沿着 L =−F 线

表 8.1 实证研究五的描述性统计、效度值和皮尔森相关系数

变量	均值	标准差	1	2	3	4	5	6	7	8	9	10	11	12	13
1. 员工自我效能	4.56	0.84													
2. 工作组认同	5.28	1.13	0.20**												
3. 性别相似度	0.27	0.52	-0.04	0.11											
4. 年龄相似度	4.01	1.45	0.06	-0.11	0.15*										
5. 教育背景相似度	2.05	1.23	-0.05	0.07	-0.02	0.06									
6. 双边关系时长	1.54	1.45	0.11	0.05	0.09	0.18*	-0.05								
7. 团队领导互动导向	4.80	1.54	0.04	0.03	-0.01	-0.02	0.14*	0.07	(0.76)						
8. 大客户经理互动导向	4.53	1.38	0.11	0.13	0.02	0.00	0.00	0.13	0.39**	(0.77)					
9. 团队领导任务导向	4.44	1.33	-0.04	-0.20**	0.06	0.06	0.12	-0.02	-0.04	-0.33**	(0.82)				
10. 大客户经理任务导向	4.46	1.32	0.03	-0.10	0.04	0.10	0.11	0.09	0.27**	-0.17*	0.23**	(0.81)			
11. 领导-成员交换质量	4.53	0.70	0.04	-0.02	0.04	0.07	0.16*	0.09	0.37**	0.19*	0.14*	0.29**	(0.91)		
12. 工作满意度	4.49	0.78	0.16*	0.10	0.03	-0.01	0.07	0.13	0.08	-0.09	0.30**	0.37**	0.23**	(0.88)	
13. 工作绩效	4.54	0.76	0.18**	-0.08	-0.01	0.03	0.03	-0.02	-0.02	-0.08	0.15*	0.08	0.26**	0.13	(0.91)

注：*：相关系数在95%程度上显著（双尾检验）；**：相关系数在99%程度上显著（双尾检验）。

表 8.2　实证研究五的多项式回归结果

变量	领导-成员交换			工作满意度			任务绩效			
	模型 1	模型 2	模型 3	模型 4	模型 5	模型 6	模型 7	模型 8	模型 9	模型 10
截距	4.37**	4.10**	3.68**	3.73**	3.32**	2.30**	3.97**	4.13**	4.20**	2.40**
员工自我效能	−0.01	0.30	0.08	0.08	0.13*	0.12*	0.04	0.04	0.08	0.08
工作组认同	−0.02	−0.01	0.08	0.08	0.04	0.04	0.07	0.06	0.04	0.05
性别相似度	0.02	0.02	0.01	0.01	0.00	0.00	0.01	0.01	−0.01	−0.01
年龄相似度	0.01	0.02	−0.05	−0.05	−0.03	−0.04	−0.05	−0.05	−0.03	−0.04
教育背景相似度	0.06*	0.03	0.02	0.02	0.04	0.02	0.02	0.02	0.02	0.02
双边关系时长	0.00	0.01	0.01	0.01	0.03	0.03	0.02	0.02	0.02	0.02
团队领导任务导向(LT)	−0.18**		−0.17**	−0.19**			−0.25**	−0.21**		
大客户经理任务导向(FT)	0.36**		0.37**	0.34**			0.37**	0.34**		
LT²	−0.11**		−0.12**	−0.13**			−0.11**	−0.06		
LT×FT	0.08		0.08	0.08			0.03	0.03		
FT²	0.00		0.00	0.01			−0.05	−0.11**		
团队领导互动导向(LI)		0.25**			0.10	0.01			0.03	−0.06
大客户经理互动导向(FI)		−0.06			−0.11	−0.08			−0.07	−0.04
LI²		−0.01			−0.13**	−0.13**			−0.11**	−0.11**
LI×FI		0.08*			0.36**	0.33**			0.36**	0.33**
FI²		−0.08**			−0.23**	−0.20**			−0.25**	−0.21**
领导-成员交换质量				0.38**		0.37**		0.40**		0.41**

续 表

变量	领导-成员交换		工 作 满 意 度				任 务 绩 效			
	模型 1	模型 2	模型 3	模型 4	模型 5	模型 6	模型 7	模型 8	模型 9	模型 10
R^2	0.41	0.40	0.35	0.39	0.33	0.39	0.29	0.36	0.32	0.39
ΔR^2				0.04		0.06		0.07		0.07
匹配线 ($L=F$)										
斜率	0.18**	0.19**	0.20**	0.15*	−0.01	−0.07*	0.12*	0.13*	−0.04	−0.10*
曲率	−0.03	−0.01	−0.04	−0.04	0.00	0.00	−0.13	−0.14	0.00	0.01
不匹配线 ($L=-F$)										
斜率	−0.54**	0.31**	−0.54**	−0.53**	0.21	0.09	−0.62**	−0.55**	0.10	−0.02
曲率	−0.19*	−0.17*	−0.20*	−0.20*	−0.71**	−0.65**	−0.19*	−0.20*	−0.72**	−0.65**

注：非标准化回归系数；* $p < 0.05$，** $p < 0.01$；双尾检验。

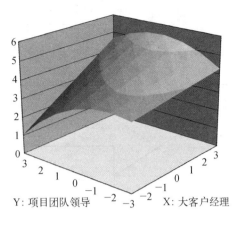

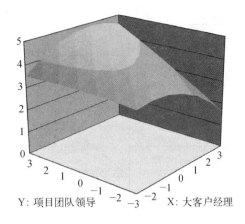

A领导-成员任务导向

B领导-成员互动导向

图 8.3 上下级沟通风格匹配的响应曲面

的凹曲率表明，当大客户经理和项目团队领导的任务/互动导向匹配时，双方关系质量更高，从而支持假设 1。如表 8.2 所示，沿着匹配线的斜率都是显著且正的方向，任务导向（斜率＝0.18，$p < 0.01$）和互动导向（斜率＝0.19，$p < 0.01$），表明高-高匹配度情况的领导-成员交换质量高于低-低匹配度情况，因此支持假设 2。

对于大客户经理和项目团队领导的任务导向，沿着失配线的斜率是负且显著的（斜率＝-0.54，$p < 0.01$）。因此，当大客户经理的任务导向高于领导的任务导向时，与大客户经理的任务导向低于领导者的情况相比，双方关系质量的提高更为明显。图 8.3A 中的响应曲面还显示出非对称效应，即领导-成员交换在右上角高于左上角，这支持了假设 3。但是，这种情况与领导-成员的互动导向沟通风格失配不当情况大相径庭。在互动导向失配的情况下，斜率是正且显著的（斜率＝0.31，$p < 0.01$）。同样，图 8.3B 中的响应曲面显示领导-成员交换在左上角比右上角高，这支持假设 4。

为了检验领导-成员交换的中介效果（假设 5），针对每个结果变量和每种沟通风格运行了两次多项式回归模型（即 8 个模型）。例如，在模型 3 中，使用了与任务导向（TO）相关的 5 个多项式条目来预测工作满意度，并在模型 4 中添加了领导-成员交换作为自变量。此外，关于连接任务导向匹配和领导-成员交换的第一个路径（参见图 8.4），应用区块变量方法获得代表任务导向匹配对领导-成员交换的综合影响单个系数，该系数为 0.40（$p < 0.01$；参阅表 8.3）。然后，通过将该系数（0.40）与领导-成员交换的回归系数（即 0.30，$p < 0.01$）相乘来计算通过领导-成员交换传递的间接效应，以预测工作满意度。偏差校正的置信区间：工作满意度（0.12；95% CI＝[0.02，0.21]）和任务绩效（0.15；95% CI＝[0.07，0.27]）不包括 0，从而支持假设 5a。如表 8.3 所示，其他两个偏差校正的置信区间也排除了零，这支持了假设 5b。

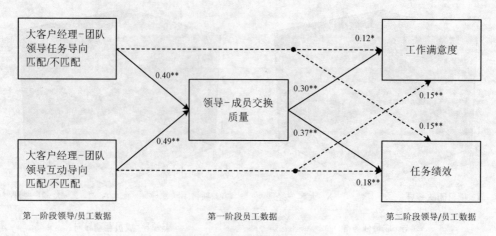

图 8.4　实证研究五的理论模型

注：──▶ 表示通过 LMX 的间接效应，--▶ 表示直接效应。* $p<0.05$，** $p<0.01$。

表 8.3　上下级沟通风格匹配/失配的直接和间接效应

变　　　量	领导-成员交换	工作满意度	任　务　绩　效
领导-成员交换的系数(β)		0.30**	0.37**
区块变量的系数(任务导向的直接效应)	0.40**		
领导-成员交换的间接效应($=0.40 \times \beta$)		0.12*	0.15**
间接效应的 95% 置信区间		[0.02，0.21]	[0.07，0.27]
区块变量的系数(互动导向的直接效应)	0.49**		
领导-成员交换的间接效应($=0.49 \times \beta$)		0.15**	0.18**
间接效应的 95% 置信区间		[0.04，0.23]	[0.09，0.31]

注：标准化回归系数；* $p<0.05$，** $p<0.01$；双尾检验。

8.4.7　结论与讨论

尽管沟通风格具有重要意义，但研究人员尚未研究大客户经理和项目团队领导的沟通风格在影响大客户经理工作成果方面的绩效。这项实证研究提高了我们对大客户经理和项目团队领导的双边沟通中匹配的理解。本研究考虑了两种沟通风格，以及它们匹配和失配的情况，它们在日常大客户经理和项目团队领导的互动中普遍存在。

8.4.7.1　理论启示

首先，通过在个人-环境匹配(P-E fit)框架下同时探究大客户经理和项目团队领导的特征，扩展了沟通风格的研究，揭示了大客户经理的交流方式可能会影响项目团队领导的交流方式对工作成果的影响。一个与直觉相反但有趣的发现是，团队领导的互动导向沟通风格并不总是被大客户经理所欣赏，而任务导向的沟通风格并不一定与大客户经理的态度和绩效较低有关。例如，实证研究的结果表明，当大客户经理表现出以任务为导向的沟通方式时（例如，以 7 点量表将其评为"7"），在团队工作满意度和任务绩效方面可能会获得最佳结果的情况是，领导也将任务导向沟通风格评为"7"。这一发现促使我们将大客户经理的个人特征纳入管理实践范畴，以理解领导沟通风格的最佳结果。

其次，突出了沟通风格在上下级关系研究中的重要性。该实证研究结果表明，无论大客户经理采用哪种风格，沟通风格的失配始终不利于上下级关系的优化。通过证明在任务/互动导向的高低水平上的双边匹配会导致不同的领导-成员交换质量，这项研究验证了领导与成员之间的双边沟通风格匹配有利于工作关系。匹配机制的建立使管理实践人员可以更好地了解良好的上下级关系的质量和优秀的工作成果如何通过个人沟通风格来实现。

再次，本研究通过描述大客户经理和项目团队领导沟通风格产生作用的不同路径，扩展了领导-成员交换质量的中介研究，为个人-环境匹配理论做出了贡献。实证表明，大客户经理和项目团队领导的沟通风格匹配可以通过与工作相关的经济交换或社会交换来促进双边关系。个人-环境匹配和领导-成员交换文献的这种整合视角为后续研究提供了更多的见解，说明了为什么不同的沟通风格匹配模式（即任务导向的匹配和互动导向的匹配）都可以带来积极的员工工作满意度和任务绩效。

8.4.7.2　实践启示

这项研究的结果对实施大客户管理项目的组织和项目团队的领导都有实践指导意义。研究结果表明，如果项目团队领导不以互动为导向，则可能会阻碍领导与成员关系的发展。由于沟通风格的匹配是基于双方对沟通交流的理解，因此良好的绩效是一种互惠形式的良好体现，领导者对员工与互动相关的行为的积极反馈可以促进互惠的过程，并最终收获高质量的双边关系。

诚然，笔者也发现，上下级关系的质量与领导沟通方式的选择不直接相关。只要领导和下属以相似的方式相互沟通，他们就能建立令人满意的关系。因此，尽管员工可能会在不同类型沟通风格上的倾向有所不同，但是领导者可以简单地模仿源自员工的行为，以此将领导-成员交换从不匹配的状态更改为匹配状态。此外，实施大客户管理项目的组织可以通过培训高级经理来确定特定的大客户经理沟通方式，并使其与每个员工的日常表现更加紧密地结合，从而改善组织内部工作氛围。通过鼓励领导者改善与下属的关系,实施大客户管理项目的组织可以随着时间的推移获得更多的收益。

8.5 小 结

尽管这项研究是首次在组织内部双边沟通研究中考虑领导者与员工的沟通方式之间的契合度,并且是首次彻底调查匹配与不匹配对团队工作成果的影响,但仍需指出,双边沟通与工作绩效之间的关系仍然不够清楚。

首先,我们选择调查现有的成熟的大客户管理项目团队可能会引发对研究范围限制的担忧,因为不适合该团队领导的员工可能已经辞职。但是,当前样本的双边关系时长相对较短(平均时长为 1.54 年),这表明员工总体上与领导者在一起的时间仅为一年以上。这段时间足够长,使双方都能充分实现彼此的沟通风格;也足够短,以至于那些不适合团队领导的人可能还没有退出。未来的研究可以跟踪大客户经理和项目团队领导之间的双边交流,实施时间序列研究,并调查员工如何适应或不适应其领导者的沟通风格。

其次,笔者的研究关注任务导向和互动导向的沟通风格,而不是领导者和员工的自我导向。尽管具有自我导向的领导者或员工几乎完全只关心自己的福利,这不可避免地会损害上下级关系,但未来的研究也可以考察这种沟通风格。以自我为导向的大客户经理和项目团队领导的参与和互动可能不同于以任务和互动为导向的沟通互动,这反过来可能会影响团队内部的交流质量和工作成果。在这种情况下,倾向于自我导向沟通风格的项目主管可能会导致上下级关系质量水平的降低,而满足另一方个人需求的沟通风格可能会减轻自我导向型沟通风格对上下级关系质量的潜在负面影响。

思考题

1. 大客户项目团队内的上下级关系和普通项目团队的上下级关系有何区别?

2. 维护和领导的上下级关系一定是不被提倡的行为吗?

3. 作为大客户经理,如何通过角色理论的三个阶段成为领导的"圈内人"?

4. 上下级之间个人特质的匹配属于个人-环境匹配理论的哪个维度?

5. 研究个人-领导匹配有哪些先进的管理学和统计学方法?

组 织 篇

供应链上游
企业的营销策略

在 B2B 市场环境中管理客户关系时，大客户管理起着至关重要的作用。大客户管理强调合作伙伴关系的重要性，从长远来看，这对销售公司具有重要的战略意义。大客户经理在这样的上下游关系中，需要识别复杂多变的销售情境，在关注组织间关系的同时与采购代表建立良好的私人关系，以便更有效地发挥销售策略的作用。

第**9**章
销售策略：如何成功影响采购经理

Understanding the effectiveness of influence tactics in driving sales performance is an important issue that concerns all sales personnel, including KAMs who are actively involved in buyer-seller exchange relationships.

销售策略如何推动业绩是一个涉及所有销售人员的重要问题，包括积极参与买卖双方交换关系的大客户经理。

——刘益，黄莺 & 樊骅，2018

9.1 引　言

销售策略,本质上是大客户经理获取客户顺从的影响策略,通过大客户经理的销售策略,卖方可以在买方与卖方的互动中影响并说服买方。影响策略的使用是买卖双方关系管理和个人销售的核心。因此,影响策略的有效性已成为营销渠道和个人销售文献中的核心研究。

以往文献中对此进行了多种多样且富有成果的研究,但对影响策略的研究仍存在三个研究空白(见表9.1)。首先,如表9.1所示,以往学者已经在个人层面(在个人销售文献中)和组织层面(在营销渠道文献中)研究了影响策略,但鲜有人尝试将人与人之间的影响策略与组织间关系整合在一起,从而引申到企业的互动关系中(研究空白1)。

其次,关于影响策略的现有研究主要集中于影响策略的直接影响。尽管公认的销售策略是,大客户经理影响战术的使用需要针对销售情况进行调整以最大限度地发挥作用,但是只有少数研究实证了影响策略的权变性,这些权变情境与销售人员和买方的特征有关。尽管大客户经理在销售互动中应用影响策略时会受到企业与企业

表 9.1 影响策略研究归纳

组织层面 营销渠道文献			交叉层面大客户管理	个人层面 个人销售文献		
定义	结果	调节		定义	结果	调节
权力的维度即影响策略 (El-Ansary & Stern, 1972; Hunt & Nevin, 1974) 强制性和非强制性影响策略 (Frazier & Summers, 1984, 1986)	渠道内冲突 (Brown, Lusch, & Muehling, 1983; Frazier & Rody, 1991; Lusch, 1976) 渠道成员感知的影响 (Kale, 1986) 合作和顺从 (Hausman & Johnston, 2010; Payan & McFarland, 2005) 供应链柔性 (Chang & Huang, 2012)	社会治理—信任和共享愿景 (Chang & Huang, 2012)	研究空白3：在大客户管理实践中使用影响策略	五维度的影响策略 (Spiro & Perreault Jr., 1979) 组织内影响 (Atuahene-Gima & Li, 2000; Joshi, 2010) 卖方影响策略：seller influence tactics, SIT—威胁, 承诺, 建议, 信息交换, 逢迎和感召 (McFarland, Challagalla, & Shervani, 2006)	销售培训 (Harris & Spiro, 1981) 销售绩效 (Plouffe, Bolander, & Cote, 2014) 客户承诺 (Tellefsen & Eyuboglu, 2002) 客户敏感性 (Sun, Tai, & Tsai, 2009) 客户满意度 (Román & Iacobucci, 2010) 客户价值感知 (Hohenschwert & Geiger, 2015)	销售人员特征 (Joshi, 2010; Tellefsen & Eyuboglu, 2002) 客户沟通风格 (McFarland, Challagalla, & Shervani, 2006) 研究空白2：社会和经济关系情境作为潜在的权变因素

研究空白1：人与人之间的影响策略与组织间关系整合在一起

124

之间关系的影响，但先前的研究并未将企业与企业之间的关系情境视为潜在的权变因素（研究空白 2）。

再次，尽管大客户管理已成为销售任务中最重大的变化之一，大客户经理（KAM）在管理买家关系和服务方面发挥着至关重要的跨界作用，但是，作为销售策略成功的基石，很少有关于在大客户管理实践中使用影响策略的研究（研究空白 3）。

9.2　影　响　策　略

本章重点分析在销售领域中使用的影响策略。作为一种单独的影响策略，以往学者已经研究了"逢迎"（Ingratiation），但是单个策略不是完整的分类法。有关影响策略的最新研究主要使用了组织行为文献中的策略或 SIT 分类法。尽管 SIT 分类法在最近的销售研究中备受关注，但"在随时代发展的销售环境中应使用哪种影响策略分类法？"的问题仍需解决（Evans，McFarland，Dietz，2012）。有哪些可以借鉴的标准呢？影响力的策略和影响力的来源应作为单独的结构来对待。因此，虽然早期的研究可以被认为是基础性的，但它的理解是杂糅的。笔者认为权力基础和影响行为应该分开。基于此，笔者考虑的分类法包括营销渠道和采购中心文献中使用的弗雷泽和萨莫斯（Frazier & Summers，1984）的分类法、组织行为研究的 IBQ 法和双元学习法，以及麦克法兰等（McFarland，Challagalla & Shervani，2006）针对销售环境而开发的分类法。

9.2.1　四种影响策略分类法

弗雷泽和萨莫斯（Frazier & Summers，1984）建立了一种影响力策略的分类法（包括请求、信息交换、建议、承诺、合法抗辩和威胁）。这种分类法首次将策略的行为与权力来源区分开来。一项在采购中心的研究中也使用了这些影响策略，并确实考察了弗雷泽和萨莫斯（Frazier & Summers，1984）的权力基础，作为使用这些影响策略的先决条件。

在大量研究的过程中，弗雷泽及其同事的影响策略分类法得到了发展。他们的工作随着时间的推移、随着策略的增加/减少，出现了很大的可变性，这主要是由开发分类法的统计方法驱动的（同样，在很大程度上受到样本/情境的影响）。他们将此分类法定为影响行为问卷（IBQ）的分类法。IBQ 包含 11 种策略：理性、交流、鼓舞人心的呼吁、合法、评估、压力、协作、赞扬、咨询、个人呼吁、联合。IBQ 中的策略通常不分类。此外，组织行为学的研究者基于双元学习的研究，还开辟了探索式和利用式这两种有效的销售策略研究。尽管探索式和利用式学习作为销售技能的作用已有文献记载，但尚未达成明确共识，并且缺乏线上销售背景下的实证研究。此外，现有研究倾向于同时检查探索式和利用式学习这两种活动，而没有研究平衡或不平衡的探索式和利用式的双元影响策略情况。

笔者认为，在上述分类法中，麦克法兰等（McFarland, Challagalla & Shervani, 2006）的分类法在大客户经理的销售互动中是最有应用前景的。原因之一是，弗雷泽和萨莫斯（Frazier & Summers, 1984）的分类法是针对 B2B 的分析而设计的，而销售环境则是针对个人之间关系的分析。而且弗雷泽和萨莫斯（Frazier & Summers, 1984）的分类法也不包括销售中常见的情感影响策略。IBQ 分类法似乎是组织内环境的首选分类法，笔者也建议仅在单个组织内进行的销售管理研究中应使用 IBQ 分类法。

但是，在大客户销售环境中的人际影响主要还是组织间的。IBQ 采用了在组织内部（而不是组织之间）明显相关的影响力策略。此外，IBQ 受制于自下而上的统计方法发展分类法的效果，这意味着关键策略可以被排除在分类法之外，并且个别策略可能会重叠。因此，麦克法兰等（McFarland, Challagalla & Shervani, 2006）的分类法遵循自上而下的发展理论方法，将各种影响策略与理论所定义的潜在影响过程联系起来，它是为人与人之间的分析层次以及跨组织边界和零售环境中的销售互动而设计的。这为在大客户管理项目的销售研究中使用麦克法兰等（McFarland, Challagalla & Shervani, 2006）的分类法提供了强有力的逻辑。在后文中，将更仔细地研究组织行为研究的双元学习影响策略法，以及营销战略研究的 SIT 影响策略分类法。

9.2.2　双元学习影响策略法

双元理论认为，探索式学习和利用式学习在相互平衡或相互结合时可以形成独特的优势，帮助企业产生持续的竞争力。探索式学习和利用式学习的概念最初出现在组织行为研究中：前者强调灵活和可变性，指的是实验、搜索和冒险等活动；而后者侧重于效率和可靠性，涉及实施、改进和执行等活动。尽管探索式学习和利用式学习有不同的目标并且需要实施者具备不同的能力，但它们仍然可以一起完成以获得某些积极的结果。特别是，当一个组织或个人平衡或结合两个策略时，可以被认为是具备双元能力的：平衡两者使实施者能够实现并保持对这两项活动的同等关注，而将它们结合起来则使实施者能够实现和保持对两者的高度追求。

在销售情境下，对个人层面的探索式学习和利用式学习的研究很少。笔者借鉴自我调节理论，对销售人员的探索式和利用式销售进行开创性研究。自我调节理论的主要命题是，人们使用两种自我调节行为来实现目标，即以促销为重点的行为和以预防为重点的行为。本书将销售人员探索式学习定义为销售人员自我调节的、以促销为中心的行为，其重点是"尝试、寻找和发现新颖的、创造性的和创新的销售技巧"。探索式学习与销售的长期回报、新活动的探索、对不确定性的接受以及更高的冒险意愿有关。因此，探索式学习的重点是避免遗漏错误（即错过潜在的销售机会）和尝试新的销售技巧。相比之下，销售人员利用式学习是指销售人员自我调节的以预防为中心的行为，其重点是"通过坚持行之有效的销售方法和利用现有知识和经验来提高生产力和效率，从而最大限度地减少与常规销售的偏差"。探索式销售增加了经验的多样性，而利用式销售创造了经验的可靠性，并专注于当前知识的实施、传播、改进和重用。因此，利用式学习侧重于利用现有活动来实现短期目标和维持现状，重点是避免委托失误（即犯错），坚持并加强保护成熟的销售策略。

9.2.3　SIT 影响策略分类法

SIT 分类法采用自上而下的理论方法，采用或修改了渠道文献（例如，Frazier & Summers，1984）以及组织行为文献对销售环境的影响策略。为了确保引用适当的影响力策略研究领域，他们首先转向顺从性研究（compliance-gaining）的影响力理论，特别是利用凯尔曼三个影响力过程对影响策略进行分类。

凯尔曼的三个影响过程机制是内化、认同和顺从。当影响的目标接受理性理由的影响时，就会"内化"（internalization），因为人们相信影响者所采用的行为符合他或她的利益。当一个人接受影响，是因为该人认同影响力的来源或该人所隶属的团体，就会出现"认同"（identification）行为。当个人接受影响力以避免制裁或获得影响力来源控制的报酬时，就会发生"顺从"（compliance）行为。SIT 分类标准通过"内化"作为理性的影响策略，通过"认同"作为情感影响策略，以及通过"顺从"作为强制影响策略。

理性影响策略的重点是改变采购人员的行为层面的动作或决定，以及情感层面的认知和信念。这些策略只有在买方认为该推荐策略是最佳方案，并且发现"策略的内容可以代表一个有用的解决方案时才会采用，因为它与自己的利益一致"。理性的影响策略试图通过使用事实和逻辑论据来说服购买者预期行动的内在吸引力来影响采购人员。SIT 分类法中代表理性影响策略的有两种类型：信息交换和建议。表 9.2 给出了每种影响策略的定义。

SIT 分类法的第二类影响策略，即情感影响策略，是通过"认同"过程以及"情感即信息"过程运行的。"认同"在使销售人员更讨人喜欢方面起到重要作用：当与喜欢的人互动时，人们似乎更容易接受影响，并且感觉与他们更相似，与他们产生积极的情绪体验。"情感即信息"过程，也称为"我如何感觉"决策过程，认为人们会考虑自己的情绪来做决定。"认同"以及"情感即信息"这两个过程是相互关联的，它们可以并行运行，并且个别策略会影响这两个过程。重要的是，所有决策都会在某种程度上受到情感的影响，使用任何影响策略都会影响目标的情感（包括理性和强制性策略）。例如，几乎可以肯定，使用"威胁"策略会引起目标的负面情绪。因此，如果策略主要通过"认同"以及"情感即信息"过程起作用，可以将其归类为情感策略。SIT 分类法中代表情感影响策略有两种类型：逢迎和感召。

表 9.2　影响策略的 SIT 分类法

		之前的定义	更新的定义
理性策略	信息交换	信息交换涉及信息交流，包括提出问题，而没有提出任何具体建议以积极影响购买者对销售人员的产品带来好处的一般看法	涉及在不提出具体建议的情况下向买家传达信息并询问买家问题。目标是获取信息并确定买方的评估或决策过程。信息交换可以包括讨论销售员必须提供的产品和服务、进行产品演示，以及询问有关买方需求、问题或长期战略目标的问题
	建议	影响力的来源向被影响目标建议了该提议的好处	涉及向买方建议采取行动，并断言该行动将对买方有利。该策略可能包含逻辑或理性的论点，以解释建议采取的措施的好处，并且可能涉及与竞争对手的产品或服务进行比较，进行成本收益分析等
情感策略	逢迎	促进人际吸引，谦虚行事，使用赞美来迎合目标	涉及旨在增强销售人员的人际吸引力以赢得购买者认可的沟通。包括以下行为：向他人表示称赞或表示支持并与买方的意见和价值观保持一致（即意见一致）
	感召	通过诉诸目标的（较高层次的）价值观，理想和抱负而引起目标热情的要求或提议	通过诉诸买方的价值观和理想，在决策过程中触动买方的情感效用而非理性的效用。该策略的目的是引起积极的买家反应，例如对销售人员的产品的热情
强制策略	承诺	承诺向目标提供特定的奖励，具体取决于目标是否符合影响力来源的既定愿望	涉及根据客户遵守销售员的要求提供将来的奖励。承诺可以看作是威胁的较软形式，因为扣留奖励可以看作是施加制裁
	威胁	影响力来源传达给目标，如果目标未能执行所需的行动，他/她将施加消极制裁	让销售人员暗示或明确指出，如果买方不遵守销售人员的要求，将对买方或买方的企业实施制裁。威胁促使买方采取避免制裁的额外措施。由于对关系信任有强烈的负面影响，因此销售人员可能很少使用威胁，因为销售人员通常缺乏惩罚买方的资源

续　表

之 前 的 定 义		更　新　的　定　义
个人 诉求	在要求目标做某事之前,影响力 来源会诉诸目标对他/她的忠诚 和友谊的感觉	销售人员向买方提出"在购买时对他/她的忠 诚和友善"的诉求。如果买方认为不遵守销 售人员的要求,他们与销售人员的个人关系 将会受到损害,那么个人诉求就具有强制性。 提出超出正常范围的请求时,更可能使用这 种策略

强制性影响策略着重于通过威胁制裁或承诺其他积极后果来改变决策的整体效果。强制影响策略的重点是"根据积极或消极的可控后果来改变客户遵从的动机"。这种策略是强制性的,因为买方认为如果不遵守销售人员的要求,将会对他们产生不利的后果。为了使这些策略奏效,销售人员必须控制资源,他们可以提供这些资源以提供给买方或从买方手中夺走。SIT 分类法描述了代表强制影响的两种策略:承诺和威胁。此外,笔者认为在 SIT 分类法中增加了第七种策略(个人诉求)。下文将讨论将个人诉求归为强制性策略的逻辑。

9.2.4　SIT 分类法的新讨论

这里,笔者介绍一项最新研究,讨论为什么将"个人诉求"影响策略添加到 SIT 分类中,为什么我们将个人诉求归类为强制性,以及更新麦克法兰等(McFarland,Challagalla & Shervani,2006)的原始分类法。

出于两个特定原因在 SIT 分类中添加个人诉求。

一是人与人之间的关系,甚至是友谊,都可以在各个跨界人员之间发展。实际上,社会交换理论(SET)的理论基础是,两个人随着时间的推移相互互动,即使他们没有成为朋友,也会形成与业务关系分离的人际关系。在人与人之间的互动得到回报的程度上,双方会发展形成义务感,在这种义务中,个人倾向于通过互惠过程"报答另一方的善良……行为"。社会交换理论认为,社会资源在各方之间交换,可以被视为类似于银行存款。个人将来可以取回这些资源,也可以在将来因为这些资源而索取回报。"个人诉求"就是取回这些资金或承诺将来偿还这些资金的体现。买卖双方之间的人际关系性质为将个人诉求纳入 SIT 框架提供了强有力的理论基础。

二是有必要对组织行为文献中的 IBQ 分类法进行内容分析,该分类法仅在麦克法兰等(McFarland,Challagalla & Shervani,2006)的论文发表后的 2008 年才稳定下来,可以查看是否应将该 SIT 分类中的任何策略添加到 SIT 分类中。如表 9.3 所示,在 IBQ 的 11 种策略中,有 7 种已在某种程度上被 SIT 的分类法归纳(与某些 IBQ 策略重叠)。此外,3 种 IBQ 策略特定于组织内部环境,因此与组织外部发生的销售关系无关。如表 9.3 所述,IBQ 剩下的一项策略是个人诉求,它是一种与销售环境相关的策略。因此,建议在 SIT 分类法中增加个人诉求。

表 9.3　影响策略 IBQ 分类法与 SIT 分类法的比较

IBQ 分类法	SIT 分类法	对 比 分 析
理性劝说 咨询 感召 逢迎 交换 施压	建议 信息交换 感召 逢迎 承诺 威胁	这部分影响策略内容在结构本质上是等价的。咨询是信息交换的子类型。因此,信息交换比咨询更广泛
合法化	威胁	合法化等同于 Frazier 和 Summers(1984)分类法中的法律主义诉求,Payan 和 McFarland(2005)认为这等同于威胁,不应将其作为单独的策略来保留
个人诉求	建议加入 SIT,因为在组织间的关系中个人诉求是适当的	鉴于买卖双方之间的个人关系形式,个人诉求的使用是可以预期的,应该添加到 SIT 分类法中
赞扬 合作 结盟	不包含	这部分的 IBQ 策略特定于组织内部关系,因此不适合将其包括在更新的 SIT 分类中

注:IBQ=Influence Behavior Questionnaire(影响行为问卷);SIT=Seller Influence Tactics(卖方影响策略)。IBQ 来源:Yukl, Seifert 和 Chavez(2008);SIT 来源:McFarland, Challagalla 和 Shervani(2006)。

虽然将个人诉求归类为一种情感策略可能更直观,但个人诉求应归类为强制性。与对权力和人际交往的社会基础研究相一致,人际关系可以作为个人社会权力的强制性基础,而受到个人拒绝的威胁或对个人接受的承诺是非常强大的动力。如果一个人控制了影响目标的资源,就只能施加威胁或承诺。与社会交换理论和基于权力的研究一致,当社会互动参与者随着时间的推移建立起对人际互惠的期望时,社会资源就出现了。使用个人诉求是间接的承诺(请立即帮助我,将来我会偿还您)和间接的威胁(如果您不帮我,我们的关系将会受到损害)。

9.3　关 系 情 境

交换理论侧重于两种类型的交换关系情境:社会交换和经济交换。交换关系嵌入社会和经济环境中。社会交换与经济交换的不同之处在于，企业在社会交换中的义务通常是事先没有明确规定的，这使信任成为确保双方关系长久维系的关键因素。实际上，交换理论研究学者早就认识到信任是社会交换中的核心要素。只有社会交换才会产生信任感，纯粹的经济交换本身就没有。相反，经济交换是契约性的，并不依赖于信任。取而代之的是，经济交换是通过各种监督和基于激励的结构来控制的。基于经济学的理性假设，交易成本经济学家将转换成本视为控制决策的重要机制。

9.3.1　社会交换与信任

在当代管理研究中，社会交换理论（social exchange theory）中迄今为止引起最多研究关注的方面是工作场所中的关系。社会交换理论认为，某些工作场所相关的因素会影响场所内的人际关系，这被称为社会交换关系。例如，当雇主"照顾雇员"时，社会交换关系就会发展，从而带来有益的后果。换句话说，社会交换关系是一个中介状态：代表着交换双方牢固关系之间的有利和公平交易，这些关系会产生有效的工作行为和积极的员工态度。社会交换理论的这种逻辑已引起广泛关注，其中大多数研究使用布劳（Blau，1964）的经典框架来描述社会交换关系。

布劳对社会交换理论的贡献是他对经济和社会交换的比较。他坚称两者"基本和关键的区别是社会交换需要承担未指定的义务"。他认为，只有社会交换"包含产生未来利益的义务……该回报的性质是无法讨价还价的"，"只有社会交换往往会产生个人义务、感激和信任的感觉；纯粹的经济交换本身就没有"。他还认为，"社会交换所涉及的利益无法用确切的价格衡量"，这意味着社会交换创造了一种持久的社会模式。布劳也将交换关系概述为因果关系，尽管因果的方向有些模糊。例如，他认为"交换伙伴之间关系的特征"可能"影响社会交换的过程"，这意味着这种关系会影响交换的类型。但是，他还指出，成功的交流可以使一个人对另一个人有所承诺，这表明交流有时可能会影响一段关系。

布劳的观察还有另一个值得注意的特征。在上述两个示例中，他都没有使用单词 exchange（交换）来表示一种关系。相反，"关系"和"交换"虽然是因果相连的，却是可区分的概念。鉴于此，尚不清楚布劳是否将社会交换关系理解为一个中介变量，因为它在组织研究中通常被抽象概念化。特别是，布劳似乎一直将社会和经济交换视为交易的类型，而不是关系的类型。

因此，之后的学者在此基础上，尝试具象化社会交换的实质内容。信任，就是社会交换关系中的一个具体可衡量的概念。许多学者都认为，信任是社会交换的积极结果。因此，信任对于理解社会交换至关重要。例如，在组织内部，程序公平可以带来高度的下属对上级的信任,从而引起下属更多的组织公民行为。此外,对上司的信任和对组织的信任影响还有所不同。有学者发现在组织内公平(分配公平、程序公平和互动公平)和下属工作绩效之间,对组织的信任起到了重要的传递作用。然而,对上级的信任只中介了互动公平和下属工作绩效的关系。

信任的中介属性还有其他表现形式。有学者认为,变革型领导力可以带来程序公平,而交易型领导力会带来分配公平。两种类型的公平都会增加员工的信任度。信任作为社会交换的重要组成部分,可以积极地影响工作满意度、组织承诺和组织公民行为。

9.3.2 经济交换与转换成本

转换成本作为关系情境的一种维度可以由交易成本理论(transaction cost economics)解释。在交易成本理论中,交易活动的参与者可以选择合适的交易制度,例如市场、组织或交易关系,从而最大限度地降低自己的交易成本。这些成本取决于环境和行为的不确定性以及资产专用性的程度。环境和行为的不确定性来自交易活动参与者的有限理性和机会主义,这是交易成本理论的两个主要假设。在长期的经济交换中,环境的不确定性会导致企业间的适应问题,而行为的不确定性会导致组织绩效的评估问题。资产专用性是"资产可以在不牺牲生产价值的前提下重新配置为替代用途和替代用户的程度",因此专用性程度很高的资产只会在特定的一组交易关系中发挥作用,这引发了经济交换关系中双方如何"保护"专用性资产的问题。在交易成本理论中,上述问题最好通过经济交换来控制,例如买卖双方关系,这是转换成本发挥作用的重要平台。

在买卖双方关系中,某些资产仅在这种特定关系中具有价值,因此需要特定于这组关系的投资。这些可以是有意识的特定投资,例如实物资产和实地投资,也可以是无意识的特定投资,例如劳动力、技能。解除当前关系需要交易活动的参与者在新关系中投资新的专用性资产。这些投资,加上终止关系的成本,以及新关系的搜索成本代表了交易活动参与者的转换成本。因此,转换成本很高的参与者倾向于迫使合作伙伴保持买卖双方关系。

9.4 实证研究六:权变的大客户经理影响策略

为了解决本章开篇的研究空白,本研究仔细探索了大客户经理在适应买方与卖方的关系情境时采用的影响策略,即个人层面的影响策略与组织层面的关系情境的匹配。这里专注于大客户经理,因为大客户经理作为买卖双方交流的重要跨界人员,不仅负责产品销售,还负责管理客户关系。因此,大客户管理提供了一个整合平台,以研究组织关系情境如何影响人际交往策略的有效性。具体来说,我们寻求回答:为了在不同的关系情境下实现销售业绩提升,大客户经理应该使用哪些影响策略?在回答这一研究问题时,本研究做出了三点贡献:① 通过将人际视角(即大客户经理的影响策略)和企业视角(即买卖双方关系)相结合,笔者为影响策略研究和营销渠道研究架设了桥梁;② 通过探讨社会交换和经济交换的权变情境,并阐明影响策略与关系情境相匹配的重要性,笔者为个人销售文献做出了贡献;③ 通过探索大客户经理使用的影响策略,本研究也为大客户管理实践做出了贡献。本研究不仅扩展了影响策略的理论视角,而且从管理实践的角度为大客户管理项目中影响策略的选择提供了建议。

适应性销售的概念已在文献中得到广泛研究,人们认为,销售人员必须选择合适的影响策略以"匹配"买方。由于大客户管理不仅限于销售,大客户经理必须考虑特定的企业与企业之间的关系,以便选择适当的影响策略。因此,应关注适应性销售的权变视角,并认为大客户经理必须"调整"影响策略以"适应"买卖双方的交易关系。因此,这里提出的模型(参见图 9.1)描述了大客户经理使用的各种影响策略是如何通过不同的交换关系情境来调节销售业绩的。

在这项研究中,笔者采用 SIT 影响策略的概念,即买卖双方沟通中 6 种策略的类型:承诺,威胁,建议,信息交换,逢迎和感召。这 6 种影响策略分为三类:① 威胁和承诺被认为是"强制性的",因为它们专注于提供负面或正面的影响者控制的后果,以获得目标的顺从;② 信息交换和建议更具"理性"或"说服力",因为它们旨在改变目标对象对影响者预期行为的看法;③ 逢迎和感召是"情感"策略,因为它们旨在通过迎合来满足目标对象的心理需求。这种分类法为探讨大客户经理的影响策略提供了理论上的合理框架。

在顺从、内化、认同机制的基础上,解释了强制、理性和情感策略的作用过程。当买方接受奖励和惩罚时,承诺和威胁(即强制策略)通过"顺从"起作用;当买方认为销售人员的行为合理且符合买方最大利益时,信息交换和建议(即理性策略)即通过"内化"进行;满足购买者的特定心理需求时,逢迎和感召(即情感策略)就会通过"认同"发挥作用。这里采用这些影响机制来比较大客户经理在不同关系情境下影响策略的有效性。

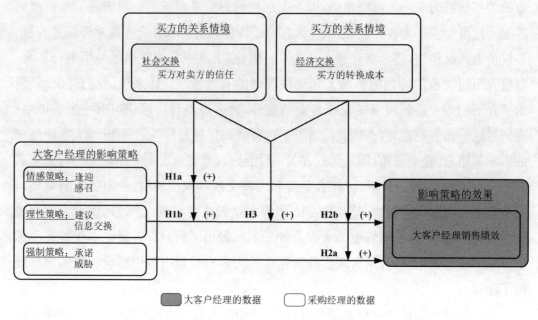

图 9.1 　实证研究六的理论模型

9.4.1　高度信任时的影响策略

在以对卖方高度信任为特征的买卖双方交易中,买方对卖方的信誉充满信心,因此买方倾向于与卖方保持良好的关系。因为信任会使买方产生维持长期关系的互动倾向,所以买方更关心这种双边关系会不会带来长期收益。此外,买方认为卖方是仁善的,并且关心买方的满意度,时时刻刻为买方的最大利益行事。因此,在买方信任卖方的交换关系中,大客户经理必须满足买方的社会需求,并选择不会破坏买方的良好感觉或损害与买方的长期关系的影响策略。

当买方具有高度信任时,使用情感策略的大客户经理可能会获得更高的销售业绩。情感策略在"认同"过程中是极为有效的,因为目标对象发现与影响者保持令人满意的关系很有吸引力。"逢迎"和"感召"都有助于大客户经理举止得体、分享兴趣和爱好,并对客户给予表扬和称赞。这些行动旨在与客户建立情感联系,以建立认同感,并满足客户对社会满意度的心理需求。这些情感策略强化了买方与大客户经理合作或向其购买的意愿。

同样,通过"内化"机制运作的理性策略也很可能会取得更好的销售业绩。当买方确信所提出的解决方案是合适的,并且与其价值体系保持一致时,"内化"过程就会发挥作用。"信息交换"和"建议"包括提出具体建议,并将产品、服务、一般业务问题和操作程序通知买方。这些行为旨在通过满足客户内在的需求并满足客户的内在欲望,从而迎合客户的价值体系,使他/她相信这些行为是合适的,并且是对他们自己利益最大化的行为。因此,客户接受这种影响是因为它代表了对信任的积极反馈,而客户倾向于购买更多以表示回报。

相比之下,强制策略是通过"顺从"来运作的。使用奖励或制裁,卖方的目的是迫使买方妥协。依靠强制性策略的大客户经理不太可能在以高度信任为特征的买卖双方交易中实现出色的销售。信誉和仁爱是信任的两个维度。当客户认为大客户经理是可信和仁慈的,客户会产生很高的期望,例如受到良好对待、进行友好的互动以及分享共同利益。如果大客户经理使用强制性策略,例如仅在买方满足大客户经理的要求时才承诺未来的奖励,或威胁将来因不遵守约定而会施加惩罚,则大客户经理的商誉将受到损害。这会对买方与大客户经理产生合作的意图产生负面影响。因此,提出以下假设：

假设 1a： 当处于买方高度信任的关系情境时,大客户经理使用情感策略(即逢迎和感召)会提升销售业绩。

假设 1b： 当处于买方高度信任的关系情境时,大客户经理使用理性策略(即信息交换和建议)会提升销售业绩。

9.4.2　高度转换成本时的影响策略

研究表明,企业之所以保持互动关系,要么是由于高信任度导致"他们想要",要么是由于转换成本高导致"他们必须要"。在买方面临高转换成本的双边交易中,缺乏可选择的供应商使买方难以转向另一卖方。在这种情况下,买方可能已经在物质条件和非物质条件(例如关系和心理努力)上进行了很多投资,这些投资仅在特定的双边关系中具有价值。这种特定于关系的投资,加上终止关系和寻找新供应商的潜在成本,导致买方的高转换成本。因此,买方被"锁定"在当前的关系中,并变得依赖卖方。由于买方的选择很少,卖方拥有更大的权力,而买方最主要的担忧将是专用性投资的损失。因此,在买方具有较高转换成本的经济交换关系中,大客户经理可以解决买方的经济问题并通过选择直接的影响策略来有效地解决问题。

可以预计,当买方的转换成本很高时,依靠强制策略的大客户经理可能会实现更高的销售业绩。承诺和威胁之类的强制性策略通过"顺从"过程发挥作用,成功与否取决于两个条件：买方高度依赖卖方;大客户经理具有惩罚或奖励买方的能力。由于大客户经理拥有不可替代的资源,并且买方几乎无法转向其他选择,因此买方显然依赖卖方并受其左右。同时,由于买方被"锁定"在当前的交易关系中,因此买方具有更高的关系容忍度和较低的谈判能力,而大客户经理具有强制力,要求买方遵循其中一项承诺或威胁。

诸如建议和信息交换之类的理性策略是通过"内化"来运作的。它们也很可能会受到买方的欢迎，因为这有助于解决买方的顾虑和需求。当买方发现影响策略的内容可以有效解决问题时，"内化"过程就会起作用。例如，买方可能会面临有关产品是否符合性能预期的不确定性问题，因此需要来自大客户经理的专业信息以减少感知到的不确定性风险。建议和信息交换都可以有效满足买方获取信息的此类需求。因此，大客户经理运用理性策略来满足买方的信息获取需求，以便买方能够更好地与大客户经理合作以达成销售协议。

相比之下，诸如逢迎和感召之类的情感策略则通过"认同"起作用，旨在满足买方的心理需求。依靠情感策略的大客户经理不太可能在买方面临高转换成本的买卖交易中取得出色的销售业绩。由于买方严重依赖卖方，因此买方的首要任务是降低转换成本，例如，通过制定与大客户经理交流的例行制度和程序，并获取有关产品实用性的信息、相关服务以减轻技术不确定性的影响。逢迎和感召旨在与买家建立融洽的关系，而与产品的性能和实用性无关。因此，情感策略不能有效地响应买方的经济和技术需求，而要花费大客户经理的时间和精力。据此，提出以下假设：

假设2a：当处于买方高度转换成本的关系情境时，大客户经理使用强制策略（即威胁和承诺）会提升销售业绩。

假设2b：当处于买方高度转换成本的关系情境时，大客户经理使用理性策略（即信息交换和建议）会提升销售业绩。

9.4.3 信任和转换成本皆高的影响策略

在买方的信任和转换成本都很高的买卖交易中，买方通常会因为其"锁定"的状态或因为其对卖方的正直和仁慈的绝对自信而表现出对卖方的忠诚。在这种情况下，尽管大客户经理相对容易影响买方，但其必须注意不要滥用买方的信任。对此，大客户经理采取的影响力策略将需要满足买方的社会和经济需求。

理性策略在买方的信任和转换成本都很高的买卖交易中是有效的，因为理性策略通过"内化"过程起作用。一方面，由于买方认为大客户经理关心、尊重并且愿意交流思想，因此买方更愿意在个人层面上与大客户经理合作。大客户经理的信息交换或建议的使用可能会主动迎合客户的社会交换满意度，因为大客户经理的态度显示出对客户的尊重。另一方面，大客户经理使用信息交换或建议可以满足买方获取技术信息的经济交换需求，符合买方的最大利益。因此，理性的策略可以同时满足买方的社会和经济交换需求，从而带来成功的销售。

相比之下，强制性策略可能会导致销售业绩不佳，因为强制性策略是通过"顺从"

来运作的。通过威胁或惩罚强迫买方遵守规定可能会损害买方对卖方的看法。在以买方高水平的信任和转换成本为特征的买卖双方交易中，买方不仅关注经济成果，而且还关注社会福利，例如受到良好待遇和友好互动。大客户经理使用威胁（例如撤销交货日期优惠或采用严格的信用条件）和承诺（例如在不确定的未来中弥补买方当前的损失）可能会满足买方的经济期望，但无法满足买家的社会期望。因此，强制策略的使用将对买方继续与大客户经理合作的意图产生负面影响。

同样，情感策略在这种情况下可能无效，因为它们通过"认同"过程起作用，目的是使客户认为大客户经理具有个人魅力，并自发地保持与大客户经理的关系。依赖于逢迎和感召的大客户经理更加注重关系要素，例如友善的行为、共同的理想和爱好、赞美和称赞，而不是销售任务的细节。在买方高度信任并依赖卖方的买卖交易中，买方有经济方面的顾虑，并希望获得有关销售细节的信息，这些信息超出了个人的情感范围，例如解释产品功能和优点、倾听买方的要求并给予优惠。尽管情感策略可以帮助大客户经理满足买方的社会需求，但是这些策略无法解决买方的经济问题。因此，提出以下假定：

假设 3：当处于买方高度信任和转换成本的关系情境时，大客户经理使用理性策略（即信息交换和建议）会提升销售业绩。

9.4.4 实证方法

9.4.4.1 数据收集方法

我们的样本来自 4 个代表性行业的制造商组成：通用设备、电气和电子设备、运输设备、医疗和医药产品。之所以选择制造业，是因为它是最发达和成熟的行业之一，并且拥有一些大型的全球制造商，例如，诺基亚（Nokia）、西门子通信公司（Simens Networks）、A. O.史密斯（A. O. Smith）、泰尔戈株式会社（Terumo）和东芝（Toshiba）。在制作调查问卷之前，我们对卖方和买方的 4 名大客户经理和采购经理进行了深入访谈。在与采购经理的访谈中，了解到大客户经理在买卖双方互动过程中运用影响策略在买方的购买决策中起着重要作用；在与大客户经理的访谈中，了解到大客户经理倾向于选择不同的策略来实现销售业绩。

我们为大客户经理和采购经理分别设计了问卷。首先，开发了英文版的问卷，将其翻译成中文，然后反译成英文。对照原始英语版本检查了回译的英语版本。然后，对 20 个随机选择的大客户经理和采购经理进行了预试验，并与他们一起仔细检查了每个问题。根据反馈信息对问卷进行最终完善。

为了从卖方收集数据，我们收集了来自上述 4 个行业的 1 226 家跨国制造商的全国样本。委托总部设在北京的市场咨询企业与这些企业联系，并在需要时雇用和培训当地的采访员来进行现场调查。

经过问卷和随访，最终获得的样本量为 250 个配对企业，回复率为 38％。4 个行业的具体分布如下：通用设备制造业（$n=103$），电气和电子设备制造业（$n=70$），运输设备制造业（$n=59$）、医疗和医药产品制造业（$n=18$）。

随后，我们进行了方差分析以检查这 4 个行业之间的组间和组内方差，发现 4 个行业的大客户经理对影响策略的看法没有显著差异：威胁（$p=0.284$），承诺（$p=0.585$），建议（$p=0.601$），信息交换（$p=0.953$），逢迎（$p=0.640$），感召（$p=0.471$）；4 个行业的采购经理对关系情境的看法没有显著差异：对卖方的信任（$p=0.653$）、转换成本（$p=0.634$）。此外，在 4 个行业中，卖方企业的特征之间没有发现显著差异：企业规模（$p=0.558$），企业年龄（$p=0.252$），销售量（$p=0.494$）、销售增长率（$p=0.197$）；买方企业的特征之间也无差异：企业规模（$p=0.110$），企业年龄（$p=0.182$），销售量（$p=0.627$）、销售增长率（$p=0.829$）。据此，使用这 4 个行业的汇总数据检验假设是合适的。

描述性统计表明，样本涵盖了中国所有主要地理区域。大客户经理的平均任期为 5 年，采购经理的平均任期为 4.8 年。女性大客户经理占 33.2％（$n=83$），女性采购经理占 44％（$n=110$）。买卖双方参与了当前的业务关系平均超过 3 年。

9.4.4.2　测量与信效度分析

所有变量均使用具有 7 点李克特的多题项测量量表。表 9.4 列出了测量项目的来源。我们使用了 4 个控制变量：① 感知到的组织支持有助于销售人员的绩效；② 竞争心理氛围（定义为销售人员认为组织奖励取决于他们的绩效与同事绩效的比较程度）会影响销售绩效；③ 沟通频率与销售业绩相关；④ 行业关系规范会影响销售业绩。表 9.4 列出了 Cronbach-alpha 值、可靠性、因子载荷以及为每个变量提取的平均方差。从制造商的大客户经理中收集了销售业绩、感知到的组织支持和竞争心理氛围；从下游买家的采购经理那里收集了影响策略和买卖双方关系变量（即信任和转换成本）。

表 9.4　实证研究六的构件信度与效度

构　件	C's α	FL	CR	AVE
销售绩效（Oliver and Anderson，1994）	0.86		0.92	0.80
1. 我与该买家的业务份额正在扩大		0.85		
2. 我正在与这位买家达成销售目标		0.92		

构　　　件	C's α	FL	CR	AVE
3. 与该买方的销售额增长速度快于我企业的整体销售额		0.91		
威胁(McFarland et al.,2006)	0.95		0.97	0.87
1. 大客户经理指出,如果他/她的建议被忽略,您的企业将停止接受优惠待遇		0.89		
2. 大客户经理建议,如果未遵循他/她的要求,他/她将停止与您企业的业务往来		0.95		
3. 如果您的企业未同意他/她的要求,则大客户经理威胁将变得不合作		0.95		
4. 大客户经理表示,如果未满足他/她的要求,他/她可能会使您的业务"麻烦"		0.95		
承诺(McFarland et al.,2006)	0.92		0.94	0.75
1. 如果您愿意为大客户经理提供新业务,大客户经理会特别注意		0.79		
2. 大客户经理承诺会回馈一些符合要求的东西(例如,折扣、更快的交货时间)		0.84		
3. 在您最初不愿同意其条款后,大客户经理为您的业务提供了额外的好处		0.89		
4. 大客户经理表示愿意同意您的购买请求,从而为您的企业提供优惠		0.90		
5. 大客户经理为您的业务提供了特殊条款,以改变您在某些问题上的立场		0.90		
建议(McFarland et al.,2006)	0.93		0.95	0.78
1. 大客户经理明确表示,按照他或她的建议,您的业务将受益		0.84		
2. 大客户经理概述了从他或她的建议中可以获取成功的证据		0.90		
3. 大客户经理清楚地显示了所采取的措施将对您的业务产生积极影响		0.92		
4. 大客户经理提出了支持他或她具体建议的合乎逻辑的论点		0.88		
5. 在提出建议时,大客户经理明确指出其意图是为了贵企业的利益		0.87		
信息交换(McFarland et al.,2006)	0.91		0.93	0.74
1. 大客户经理展示了与您的各种购买选项有关的信息		0.83		
2. 大客户经理询问您的长期购买目标		0.86		
3. 大客户经理确保您收到与您的购买有关的所有产品和销售材料		0.87		
4. 大客户经理询问他/她是否可以帮助解决任何问题或需求		0.87		

续　表

构　　件	C's α	FL	CR	AVE
5. 大客户经理讨论了其产品或服务的应用可能性		0.88		
逢迎(McFarland et al.,2006)	0.82		0.88	0.59
1. 大客户经理在询问他/她想要的东西之前以友好的态度行事		0.83		
2. 大客户经理对您的请求引起的其他问题表示同情		0.82		
3. 大客户经理使您在推销之前感觉良好		0.82		
4. 大客户经理对您的成就表示赞赏和称赞		0.64		
5. 大客户经理在讨论销售问题之前讨论了共同的兴趣/或爱好		0.69		
感召(McFarland et al.,2006)	0.87		0.91	0.67
1. 大客户经理试图让您对他/她所卖的东西感到兴奋		0.77		
2. 大客户经理认为您有一个激动人心的机会来帮助您的企业/业务		0.83		
3. 大客户经理充满热情和信念,描述了其产品或服务的使用		0.81		
4. 大客户经理在要求获得您的业务时考虑了您的价值观和理想		0.85		
5. 大客户经理进行了一次销售宣传,试图吸引您的情绪		0.83		
对卖方的信任(Doney and Cannon,1997)	0.92		0.91	0.72
1. 该供应商信守对我们企业的承诺		0.85		
2. 我们相信该供应商提供的信息		0.80		
3. 该供应商真正关心我们的业务成功		0.87		
4. 在做出重要决定时,该供应商会考虑我们的福利以及自身的福利		0.89		
5. 我们相信该供应商会牢记最大利益		0.82		
6. 该供应商值得信赖		0.84		
买方的转换成本(Lam et al.,2004)	0.90		0.89	0.66
1. 从当前的供应商切换到另一家供应商,我的企业要花很多钱		0.82		
2. 我的企业要从当前的供应商转移到另一个供应商需要花费很多精力		0.86		
3. 我的企业从当前的供应商转移到另一个供应商需要很多时间		0.89		
4. 如果我们从当前供应商转移到另一个供应商,我的企业将会失去个性化产品		0.76		
5. 如果我的企业从当前供应商更改为另一个供应商,将会出现一些新的技术问题		0.78		
6. 如果不得不选择新的供应商,我企业会感到不确定		0.77		

续　表

构　　件	C's α	FL	CR	AVE
行业关系规范（Palmatier et al.，2008）	0.87		0.92	0.79
1. 在我们的行业中，买家与供应商的关系受到高度重视		0.88		
2. 我们行业中的大多数企业都试图建立牢固的买家-供应商关系		0.92		
3. 建立牢固的买卖双方关系是我们行业的常态		0.87		
感知的组织支持（Wayne et al.，1997）	0.88		0.92	0.74
1. 管理层真的很关心我的幸福		0.86		
2. 管理层强烈考虑我的目标和价值观		0.89		
3. 管理层关心我的观点		0.90		
4. 遇到问题时，可以从管理层获得帮助		0.78		
竞争心理氛围（Brown et al.，1998）	0.90		0.93	0.76
1. 我的经理经常将我的结果与其他销售人员的结果进行比较		0.84		
2. 我在这家企业中获得的认可程度取决于我的销售排名与其他销售人员的比较		0.90		
3. 每个人都关心在销售排名中排名靠前		0.88		
4. 我的同事经常将他们的结果与我的结果进行比较		0.87		

注：C's α 代表信度系数，FL 代表因子载荷，CR 代表组合信度，AVE 代表平均方差提取值。

笔者进行了几次效度测试，以评估变量的测量有效性。首先，通过所有变量的高 Cronbach-alpha 值（所有＞0.74；参见表 9.4）来验证题项的一致性。其次，使用 LISREL 8.7 对卖方数据和买方数据分别进行了验证性因子分析。拟合指数显示卖方数据的良好拟合（$\chi^2 = 67.35$，$df = 41$，$p = 0.00$；RMSEA＝0.05；GFI＝0.95；CFI＝0.99；NFI＝0.97；IFI＝0.99）和买方数据的良好拟合（$\chi^2 = 1\,757.32$，$df = 989$，$p = 0.00$；RMSEA＝0.06；GFI＝0.91；CFI＝0.96；NFI＝0.92；IFI＝0.96），确认单独的数据集是一维的。再次，检查了量表的聚合性，发现所有题项的因子载荷都大于 0.64，并且卖方和买方数据的每个量表的平均方差都超过了令人满意的 0.50 水平。作为替代测试，我们测试变量之间的区分效度。为每个变量提取的平均方差超出了变量之间相关系数的平方，表明了潜在变量之间的区分效度。表 9.5 显示了基于匹配数据的所有变量的描述性统计量和 Pearson 相关系数。

9.4.5　实证结果

9.4.5.1　假设检验

我们进行了一系列分层回归分析以检验提出的假设（参见表 9.6）。模型 1 仅包

表 9.5 实证研究六的变量描述性统计与相关系数

变量	均值	S.D.	1	2	3	4	5	6	7	8	9	10	11	12
威胁	3.10	1.85												
承诺	3.98	1.64	0.50**											
建议	4.93	1.30	−0.09	0.09										
信息交换	5.10	1.23	−0.22**	−0.04	0.37**									
逢迎	5.00	1.05	−0.05	0.22**	0.25**	0.32**								
感召	5.06	1.11	−0.15*	0.15*	0.39**	0.48**	0.45**							
信任	4.80	1.06	−0.33**	−0.15*	0.26**	0.50**	0.39**	0.30**						
转换成本	4.40	1.30	0.19**	0.19**	0.14*	0.10	0.24**	0.06	0.35**					
销售绩效	4.95	1.28	0.01	−0.01	0.15*	−0.01	−0.01	−0.05	−0.05	−0.05				
沟通频率	4.08	1.24	−0.03	0.02	0.10	0.22**	0.11	0.09	0.21**	0.10	0.08			
关系规范	5.29	1.27	−0.36**	−0.07	0.29**	0.35**	0.31**	0.35**	0.45**	0.23**	−0.04	0.13*		
组织支持	4.67	1.06	−0.03	0.02	0.01	0.09	0.02	0.03	−0.02	0.03	0.26**	0.03	0.05	
竞争氛围	4.67	1.39	−0.09	0.01	0.15*	0.13*	0.11	0.09	0.07	0.07	0.23**	0.12	0.03	0.35**

注：* 相关系数在 95% 程度上显著（双尾检验），** 相关系数在 99% 程度上显著（双尾检验）。

表 9.6　实证研究六的分层多变量回归结果

	模型 1	模型 2	模型 3	模型 4	模型 5	模型 6	模型 7
控制变量							
沟通频率	0.095(0.070)	0.133*(0.065)	0.144***(0.064)	0.081(0.081)	0.048(0.099)	0.102(0.107)	0.103(0.166)
关系规范	0.118**(0.056)	0.108†(0.072)	0.124*(0.079)	0.229***(0.097)	0.169**(0.094)	0.058(0.131)	0.129(0.115)
组织支持	0.164*(0.077)	0.284***(0.092)	0.335***(0.094)	0.139(0.132)	0.094(0.111)	0.335***(0.095)	0.295**(0.126)
竞争氛围	0.220**(0.075)	0.234***(0.068)	0.217***(0.078)	0.277***(0.087)	0.366***(0.089)	0.248***(0.088)	0.274**(0.129)
主效应							
威胁(TR)		0.145**(0.067)	0.116*(0.069)	0.041(0.101)	0.152*(0.095)	0.199**(0.099)	0.202(0.249)
承诺(PR)		0.170***(0.061)	0.172***(0.064)	0.129†(0.092)	0.186***(0.080)	0.126(0.097)	0.225*(0.122)
建议(RC)		0.250**(0.102)	0.237**(0.099)	0.194(0.182)	0.313***(0.138)	0.185(0.145)	0.173(0.187)
信息交换(IE)		0.171***(0.076)	0.148**(0.077)	0.332***(0.117)	0.349***(0.115)	0.330***(0.138)	0.205*(0.129)
逢迎(IG)		−0.045(0.107)	−0.028(0.099)	−0.066(0.159)	−0.062(0.129)	−0.023(0.147)	−0.061(0.182)
感召(IA)		−0.290*(0.178)	−0.273*(0.168)	−0.405†(0.280)	−0.389†(0.268)	−0.377(0.280)	−0.212(0.304)
信任(TS)			0.144**(0.075)	0.276***(0.126)	0.120(0.090)	0.111(0.138)	0.206(0.172)
转换成本(SC)			0.226***(0.079)	0.263***(0.117)	0.096(0.137)	0.172(0.133)	0.341**(0.164)
调节效应							
TR×TS				−0.093(0.168)		−0.116(0.194)	0.180(0.373)
PR×TS				0.115(0.231)		0.037(0.145)	−0.108(0.331)
RC×TS				0.107(0.123)		−0.139(0.173)	−0.192(0.303)

续　表

	模型 1	模型 2	模型 3	模型 4	模型 5	模型 6	模型 7
IE×TS				0.259** (0.148)		0.220† (0.156)	0.225 (0.445)
IG×TS				0.197** (0.112)		0.176† (0.124)	0.307* (0.189)
IA×TS				0.189** (0.111)		0.218** (0.127)	0.232 (0.158)
TR×SC					0.251*** (0.110)	0.285** (0.117)	0.285* (0.183)
PR×SC					0.259*** (0.111)	0.218** (0.114)	0.246* (0.157)
RC×SC					0.154 (0.117)	0.066 (0.135)	0.149 (0.274)
IE×SC					0.259* (0.133)	0.375** (0.159)	0.233* (0.380)
IG×SC					0.098 (0.197)	0.207 (0.174)	0.187 (0.256)
IA×SC					0.097 (0.272)	−0.125 (0.171)	−0.160 (0.394)
TR×TS×SC							−0.115 (0.457)
PR×TS×SC							0.171 (0.411)
RC×TS×SC							0.184* (0.184)
IE×TS×SC							0.203 (0.199)
IG×TS×SC							−0.047 (0.436)
IA×TS×SC							−0.135 (0.434)
Model F	4.273***	2.286***	2.231***	1.552**	1.952***	1.898***	1.388*
R^2	0.124	0.329	0.376	0.415	0.471	0.518	0.556
ΔR^2		0.205***	0.047***	0.039*	0.095***	0.142***	0.038**

注：†$p<0.10$，* $p<0.05$，** $p<0.01$，*** $p<0.001$；模型 4—模型 6 的 R^2 变化针对模型 3。

含控制变量,模型 2 包含 6 种影响策略(威胁、承诺、建议、信息交换、逢迎、感召),模型 3 添加了两个交换关系情境变量(信任和转换成本)。模型 4 和模型 5 分别添加二阶交互作用项,而模型 6 包括所有二阶交互作用项。模型 7 使用三项交互项估算结果。如表 9.6 中 R^2 值及其显著增加所表明的那样,具有交互作用项的模型解释方差的比例明显更高,证明了调节变量的显著预测能力。

假设 1 认为,在买方高度信任的买卖双方交换关系中,使用情感策略(逢迎和感召)和理性策略(建议和信息交换)以提升销售业绩是有效的。模型 4 的估算为假设 1a 提供了有力的支持。当买方对卖方企业的信任度很高时,使用威胁和承诺的策略就不那么重要了,而逢迎($\beta = 0.197$,$p < 0.01$)和感召($\beta = 0.189$,$p < 0.01$)是正向且显著的。对于假设 1b,我们仅得到部分支持。只有一种合理的策略,即信息交换,对销售业绩有显著影响($\beta = 0.259$,$p < 0.01$),而建议的影响并不显著。对模型 6 和模型 7 的估计进一步表明,当买方对卖方的信任度很高时,情感策略是最好的。

假设 2 认为,在买方与卖方之间的交换关系中,如果买方的转换成本很高,使用强制策略(承诺和威胁)和理性策略(建议和信息交换)以提升销售绩效是有效的。模型 5 的估算为假设 2a 提供了有力的支持。当买方的转换成本很高时,承诺($\beta = 0.259$,$p < 0.001$)和威胁($\beta = 0.251$,$p < 0.001$)都是正向且显著。我们还发现了对假设 2b 的部分支持。只有一种理性的策略,即信息交换,对销售业绩有显著影响($\beta = 0.259$,$p < 0.01$),而建议的影响并不显著。对模型 6 和模型 7 的估算进一步证实,当买方转换成本很高时,强制策略是最好的。

假设 3 认为,在买方与卖方之间的交易中,买方既有很高的信任度又有较高的转换成本,使用理性策略(建议和信息交换)可以有效地提升销售业绩。模型 7 的估算为假设 3 提供了有力支持。当买方的转换成本和对卖方的信任都很高时,逢迎、感召、承诺和威胁并不重要,而建议($\beta = 0.184$,$p < 0.05$)和信息交换($\beta = 0.203$,$p < 0.05$)是正向且显著的。

图 9.2 描述了基于模型 7 结果的二阶调节效果。该图清楚地表明,逢迎和感召对购买业绩的影响是由买方对卖方的信任所调节的,威胁、承诺和信息交换对购买业绩的影响受买方的转换成本调节。图 9.3 显示了三阶交互关系,其中建议和信息交换的斜率分别取买方的信任和转换成本均值±1 个标准差情况下的斜率。当买方的转换成本很高时,建议和买方的信任之间就会产生正向交互(图示 B)。当买方的转换成本较低时,这种正向交互就会消失(图示 A)。同样,当买方的转换成本很高时,信息交换与买方的信任之间就会产生正向交互(图示 D)。当买方的转换成本较低时(图示 C),这种正向交互会减弱,但仍然很显著。这些结果完全支持假设 3。

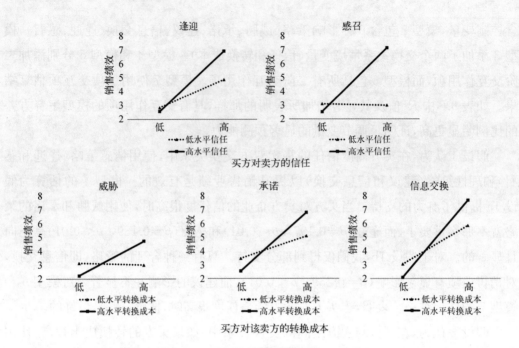

图 9.2　实证研究六的关系情境二阶调节

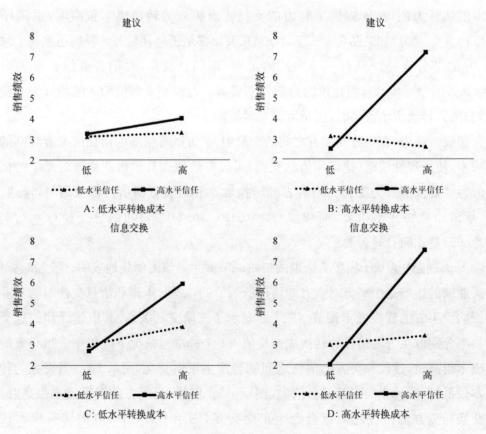

图 9.3　实证研究六的关系情境三阶调节

9.4.5.2 后验分析

为了进一步检查以上结果在 4 个行业中是否一致，鉴于样本量小（N＝18），我们对除医疗和医药产品制造业以外的每个行业进行了分层回归。如表 9.7 所示，在 72 个交互项系数中（即，影响策略×信任、影响策略×转换成本、影响策略×信任×转换成本），绝大多数（＞93％）的结果与整体数据一致，并且仅 5 个（由阴影单元格指示）显示不一致的效果。来自 3 个行业的估计值与来自整体数据的估计值完全相同。也就是说，当买方信任卖方时，情感策略（即逢迎和感召）是销售业绩的最主要驱动力；当买方的转换成本很高时，强制策略（即威胁和承诺）最有效；当买方的信任和转换成本都很高时，最好的选择是采用理性的策略（即建议和信息交换）。总体而言，结果表明各个行业的一致性很高，行业分析为笔者提出的假设提供了有力的支持。

表 9.7 实证研究六的分行业样本比较

	TR×TS	PR×TS	RC×TS	IE×TS	IG×TS	IA×TS
全部样本	−0.093	0.215	0.107	0.259**	0.197**	0.189**
通用设备制造业	0.218	−0.344	0.410***	0.562***	0.775***	0.550***
电气与电子设备制造业	0.339	0.171	0.440	0.696***	0.540**	0.634**
运输设备制造业	−0.258	−0.301	0.064	0.259	0.540**	0.760**

	TR×SC	PR×SC	RC×SC	IE×SC	IG×SC	IA×SC
全部样本	0.251***	0.259***	0.154	0.259**	0.098	0.097
通用设备制造业	0.383**	0.760***	0.396**	0.753***	−0.163	0.363
电气与电子设备制造业	0.739***	0.845***	0.475	0.847***	0.602	−0.841
运输设备制造业	0.517*	0.485*	0.423*	0.181	−0.557	0.383

	TR×TS ×SC	PR×TS ×SC	RC×TS ×SC	IE×TS ×SC	IG×TS ×SC	IA×TS ×SC
全部样本	−0.232	0.307	0.218**	0.253**	−0.157	−0.213
通用设备制造业	0.194	−0.042	0.643***	0.651**	0.436	−0.233
电气与电子设备制造业	−0.614	0.527	0.813***	0.544**	0.226	−0.530
运输设备制造业	0.470	−0.533	0.590*	0.859***	−0.200	0.654

注：TR＝威胁，PR＝承诺，RC＝建议，IE＝信息交换，IG＝逢迎，IA＝感召，TS＝对卖方的信任，SC＝转换成本；$* \ p<0.05$，$** \ p<0.01$，$*** \ p<0.001$；带有方框的单元格表示的系数与同一列中的其他系数显著不同。

9.4.6　结论与实践启示

为了显示权变地应用影响策略的重要性，在研究探讨了在社会和经济关系情境下，各种影响策略在推动销售业绩方面的差异。解决影响策略的有效性是大客户管理领域研究人员关注的重点。这项研究的发现为影响策略的有效性提供了新的见解，也为大客户经理提供了实践指导。

9.4.6.1　结论

第一，通过研究各种影响策略在买卖双方交流中的不同效力，试图连接两个领域，即人际层面的个人销售和组织层面的营销渠道研究以填补研究空白 1。这样，本研究响应了 McFarland 等(2006)的呼吁，将人际交往影响策略的研究扩展到企业间环境。通过纳入组织层面的关系情境变量，并研究个人层面的影响策略的有效性如何受到组织间关系的影响。这项研究为影响策略的相关文献做出了贡献，其结果有助于在企业间环境中描绘人际交往策略的清晰图景，从而为我们对影响策略有效性的理解增加新的知识。

第二，我们的研究通过引入两个重要的买卖双方关系情境作为调节变量，为适应性销售研究做出了贡献(填补研究空白 2)。本研究回应了以往研究的呼吁，即"需要对解释不同情境条件下的大客户经理表现有进一步的学术理解"。利用社会交换的观点和交易成本理论，将信任和转换成本确定为社会和经济交换的关键要素，并研究在这些关系情境下影响策略的相对有效性。如所假设的那样，当买家的信任度很高时，情感策略(逢迎和感召)最有效；当买方的转换成本很高时，强制策略(威胁和承诺)最有效；当买方的信任和转换成本都很高时，应采用理性的策略(建议和信息交换)。这些结果验证了将影响策略与组织间的关系情境相匹配的重要性。因此，无论关系情境如何，都建议不要盲目选择影响策略。这种关于企业间关系的权变观点为适应性销售研究提供了新的见解。

第三，本研究将销售人员的影响策略应用于特定类型的销售情况(即大客户管理)，并为影响策略在大客户管理中的有效性提供了新的思路；还通过使用大客户经理部分和采购经理部分的配对信息来完善以往研究的设计，从而有助于理解大客户管理项目的绩效。研究结果表明，当买方转换成本很高时，大客户经理对逢迎和感召的使用是无效的，而当买方对卖方的信任度较低时，大客户经理对感召的使用反而会对销售业绩产生负面影响。这些调节结果，再加上逢迎的负面影响($\beta = -0.062$，$p > 0.1$)和感召($\beta = -0.389$，$p < 0.1$)对销售业绩的影响(参见模型 5)，表明当买方依赖或对卖方的信任度低时，大客户经理通过情感手段表现出恭维，这可能对销售不

利,因为买方可能认为如此奉承是不真诚的,因此怀疑大客户经理别有用心的动机是哄骗他/她完成交易。

第四,通过研究麦克法兰等(McFarland, Challagalla & Shervani,2006)提出的6种影响策略,以及 Evans 等(2012)提出的3个影响策略类别(即强制、理性和情感),本研究证实了这种分类法的有效性。同时,我们的结果还提出了对大客户管理中的影响策略更为细微的看法。尽管研究结果表明,买方的信任以相似的方式调节了承诺和威胁的作用,但这两种强制策略的直接效果可能有所不同。在这两种强制策略的直接效用之间,承诺是有效的($\beta=0.225$,$p<0.05$),而威胁则不是($\beta=0.202$,$p>0.1$)(模型 7),这表明承诺比威胁更可取。此外,当买方对卖方的信任度较高时,逢迎和感召的作用相似且具有积极作用,而当买方的信任度较低时,感召可能会对销售业绩产生负面影响(见图 9.2)。同样,尽管当买方的信任和转换成本都很高时,建议和信息交换是最有效的策略,但当买方的转换成本很高但信任度很低时,建议可能会对销售业绩产生负面影响(请参见图 9.3)。大客户经理的这些结果与以往关于销售人员的影响策略的研究相去甚远,这表明大客户经理和普通销售人员之间的角色有所不同,大客户经理侧重于客户关系和销售,而传统的销售人员则专注于销售。总之,这些结果为影响策略的理论分类提供了新的思路。

9.4.6.2　实践启示

理解影响策略在提高销售业绩中的有效性是关系到所有销售人员的重要问题,包括积极参与买卖双方交换关系的大客户经理。本研究揭示了大客户经理在影响策略选择方面的诸多意义,并且其行为的有效性取决于匹配特定关系情境的影响策略的正确选择。

首先,笔者同意埃文斯等(Evans, McFarland, Dietz, et al.,2012)的观点,当使用影响策略时,没有"一刀切"的方法。在实践中,与影响策略有关的培训计划仍试图将影响过程简化为固定规则。但是,这项研究提醒大客户经理注意盲目选择影响策略的危险。根据模型 7 报告的直接结果(请参见表 9.6),只有承诺和信息交换才能有效地推动销售业绩。如果大客户经理忽略了与买方的关系情境并选择使用承诺,那么当买方对卖方的信任度很高时,这将无助于取得卓越的销售业绩。因此,提醒大客户经理仔细评估影响策略的有效性,并避免采用"千篇一律"的行为。

其次,本研究强调了在不同关系情境下买卖双方沟通中各种影响策略的不同有效性。据此,建议大客户经理将影响策略与关系情境相匹配,以确保发挥最大的作用。例如,当客户关注经济需求,以至于他们"为了维护自身利益而宁可损害买卖关系"时,强制性策略可能会是确保销售的唯一有效手段。然而,在承诺和威胁之间,承诺可能会更有效，因为它们会更好地被买家接受。同样，当买方信任卖方并且买方依赖卖方时，信息交换和建议对于大客户经理实现销售业绩最为可靠，因为理性的策略可以满足买方的社会和经济需求。但是，当买家的信任度较低时，考虑到建议对销售业绩的负面影响，信息交换会更安全。

最后，值得一提的一种影响策略是情感策略。逢迎和感召旨在增强人际交往的吸引力，并迎合客户的价值观、理想和愿望。当然，情感策略会引起客户的共鸣。大客户经理可以使用逢迎和感召来满足买方的社会需求，因为这些策略可以有效地使大客户经理与具有社会需求的买方一起工作。但是，如果做得不好，客户会认为逢迎是自利和虚伪行为，使他们质疑自己情绪反应的真实性。因此，当买方的转换成本很高且需要解决买方的经济需求时，建议大客户经理们审慎使用情感策略。

9.5　小　结

大客户经理的影响策略研究还存在其他一些局限性，应在以后的工作中加以解决。

首先，很多研究使用主观和感性指标而非客观指标来衡量大客户经理的销售业绩。尽管这种方法比较一致且通用，但感性指标是十分主观的，可能更容易产生直觉偏见。到目前为止，现有研究仅将影响策略有效性的主观评价用作评判标准，今后的研究应包括客观指标，可以将销售业绩作为客观衡量指标。此外，很多研究仅将销售业绩作为结果。实践中，大客户经理还负责创造长期客户价值，包括在市场营销、管理和服务领域为重要客户提供特殊待遇，因此未来的研究还应包括其他结果，如客户满意度。因为，产品市场的绩效（例如单位销售量和市场份额）来自客户满意度和创造价值的结果。

其次，尽管已有研究分别从采购经理和大客户经理收集了有关自变量（即影响策略）和因变量（即销售业绩）的配对数据，这有助于减少共同方法偏误，但这些研究设计获得的数据仍是横截面数据。尽管已有模型得出的结果与提出的假设相符，但横截面数据限制了进行因果关系推理的能力。未来的研究可以采用时间序列设计来建立模型中的因果关系。本研究能够获得由制造业中的 4 个行业组成的跨国样本，并且行业层面的分析揭示了各行业的惊人一致结果，但仍然需要使用其他行业的数据（尤其是服务行业的数据）对结果进行验证，以进行普适性研究。未来的研究可以从更多行业收集数据，并使用网络数据结构分析方法来解决聚类分析的问题。

再次，尽管已有研究通过揭示不同影响策略的相对有效性提供了新的见解，但在实践中，销售人员或大客户经理可能在销售互动中同时使用多种影响策略。例如，同时使用威胁、感召和承诺可以"激发买家的情绪反应"；同时使用多种影响策略会增加其有效性分析的复杂性。因此，我们要求进行定性研究（例如案例研究）以了解这种现象。案例研究还可以阐明在买卖双方关系生命周期的不同关系阶段采用不同影响策略的效力。此外，对多重影响策略的研究可能会超出麦克法兰等（McFarland, Challagalla & Shervani, 2006）提出的 6 种影响策略。B2B 营销观点固有的 6 种影响策略实质上包含在管理层的策略中，因此采用管理层的 11 项策略不会损失任何概念上的细节。未来的研究可能会研究大客户管理中的更多策略种类。

最后，我们的数据来自单个国家——中国。我们不应该认为大多数以西方思维过程和经验为指导的大客户管理研究是适合中国市场的完美选择。同样，我们关于影响策略有效性的假设在西方国家可能不成立。尽管我们从跨国企业抽取制造商样本以减轻潜在的单一国家效应，但仍需要进一步的研究来检验西方国家情境下提出的假设以进行比较。为此，本研究为进一步探索大客户经理的影响策略在买卖双方沟通中的使用提供了有利条件。

思考题

1. 销售策略的分类有几种？哪一种最适合大客户管理情境下大客户经理的使用？

2. SIT 分类法的理论依据是什么？

3. 销售策略中的强制性影响方法与组织行为学中强制性权力的影响方法有何异同？

4. 大客户经理面对的销售情境有几种？有无其他的关系情境因素？

5. 除了社会交换理论指导下的信任因素外，有无其他社会交换因素？

6. 除了交易成本理论指导下的转换成本外，有无其他交易成本因素？

7. 在不清楚买卖双方关系情境的背景下，哪一种影响策略是比较保险的销售方式？

第10章
上下游关系：组织关系还是个人关系

Salesperson-owned loyalty is an important source of customer loyalty to the selling firm as long as the salesperson remains in his or her current position.

只要销售人员保持其当前职位，销售人员拥有的忠诚度就是客户对销售企业忠诚度的重要来源。

——R. W. 帕尔马蒂尔，L. K. 希尔 & J. B. E. M. 斯廷坎普，2007

10.1 引　言

客户关系管理被认为是一种旨在与客户建立长期关系的管理哲学，其历史可以追溯到 20 世纪 90 年代关系营销的出现。客户关系管理是销售企业的核心业务战略，它集成了企业内部的流程和功能以及企业外部的业务网络，以盈利为目标为客户创造和交付价值。客户关系管理以高质量的客户相关数据为基础，并以信息技术为基础，其目的是提高客户满意度、留住现有客户、提供战略信息和延长客户生命周期。因此，实施有效的上下游关系管理可以实现客户保留。

上下游关系的研究起源于 20 世纪 90 年代，经过近 30 多年的发展，已经在各个领域形成了"百花齐放"的研究格局。尽管以往的研究综述中，已经对供应链上下游关系的概念进行了详尽的文献回顾和阐述，但是对上下游关系质量的基本维度界定依旧不清晰，尤其是经历了近 10 年的研究发展，上下游关系质量的相关研究又出现了诸多拓展。

关系质量(relationship quality)一直被学界公认为买卖双方交易互动中的重要变量。特别值得一提的是，相比于采购企业与销售企业之间的组织层面的关系质量，客户与销售人员个人层面的关系质量更能直接影响到组织销售绩效，因为组织之间的沟通人员（例如，销售代表和采购代表）才是真正促成两个企业产生承诺型关系的边界人员。个人层面的关系是独立于销售人员与销售企业的雇佣关系的，如果销售人员离职了，那么这对销售企业来说是非常危险的，因为以采购人员为代表的采购企业很可能因为销售人员的离职，而停止与销售企业的交易关系。因此，如果个人层面的关系质量在一家采购企业与销售企业的关系中起到了决定性的作用，那么采购企业所感知的与销售企业良好的关系质量就是"镜花水月"，会随着个人层面关系的解体而随时破裂。尽管个人层面关系质量在买卖关系中扮演了重要的角色，迄今为止鲜有文献关注个人关系在组织销售互动中的作用，特别是在探索大客户管理情境中，"大客户经理-采购经理"的个人关系质量对大客户管理项目的影响。

10.2　客户关系管理与大客户管理

客户关系管理支持交叉销售以及直接营销，旨在通过分析客户信息、战略信息以及直接响应客户以获取和维护客户。当客户关系管理和服务营销相结合时，它们成为驱动营销范式升级的关键因素。客户关系管理至关重要，它要求大客户经理和企业内部部门合作，以投入大量精力和时间来留住创造利润的关键客户，并获取、保留和最大化客户的终身价值。实践证明，获得新客户的成本是留住现有客户的 5 倍，并且随着关系的发展，现有客户会更容易贡献利润。因此，客户关系管理被定义为仔细管理有关客户或潜在客户的详细信息，联系、发展和建立客户关系以加深客户忠诚度、激活重复购买并避免严重的客户投诉的过程。

服务主导逻辑指出，客户关系管理的一个重要方面是将员工、价值网络中的客户视为合作伙伴，为所有的利益相关者共同创造价值。从本质上讲，服务主导逻辑强调协作流程和互惠的价值创造。价值网络的社会和经济参与者（大客户经理、采购企业、与销售企业）通过能力、关系和信息联系在一起。实践证实，通过学习如何服务和适应必要的变化来认识和建立价值创造网络是必不可少的。从这个角度来看，客户关系管理支持价值共创，并指出它是一种管理举措，或一种经济战略形式，将上下游交易的各方聚集在一起。各方包括来自不同企业的人员，共同产生相互重视的结果。

客户关系管理与大客户管理的第一个相似之处在于，它们的目标都是满足客户，建立客户忠诚度，并在其企业与客户之间建立关系。这也是大客户管理强调的整个组织的参与和承诺。客户关系管理为实施大客户管理项目的企业提供了快速衡量服务绩效的途径，包括考核绩效的关键指标。例如，一项在希腊完成的研究表明，从关系营销的角度研究大客户管理可以成功解决组织内部管理问题。从 13 次与企业内部高级管理人员的访谈中,研究人员发现,关系质量在大客户管理导向对供应商绩效的影响中起到重要作用。采用大客户管理导向提高了客户的满意度、信任度和承诺度,进而影响财务和非财务大客户管理绩效。

客户关系管理与大客户管理的另一个相似之处在于,它们的成功都依赖于信任,这也是关系营销的道德基础。企业通常可以通过两种信任发展模式,即同理心驱动和能力驱动来发展上下游关系。两种信任模式都是随着时间的推移而建立的,并从销售企业的内部文化和政策规范中发展而来,这些规范会延续到上下游关系中。实践证明,销售企业内部员工共享的行为规范对上下游关系具有相当大的影响。任何一个大客户管理项目通常也会建立一套道德和伦理体系,这些原则作为上下游之间建立信任和承诺的机制,为双方最终建立关系资本。

综上,客户关系管理的主要目标是识别、获取、满足和留住有利可图的客户,以支持企业提高绩效、增加收入和盈利能力。客户关系管理使价值共同创造、价值网络和客户关系等资源形成企业的主导逻辑,使企业完全专注于服务提供而不是商品制造。因此,客户关系管理与大客户管理的联系很明确,两者都支持关系发展、客户忠诚和长期参与,因为关系越牢固,维持大客户的机会就越大。

10.3 关系质量的概念演变

10.3.1 研究综述

关系质量的研究始自 20 世纪 80 年代。早期研究开创了一个新的学术流派,在这条研究分支中,关系质量的基本概念被不断完善。直至 1995 年以前,关系质量的研究仍处于十分匮乏的阶段;但是在这之后,学界开始逐渐关注关系质量的概念,在关系营销领域中这一主题下的文献也呈现井喷之势。

在 1999 年之前的关系质量文献,大多出现在高水平的营销学期刊中,例如 *Journal of Marketing* 和 *The Journal of the Academy of Marketing Science*。之后的一些文献,从 2000—2006 年,大多数被 *Industrial Marketing Management*、*Journal of Business Research* 和 *European Journal of Marketing* 等期刊所偏爱。这主要是因为关系质量的研究情境逐步地从 B2C 领域转移至 B2B 领域。此外,B2B 情境下的早期研究关注制造业,而后期逐步转向服务行业和零售业,因此,更多的产业服务领域的关系质量文献出现在相关期刊上，诸如 *International Journal of Bank Marketing*、*Managing Service Quality*、*Journal of Service Research* 和 *International Journal of Service Industry Management*。本书总结了各期刊上关系质量相关文献的出现频次（见表 10.1），便于更直观地表述。

表 10.1　营销学期刊中关系质量的研究统计

期　　　刊	文献数	（％）
Journal of Marketing (JM)	8	8.3
Journal of Marketing Research (JMR)	3	3.1
Industrial Marketing Management (IMM)	21	21.9
Journal of Business Research (JBR)	8	8.3
European Journal of Marketing (EJM)	8	8.3
Journal of the Academy of Marketing Science (JAMS)	8	8.3
Psychology & Marketing (PS & MKG)	4	4.2
International Journal of Bank Marketing (IJBM)	3	3.1
International Journal of Service Industry Management (IJSIM)	2	2.1
Journal of Personal Selling & Sales Management (JPS & SM)	2	2.1
International Journal of Research in Marketing (IJRM)	2	2.1
Journal of Business to Business Marketing (JBBM)	2	2.1
Journal of Business & Industrial Marketing (JBIM)	2	2.1
Journal of Hospitality & Tourism Research (JH & TR)	2	2.1
Managing Service Quality (MSQ)	2	2.1
International Journal of Retail & Distribution Management (IJR & DM)	1	1.0
Hospitality Management (HM)	1	1.0
Journal of Service Research (JSR)	1	1.0
Journal of Retailing (JR)	1	1.0
Cornell Hotel & Restaurant Administration Quarterly (CH & RAQ)	1	1.0
Canadian Journal of Administrative Sciences (CJAS)	1	1.0
Journal of American Academy of Business (JAAB)	1	1.0
Communications of the ACM (CACM)	1	1.0
Journal of Financial Services Marketing (JFSM)	1	1.0
Journal of Organizational and End User Computing (JOEUC)	1	1.0
International Journal of Marketing Studies (IJMS)	1	1.0
Journal of Service Management (JSM)	1	1.0
Journal of Relationship Marketing (JRM)	1	1.0
Journal of Business Logistics (JBL)	1	1.0
International Business & Economics Research Journal (IB & ERJ)	1	1.0

续　表

期　　刊	文献数	（%）
International Business Review（IBR）	1	1.0
International Journal of Retail & Distribution Management（IJR & DM）	1	1.0
Marketing Management（MM）	1	1.0
Journal of Purchasing & Supply Management（JP & SM）	1	1.0
总计	96	100

由表 10.1 可知,65.5% 的关系质量文献发表在仅 8 本期刊上,其中, *Industrial Marketing Management* 贡献了 21.9% 的发表数量。这主要是因为,大部分的关系质量文献关注于 B2B 情境下两个企业之间的关系营销行为。此外,产品相关的研究数量也远远多于服务相关的研究数量,在专业服务领域的研究就更加匮乏。总体来说,除了 6 篇是理论或研究框架类的文献之外,有 57 篇文献关注产品相关的关系质量研究,仅有 30 篇关注于服务相关的关系质量研究。3 篇研究关注于这两种类型之外的关系,例如消费者与旅游地之间的关系、汽车制造商和他们销售人员的关系、营销人员之间的关系。

更进一步的分析发现,超过 1/3 的文献的实证数据来源于美国市场,但是收集其他国家的实证数据进行研究的文献数量也呈现增多趋势,例如欧洲、亚洲、澳大利亚以及加拿大。其中,大多数的文献分析了属于某一个特定国家的数据,这是因为某一国家内两家企业之间的关系要区别于不同国家的两家企业之间的关系,因此,这部分的研究结论很难推广到不同的文化情境中。仅有 3 篇文献分析了不同文化情境下的关系质量,一篇是从买方视角分析美国的汽车制造商和荷兰的经销商之间的关系;一篇是从卖方视角分析瑞典、澳洲和英国的服务企业和他们的跨国合作伙伴之间的关系;最后一篇是从买方视角分析比利时的专业画家和荷兰的经销商之间的关系。此外,另有 3 篇文献也可被视作跨文化情境的研究,它们关注了跨国企业之间的关系(例如,财富杂志 500 强企业),但这部分研究数据的来源无法被划分为某几个具体国家。

最后,无论哪个阶段、何种情境、数据来源,所有的文献或多或少关注了关系质量的基本维度、前因变量和结果变量。

10.3.2　定义演变

关系质量的定义最早从人际关系角度出发,认为销售人员与顾客之间的关系质量就是顾客在过去满意的基础上，对销售人员未来行为的诚实与信任的依赖程度。深入探究其研究的推理过程，可以发现作者已经将顾客与企业之间的关系做了情节（一次交易）与关系（多个连续情节）的区分。基于此，一项研究根据顾客感知的特点，详细界定了情节与关系的含义，进一步提出了情节质量与关系质量的区分，将服务行业中的关系质量定义为顾客在关系中所感知到的服务与某些内在或外在质量标准进行比较后的认知评价。此研究框架实现了一般质量概念与关系质量概念的对接，为后来的关系质量理论演进奠定了基础。

也有学者对其他背景下的关系质量进行了探索。约翰逊（Johnson）将营销渠道成员之间的关系质量解释为成员关系的总体深度与气氛。而贺姆兰（Holmlund）则在前人研究的基础上，提出了更具适应性的 B2B 状态下的关系质量定义。他指出，感知关系质量是指商业关系中合作双方的重要人士根据一定的标准对商业往来（效果）的综合评价和认知。该定义是依照商业伙伴之间的人际关系感知来确定双方的关系质量，这不仅在方法上与克罗斯比（Crosby）等的定义类似，而且在研究思路上也沿用了李亚德尔（Liljander）的顾客感知评价。此外，与上述作者的行业性定义不同，汗宁如奥（Hennig-Thurau）试图提出具有一般意义的关系质量概念。他们认为，关系质量一般被看作是关系对顾客的关系型需求的满足程度，又可以归结为顾客对营销者及其产品的信任与承诺。这里的产品是指广义产品，既涵盖服务也包括传统产品。基于前人的研究，笔者定义关系质量为：作为感知总质量的一部分，关系质量是关系主体根据一定的标准对关系满足各自需求程度的共同认知评价。

类似地，帕尔马蒂尔（Palmatier）在对关系质量的研究进行元分析（meta-analysis）之前，定义关系质量为"关系主体对双方关系强度的总体评价，可以具体概念化为一段关系中异质但相互联系的各个维度的集合"。至此，关系质量的定义趋于清晰，后人的研究也大多遵从帕尔马蒂尔的表述，将关系质量定义成关系主体的主观感知。然而，针对关系质量的具体构成维度，学界只是普遍认同"一个单一的关系指标无法准确衡量互动双方的关系质量，而且仅用一个关系变量作为关系中介的现有研究将对理论和实践产生误导作用"，但是对于具体有哪些指标可以准确测量互动双方的关系质量，尚无定论。

10.4　关系质量的基本维度

以往研究一致认为，好的关系质量可以发挥中介作用，作为关系营销行为的作用通道提升企业绩效，然而这些研究在具体实证这条中介通道的作用时，往往采用了不同的视角和不同的关系变量。承诺和信任是最普遍的，其中：承诺是指"维持一段有价值的关系的持续的渴望"；信任表示"对互动对象可靠度和正直度的信心"。另一个的关系变量——满意度，表示的是"关系主体对现有这段关系情感上或情绪上的主观状态"，关系满意度仅仅反映客户对双方关系的满意程度，而不是整个交易过程。关系质量的构成和基本维度会随着研究情境的改变而变化，但是这个概念的核心思想是，没有任何一个单一维度或者关系变量能够完整地代表一段双边关系。

因此，尽管文献一致认为关系质量可以带来企业绩效提升，但是具体的关系变量或者关系质量的构成维度还是会因为研究者关注问题的不同而变化。例如，贝里（Berry）提出"信任是企业之间进行关系营销的最强有力的工具"，斯佩克曼（Spekman）也认为信任是双方长期关系建立的基石。此外，贡德拉赫（Gundlach）则认为"承诺是长期关系的重要组成部分"，摩根（Morgan）也指出"交易双方的承诺是取得有价值的成果的关键"。而德伍尔夫（De Wulf）则认为关系质量应该由信任、承诺、满意等多方面共同构成。为了更好地定义大客户管理情境下的关系质量，本节将具体回顾自帕尔马蒂尔元分析文献之后的关系质量研究中基本维度的分类（见附录4）。

10.4.1 单一维度

尽管学界普遍认同，关系质量由单一维度来衡量无法全面体现关系特征，然而无论在 B2C 情境还是 B2B 情境的研究中，仍有少量的文献使用了某一个变量来测量关系质量。例如，在 B2C 的研究中，恩杜比斯（Ndubisi）从客户的视角研究马来西亚的银行业和零售业消费者的客户满意度对关系质量的影响，采用了一个整体的"客户感知的关系质量"量表，却将客户感知的满意度（包括信任、承诺、沟通、服务质量、冲突解决以及服务满意）作为影响关系质量的前因变量。此外，帕克（Park）和迪茨（Deitz）在研究韩国汽车制造商的销售人员使用适应性销售行为获得良好的关系质量，从而获得销售人员满意度和工作绩效的过程中，也使用了一个整体的"工作关系质量"的变量。

在 B2B 情境下的研究中，也有少量学者采用了单一维度来衡量关系质量。例如，多林格（Drollinger）和科默（Comer）在研究销售人员的主动移情式倾听对销售绩效的影响时，采用了一个单一维度的关系质量变量，这个变量衡量了某一时间节点买卖双方对这段关系的"承诺"程度。此外，德利翁（deLeon）和查特吉（Chatterjee）在研究卖方的资源对买方满意度的影响时，使用了"关系满意度"这一单一维度来衡量买卖双方关系质量,"关系满意度"具体是指在买卖过程中买方所感知的对销售企业生产率和价值的积极情感。

10.4.2 信任、承诺和满意

自帕尔马蒂尔通过元分析实证表明客观绩效由关系质量(一个集合了信任、承诺、满意的综合变量)直接影响之后,大部分的文献遵循了此研究,认为不能使用单一维度来衡量整体的关系质量。因此,大部分文献在刻画关系质量时都或多或少的使用了信任、承诺和满意中的某一个或某几个变量。

首先,无论是 B2C 情境,还是 B2B 情境,许多学者都全面考虑了关系质量的各个要素,采用信任、承诺和满意 3 个维度构成关系质量。其中,信任可以具体分成认知型信任和情感型信任,承诺可以包括情感承诺和计算承诺,满意可分为经济满意、社交满意和工作满意。

还有部分学者采用了信任、承诺和满意中的两个维度来衡量关系质量,虽然没有如帕尔马蒂尔那样全面考虑 3 个维度,但是两维度的关系质量研究依然能够通过实证数据为理论和实践带来强有力的借鉴依据。其中,最为广泛采用的是信任和满意这两个维度,少部分学者采用信任和承诺这两个维度,更少一部分学者采用了满意和承诺这两个维度。例如,拉玛塞山(Ramaseshan)从买方视角研究公寓租赁企业和租赁者的关系时,采用经济/社交满意和承诺这两个维度衡量双方关系质量。

10.4.3 客户忠诚度

除了被广泛应用的信任、承诺和满意作为关系质量的构成维度之外,客户忠诚度也是一个被采用多次的关系质量维度。无论是销售人员与消费者之间还是企业买卖关系互动中,许多学者的研究多度关注了客户满意度在销售互动中的作用,而忽视了其他重要的能够代表关系质量的变量,例如客户忠诚度。因此,部分学者在测量关系质量时,也关注了客户忠诚度这个维度。

在 B2C 的情境下,戴乐古(Delcourt)选取了发型设计这个服务行业研究情景,探索服务人员的情绪能力对关系质量的影响。除了选取消费者满意度作为关系质量的构成维度之外,戴乐古还选取了忠诚度作为衡量关系质量的维度指标。他们认为关系质量的测量应当从态度和行为两方面出发,消费者在感知与服务人员的关系质量时,不仅会产生情绪上的主观感知(例如,满意度),还会产生行为上的客观反映(例如,忠诚度)。

在 B2B 的情境下,罗曼(Román)认为从管理学的角度,考虑到产业销售团队带来的巨大的销售成本,销售人员在进行买卖互动时不应当只关注短期的销售绩效,还应该通过塑造客户忠诚度来建立和维持长期的企业间的合作关系。因此,罗曼选取西班牙中小企业之间的买卖关系为样本,在研究客户所感知到的销售人员适应性销售行为对关系质量的影响时,除了采用满意度作为关系质量的维度之外,也选取了客户忠诚度作为评判关系质量好坏的重要指标。然而,值得注意的是,在对客户忠诚度进行定义时,罗曼认为客户忠诚度是客户对维持与销售企业长期关系的一种承诺,这类似于前文提及的承诺的定义。

10.4.4　其他维度

关系导向也被一些学者作为关系质量的基本维度,并且都集中出现在 B2B 领域的研究文献中。例如,蒋(Jiang)在构建 B2B 情境下的关系质量测量模型时,认为长期关系导向、沟通、社交满意和经济满意是关系质量的 4 个基本维度。扎依法里安(Zaefarian)在研究供应商感知到的买方公平对销售绩效的影响时,验证了关系质量的中介效应,并指出长期关系导向、信任和承诺是构成关系质量的基本要素。此外,Casidy 在研究专业服务企业和中小企业的关系质量的前因变量和结果变量时,特别提出除了信任和能力,关系导向也是重要的关系质量构成维度。

冲突和沟通是买卖互动或服务关系中经常出现的因素,因此也有文献将这两个变量作为关系质量的构成维度。例如,董(Dong)研究中国分销渠道的治理机制效率时,认为渠道成员间的关系质量由冲突和信任构成;查克拉巴蒂(Chakrabarty)也提出了相同的假设,认为买卖双方的关系质量应当由冲突、信任、满意和未来互动期望共同构成。对于沟通要素的研究,莱昂尼窦(Leonidou)和蒋(Jiang)都在各自的文献中提出将沟通作为关系质量的测量维度。

还有少部分关系质量相关维度研究也提出了其他的构成维度,但是并没有成为学界广泛接受的测量指标。一是服务质量在服务产业相关研究中被作为关系质量的基本维度或构成要素。例如,由于将研究情景设置在澳大利亚的快递服务产业,纳乌鲁(Rauyruen)在研究相关企业之间的关系质量时,认为除了信任、承诺和满意,服务质量也是构成企业之间关系质量的重要维度。二是关系专项投资被那伽(Nyaga)认为和信任、满意、承诺共同构成一个完整的关系质量变量。三是帕尔马蒂尔提出除了信任和承诺之外,互惠关系准则和互动效率也是买卖双方关系质量的构成维度。四是赖(Lai)将信任和公平作为构成关系质量的两个维度。五是莱昂尼窦提出了一个最完备甚至有些冗余的关系质量概念架构,提出跨文化情境下的关系质量包含适应、沟通、承诺、合作、满意、信任、理解 7 个维度。

10.5　"大客户经理-采购经理"关系质量

10.5.1　个人关系还是组织关系

笔者认为大客户经理与采购经理之间的关系质量是一个即区别于普通 B2C 和 B2B 情境下的关系质量，又和两类关系质量息息相关的崭新概念。因为在大客户管理项目中，大客户经理和采购经理代表双方组织进行互动沟通，他们之间的关系往往代表了两家参与买卖互动的组织之间的关系。然而，作为实施具体沟通的个人，大客户经理和采购经理之间又无可避免地需要建立起私人关系。因此，大客户经理与采购经理的关系质量无法清晰地被界定成个人与个人之间或是组织与组织之间的关系质量，这就需要基于以往文献对其重新进行定义并界定构成维度。

首先，笔者认可帕尔马蒂尔对关系质量内含的主张，即关系质量是互动主体对双边关系的主观感知。因此，笔者认为，采购经理对大客户经理的态度是双方关系质量的重要构成部分。对大客户经理的"态度"指的是采购经理通过日常沟通所习得的与大客户经理友善互动的倾向。对销售人员的良好态度反映了客户对销售人员较高水平的满意度，而且能够带来更好的销售绩效，例如市场份额的提升和销售量的增长。而且，考虑到大客户经理的首要目标不是销售，而是建立与大客户的长期关系，而客户对销售人员的态度能够在长期带来更好的销售绩效，因此，采购经理对大客户经理的态度是双方关系质量的一个重要构成维度。

其次，笔者认为关系质量的维度除了情绪上的主观感知（例如，对大客户经理的态度）之外，还应当存在行为上的客观反映，即对大客户经理的忠诚度。对大客户经理的"忠诚度"指的是采购经理表现出的一系列行为，向大客户经理展示其维持长期关系的倾向。这种行为上的客观反映不仅可以上升为组织之间的忠诚度的体现，更可以带来销售企业绩效的增长，例如客户愿意付出更高的购买价、销售效率的提升，以及对该客户销售量的增长。因此，采购经理对大客户经理的忠诚度是构成双方关系质量的另一个重要维度。

通过个人销售和关系管理相关文献的回顾，笔者定义"大客户经理-采购经理的关系质量"为：采购经理维持双方关系的意愿以及为从大客户经理那里持续购买产品和服务所付出的努力。当个体从互动对象那里获得"无论是任务相关的支持还是社交和心理上的支持"时，他们都会感知到较高的关系质量。因此，无论是大客户经理还是采购经理，一旦从双边关系中获得了满足自身任务相关和互动相关需求的条件，他们就会建立良好质量的关系。好的关系质量反映了客户对销售人员的友善回应以及再购买倾向，因此能够提升销售绩效。

10.5.2　个人关系与组织绩效

相似型匹配机制是个人-个人匹配研究中最为常见的理论视角，描述了日常工作中一个个体（例如，大客户经理）与另一个重要个体（例如，采购经理）的相似程度。作为相似型匹配机制的解释范式，"相似相吸"范式指出人们会被与其相似的其他人吸引，因为与这些人的互动能够强化他们自身的信仰和选择。因此，沟通风格的一致能够带来大客户经理和采购经理关系质量的提升，继而促进销售绩效；相反，沟通风格的不一致将损害双方关系质量，抑制销售绩效。具体地说，当大客户经理和采购经理的互动导向型沟通风格一致性程度高时，双方共同认为社会交往是买卖互动中的重要组成部分，建立私人关系比买卖交易的琐碎细节更重要。因此，大客户经理和采购经理均选择将工作重心转移至提升关系的活动中，包括强化私人联系、社交互动、沟通汇报、调整组织政策和流程以及其他以关系为导向的活动等。通过建立私人联系，原本双方沟通风格不一致或者存在分歧的大客户经理和采购经理，将转变成对互动对象相对忠诚、共同偏好互动导向型沟通风格的个体。这种大客户经理-采购经理双边关系也比组织层面的买卖关系更加紧密和持久，采购经理也更愿意向该大客户经理表达忠诚，并从该大客户经理所处的销售企业采购产品；相反，如果大客户经理和采购经理的互动导向型沟通风格不一致时，双方无法建立良好的关系，大客户经理的销售绩效也会受到影响。

类似地，大客户经理和采购经理的关系质量因中介任务导向的（不）一致对销售绩效起到影响作用。当大客户经理和采购经理的任务导向型沟通风格一致性程度高时，双方均专注于工作任务中，并共同希望将眼前的销售和采购任务尽可能高效地完成。与任务相关的沟通也是双边关系的重要组成部分，大客户经理可以为客户提供多种多样的资源和信息，包括自身和其他企业的信息、潜在和客户和竞争对手的信息等，这些信息对大客户而言具有极高的价值。因此，通过准确定位采购经理的需求，并及时提供与其需求相匹配的产品相关信息，一个高度任务导向型的大客户经理能够完美地帮助采购经理完成采购任务。作为回报，一个高度任务导向型的采购经理也非常感激大客户经理对其采购决策过程中的帮助，会通过更强烈的忠诚度和采购意愿来回报大客户经理的努力。因此，与一个高度任务导向的采购经理互动时，一个高度任务导向型的大客户经理能够获得更好的关系质量和销售绩效，因为双方的沟通风格偏好更一致；而非任务导向的大客户经理无法获得良好的关系质量和销售绩效，因为双方的任务导向型沟通风格不一致。

10.6　实证研究七：双元销售策略对关系质量的影响

在社交网络蓬勃发展的推动下，企业越来越依赖社交媒体工具来销售产品和服务。在我国，微信营销是一种新兴的产品和服务推广方式。超过 1 000 万家企业正在部署微信业务员，微信业务账户的总销售额已超过 1 500 亿元。尽管前文已详述销售人员探索式和利用式学习在提升销售业绩中的作用，但与微信业务提供商密切相关的一个仍未得到解答的问题是：大客户经理自我调节的双元销售策略，是否会根据线上和线下情境的差异产生不同的影响？

大客户经理探索式学习涉及"寻找、试验和发现有助于提高销售业绩的新销售技巧和技能组合"。相比之下，从事利用式学习的大客户经理"坚持使用经过验证的现有销售技巧和技能组合，利用现有知识和能力来提高绩效"。探索式销售策略增加了客户体验的多样性，并在客户的记忆中植入了新知识。然而，利用式学习有助于在客户体验中创造一种可靠感。因此，大客户经理的探索式学习和利用式学习都在塑造客户的判断和影响销售业绩方面发挥着关键作用。

尽管有大量关于探索式学习和利用式学习效果的文献，但对营销领域相关研究的文献回顾揭示了三个缺陷（见表 10.2）。首先，探索式学习和利用式学习已在线上和线下环境中分别进行了实证检验，但鲜有从平衡和结合的视角，将个人探索式和利用式学习整合到在线销售环境中。在线销售是一种新的电子商务模式，客户关系的发展有别于线下，甚至有别于传统的电子商务。尽管在线销售为客户提供了实时交流的便利，但一些问题（例如面对面交流的减少、对即时通信服务的依赖、24 小时待命的压力等），都会对人际交往和社会发展产生负面影响。因此，有必要了解个人双元销售如何在新的在线业务平台上进行。其次，尽管许多研究已经检验了个人探索式或利用式学习的结果，例如销售人员的绩效、现有产品和新产品的销售、服务销售的双元性和公司的利润率，关于探索式学习和利用式学习如何影响关系质量（例如，大客户忠诚度）的研究仍然很少。再次，探索式学习和利用式学习在触发销售绩效结果方面的作用机制尚不明确。

表 10.2 探索式和利用式学习的相关文献回顾

分析层次	研究情境	主要文献	组织学习的类型及其影响		
			探索式学习	利用式学习	平衡的双元学习
组织层面	线下情境营销战略	Kyriakopoulos & Moorman(2004)	新产品财务绩效（一）	新产品财务绩效（＋）	
		Auh & Menguc(2005)	有效性和效率（＋）	有效性和效率（＋）	
		Vorhies, Orr, & Bush(2011)	以客户为中心的营销能力（＋）	以客户为中心的营销能力（＋）	以客户为中心的营销能力（一）
		Sok & O'Cass(2015)			顾客感知服务质量（0）
		Gualandris, Legenvre, & Kalchschmidt(2018)			服务效率（＋）产品创新（＋）采购商绩效（＋）
	线下情境新品开发	Atuahene-Gima(2005)	突破性创新（＋）渐进式创新（一）	突破性创新（一）渐进式创新（＋）	
		Atuahene-Gima & Murray(2007)	新产品绩效（＋）	新产品绩效（一）	新产品绩效（一）
		Li, Chu, & Lin(2010)	新产品绩效（∩）	新产品绩效（∩）	新产品绩效（一）
		Yannopoulos, Auh, & Menguc(2012)	新产品绩效（＋）	新产品绩效（0）	
		Mu(2015)	新产品绩效（＋）	新产品绩效（＋）	
		Lee, Woo, & Joshi(2017)			新产品绩效（＋）
	线上情境信息技术	Lee et al.(2015)			运营双元性（＋）组织敏捷性（＋）
		Tai, Wang, & Yeh(2018)			运营支持（＋）战略支持（0）
		Benitez, Llorens, & Braojos(2018)	运营能力（＋）	组织绩效（＋）	

分析层次	研究情境	主要文献	组织学习的类型及其影响		
			探索式学习	利用式学习	平衡的双元学习
个人层面	线下情境个人销售	Van der Borgh, & Schepers(2014)	任务自治(一)	任务自治(＋)	研究不足 2 个体层面探索式与利用式学习平衡、不平衡的影响
		DeCarlo & Lam(2015)	狩猎导向(＋) 务农导向(0)	狩猎导向(0) 务农导向(＋)	
		Yu, Patterson, & de Ruyter(2015)	服务销售双元(0)	服务销售双元(一)	
		Van der Borgh, de Jong, & Nijssen(2017)	新产品的目标获取(＋)	旧产品的目标获取(＋)	
		Van der Borgh & Schepers(2018)	管理人员整体绩效评估(＋) 新产品销售绩效(＋)	销售新产品努力(一)	
		Katsikeas et al.(2018)	销售员绩效(＋)	销售员绩效(＋)	
研究不足 1 在线销售情境下的个体层面分析		研究不足 3 探索式与利用式学习对组织绩效影响的潜在机制			

注：对同一数据集的组织学习与绩效关系仅报告一次。（＋）表示正关系、（0）表示无关系、（一）表示负关系、（∩）表示倒 U 形关系。

为了解决这些研究缺陷，本实证研究有三个目标：一是关注微信沟通背景下的大客户经理个人销售行为，将传统电子商务和社交媒体通信无缝连接，促进频繁和主动的实时人际互动。二是借鉴自我调节理论和组织双元理论，分析了大客户经理平衡和不平衡的在线双元销售对客户忠诚度的影响。三是将客户忠诚度和惠顾意向确定为将（不）平衡的在线双元销售与客户最终惠顾行为联系起来的关键中介。因此，本研究做出了三个理论和实践贡献。首先，整合了个人销售（即在线大客户经理）和移动营销（即微信商务服务）的视角，从而有助于架起采用不同分析单元（即个人层面和在线情境）的组织学习研究。其次，通过区分平衡和不平衡的探索式和利用式销售的效果，为大客户管理文献做出贡献。最后，通过阐明个人双元销售影响绩效的机制，有助于组织双元理论的研究，更有助于调整关于销售人员双元销售活动与绩效结果之间以往实证结果不一致的现状。

10.6.1　（不）平衡的探索式和利用式学习与在线客户忠诚度

笔者应用组织双元理论的原则来区分双元学习的平衡和双元学习的不平衡。具体而言,线上销售情境下,大客户经理可以通过同等重视并采用同等水平的探索式和利用式销售技巧来实现双元销售的平衡(balanced ambidexterity)。他们可以通过采用相似水平的(无论是高水平的相似,还是低水平的相似)新的和现有的销售技巧来实现双元平衡;相反,当一种销售技巧的使用率开始超过另一种时,则会出现双元不平衡。

在线大客户经理通过自我调节实现双元的平衡或失衡对客户忠诚度具有重要影响。在线上业务环境中,大客户经理必须从传统和纯粹的商业销售方式转变为保守与创新相结合的销售方式。一方面,通过强调同时使用常规和新颖的销售技巧,可以让在线大客户经理认识到依赖单一、单调的销售方法的弊端,提高他们对这两种销售策略的认识将引导他们更好地分配资源并提高他们的销售绩效。另一方面,在线大客户经理先前在使用常规销售方法方面取得的成功有助于识别客户的需求和潜在的购买机会,因此客户可能会对常规和新颖方法的结合产生积极反应。因此,平衡的双元销售可以提高绩效,客户不仅在精神上坚持在线业务关系,而且还会通过线上大客户经理进行反复访问和购买。

然而,组织双元理论也表明,在线大客户经理自我调节的双元销售不平衡会抑制客户忠诚度。自我调节理论表明,失衡且不一致的双元销售会模糊大客户经理的期望,并阻碍其将认知精力平均分配给每种学习方式。当面对使用探索式和利用式销售技巧的混合需求时,在线大客户经理将遭受角色模糊和角色冲突。不明确的目标重点和相互冲突的需求可能会阻碍在线大客户经理的任务成果,从而对客户产生不利影响,例如紧张的业务关系和客户疏远。因此,提出以下假设:

假设 1: 相比于不平衡,在线大客户经理的探索式学习和利用式学习之间的平衡会提升客户的线上忠诚度。

10.6.2 区分探索式和利用式学习平衡的两种场景

组织双元理论指出,可以经常同时实施探索式和利用式学习来实现结合的双元销售(combined ambidexterity),这些活动的相互作用可以促进卓越的销售业绩。在线上商业交易中,在线大客户经理的利用式学习对于以标准化和安全的方式满足不同客户的需求至关重要。利用式学习研究者认为,为了提高销售效率,应谨慎地将创造性和新颖的销售技巧融入此类交易,不应当一味追求让客户面临全新的体验。

然而,探索式学习,即主动销售产品和服务,在线上商业交易中也很重要。向客户展示新的销售方法以及经过验证的销售技巧可能有助于在线大客户经理突出其服务和产品的优势。因此,与同样低水平的探索式学习和利用式学习相结合相比,客户更倾向于接受在线大客户经理的高水平的探索式和利用式学习,即双元学习相结合。因此,提出以下假设:

假设 2：相比于较低水平上平衡探索式和利用式学习，当在线大客户经理在较高水平上平衡探索式和利用式学习时，客户表现出更高的线上忠诚度。

10.6.3 区分探索式和利用式学习不平衡的两种场景

当在线大客户经理既不能实现平衡的双元学习，也不能实现组合的双元学习时，有两种情况是经常出现的。在第一种情况下，他们更多地依赖日常销售技巧（即利用式学习），而不是新技术。利用式学习侧重于坚持现有的解决方案，进行渐进的升级或修改，并在传统框架内形成想法。作为一种以风险预防为重点的行为，利用式学习通过坚持成熟的技能和销售技巧，例如标准化和明确的服务程序，提高在线大客户经理的绩效。因此，在线大客户经理可能会部署较少的探索式和更多的利用式学习，因为后者是更安全的销售行为类型。反过来，在线客户可能会偏爱这种经过验证的销售方式，因为客户通常不愿意接受新方法，并且倾向于表现出被动的行为。

在第二种情况下，在线大客户经理更多地依赖创造性和创新的销售技巧（即探索式学习），而不是成熟的技术。在这种情况下，他们需要获得更多的知识并积极参与非常规的流程以识别销售机会。一方面，他们在学习、测试和发现创新和创造性的销售技术上投入的时间和精力会产生风险和模糊性，他们的努力在销售结果方面具有不确定的回报。另一方面，过分强调探索式学习可能会促使在线大客户经理采取偏离既定方向的激进知识搜索行为，例如挖掘客户的购买历史和偏好以及泄露他们的个人信息。随着激进销售的增加，在线客户可能会采取对策来保护他们的隐私。因此，当探索式销售的实施超过利用式销售时，在线大客户经理和客户都可能不愿意致力于双边关系。因此，提出以下假设：

假设 3：当在线大客户经理实施更多的探索式学习而不是利用式学习时，客户表现出的忠诚度低于大客户经理实施更多的利用式学习而不是探索式学习。

10.6.4 忠诚度和惠顾意向作为双元销售（不）平衡效应的链式中介

客户的忠诚度是他们的态度和行为倾向的结合，客户的惠顾同样代表他们对大客户经理的积极态度和行为。对忠诚度及其结果的研究阐明了忠诚度对大客户经理的各种积极影响，例如增进对销售公司的忠诚度、客户支付溢价的意愿、更高的销售效率和销售增长。因此，当在线大客户经理经常同时进行探索式学习和利用式学习时，平衡和组合的双元学习可以触发高水平的客户忠诚度，进而提高客户对大客户经理的态度和更高的购买量。

鉴于我们假设了平衡和不平衡的双元学习对客户忠诚度的影响以及上述忠诚度

与客户惠顾之间的关系，预计线上忠诚度和惠顾意愿在（不）平衡效应和顾客的惠顾行为之间起到链式中介作用。该机制强调，学习平衡和结合的双元销售技巧对在线业务提供商很重要，因为它可以通过改善客户与大客户经理的关系来影响客户态度和购买决策。因此，提出以下假设：

假设 4：客户的线上忠诚度和惠顾意愿在大客户经理（不）平衡的双元销售与客户惠顾行为的关系中起到链式中介作用。

10.6.5 实证方法

10.6.5.1 研究设计

微信是中国占主导地位的即时通信平台，微信商业模式代表了理想的在线营销研究环境，因为它整合了传统的电子商务活动和社交媒体传播。笔者从一家专注于销售药妆的微信商务服务提供商的员工和客户那里收集了数据。为在线大客户经理及其客户独立设计了单独的问卷，以尽量减少共同方法偏差。

从微信业务提供商那里收集了 300 名在线大客户经理的样本。仅选择了北京、上海、广州和深圳的居民，因为这些城市 93% 的居民是微信注册用户。本研究将更熟悉药妆产品的年轻一代确定为目标群体。最终样本由 226 对交易关系组成。

10.6.5.2 测量与检验

为了响应对于销售人员双元学习的客观绩效衡量的号召，我们使用客观购买量来衡量给定客户的惠顾行为。对于其他变量，所有的测量都改编自之前的研究（表 10.3 报告了测量项目的来源），包括以下控制变量：① 业务提供商的线上服务质量，② 其他提供商的吸引力，③ 客户的信任感知，④ 实时交互体验。在上述变量中，研究表明前两个影响客户的线上忠诚度，后两个影响在线客户的惠顾。数据来源为：从微信业务大客户经理那里收集自我调节的双元学习信息，从在线客户那里收集线上忠诚度和惠顾，以及 4 个控制变量。

表 10.3 实证研究七的测量构件信度与效度

	C's α	FL	CR	AVE
惠顾意愿（Etemad-Sajadi，2016；Keeling 等，2010）	0.894		0.896	0.743
1. 拜访这位在线大客户经理增加了我与该公司开展业务的愿望		0.854		
2. 这位在线大客户经理给我的印象是，与这家公司做生意是积极的		0.930		

续 表

	C's α	FL	CR	AVE
3. 我很可能会从这个在线大客户经理那里购买、推荐和重访		0.797		
线上忠诚度(Kingshott 等,2018)	0.907		0.908	0.766
1. 我们打算继续使用该在线大客户经理的电子商务服务		0.839		
2. 我们将继续使用该在线大客户经理的电子商务服务进行所有未来的交易		0.870		
3. 我们会向他人推荐该在线大客户经理的电子商务服务		0.915		
探索式学习(Katsikeas 等,2018)	0.893		0.894	0.629
1. 我寻找新的信息和想法,使我能够学习新的销售技巧		0.748		
2. 我发现了新的销售技巧,使我超越了目前的知识、技能和能力来提高业绩		0.723		
3. 我致力于学习新的销售技巧和知识,帮助我从不同的角度看待客户的问题		0.823		
4. 我探索新颖而有用的方法,以应对未来客户的需求		0.852		
5. 我专注于学习涉及实验和潜在失败风险的销售技巧的新知识		0.813		
利用式学习(Katsikeas 等,2018)	0.713		0.862	0.555
1. 我可以很好地实施确保生产力的销售技巧,而不是可能导致错误的销售技巧		0.740		
2. 我实施了我行之有效的方法,以利用我现有的知识和经验向客户销售		0.748		
3. 我采用适合我当前知识和经验的销售技巧		0.775		
4. 我执行的销售技巧与我的销售程序非常吻合		0.693		
5. 比起回报丰厚但有风险的销售工作,我更喜欢做业绩变化不大的销售工作		0.767		
线上服务质量(Kingshott 等,2018)	0.917		0.920	0.700
1. 该公司提供高水平的电子商务服务质量		0.769		
2. 该公司提供人性化的电子商务设施		0.901		
3. 该公司电子商务设施可靠		0.915		
4. 该公司的电子商务设施可以快速获取信息		0.870		
5. 该公司的电子商务具有满足我们特定需求的灵活性		0.708		
其他提供商的吸引力(Kim 等,2018)	0.955		0.955	0.877
1. 如果我需要更换当前的提供商,还有其他好的提供商可供选择		0.928		
2. 与目前的供应商相比,我对另一家供应商的服务感到更满意		0.948		
3. 与当前供应商相比,我对其他供应商的价格计划更满意		0.933		

续　表

	C's α	FL	CR	AVE
实时交互体验(Etemad-Sajadi,2016)	0.877		0.916	0.687
1. 这家公司允许我与其互动以接收信息		0.818		
2. 这家公司有互动功能,可以满足我的需求		0.873		
3. 该公司无需致电公司即可轻松找到所需信息		0.905		
4. 从这家公司可以轻松找到所需的信息,而无需给公司写电子邮件		0.795		
5. 与这家公司的互动是高效的		0.742		
客户的信任感知(Keeling 等,2010)	0.838		0.839	0.567
1. 我相信这家公司提供的信息		0.761		
2. 我相信这家公司的付款流程		0.815		
3. 我相信我的订单是正确的		0.712		
4. 我会采用这家公司的建议		0.720		

注：C's α 代表信度系数,FL 代表因子载荷,CR 代表组合信度,AVE 代表平均方差提取值。

进行了验证性因子分析,结果表明我们的数据与测量模型充分拟合($\chi^2 =$ 626.932, df=467；RMSEA=0.039；CFI=0.964；TLI=0.959)。如表 10.4 所示,Cronbach's α 系数和复合信度(CR)的估计值高于 0.7,表明信度良好。提取的平均方差(AVE)值高于 0.5,表现出良好的收敛效度。每个变量的 AVE 值都大于构件之间的所有相关性,表明有足够的区分效度。此外,我们检查共同方法方差。如表 10.4 所示,最低的成对正相关系数为 0.005。根据最低的成对正相关系数调整了相关性,可以将其视为共同方法方差的有效指标。结果表明,没有显著的相关性损失,这表明共同方法方差不太可能是一个严重的问题。

表 10.4　实证研究七的描述性统计和相关系数

变　　量	1	2	3	4	5	6	7	8	9
1. 惠顾意愿									
2. 惠顾行为	0.469**								
3. 利用式学习	0.011	0.160*							
4. 探索式学习	−0.108	0.141*	0.612**						
5. 线上忠诚度	0.330**	0.169*	0.630**	0.176**					
6. 信任感知	0.220**	0.168*	0.065	0.149*	0.053				
7. 实时交互	0.109	0.179**	0.005	0.141*	−0.074	0.193**			

变　量	1	2	3	4	5	6	7	8	9
8. 替代供应商	0.036	0.109	−0.011	0.015	0.037	−0.069	0.084		
9. 线上服务质量	−0.007	0.022	−0.023	−0.017	0.060	0.015	−0.116	0.130	
均值	4.527	4.627	4.902	4.632	4.566	3.724	5.251	4.378	4.011
标准差	0.748	0.961	1.509	1.349	0.682	0.817	1.158	1.515	1.487

注：$*$：相关系数在 95％ 程度上显著（双尾检验），$**$：相关系数在 99％ 程度上显著（双尾检验）。

10.6.5.3　分析方法

多元回归分析在准确检测探索式和利用式学习的结合和平衡效应方面存在局限性，并且越来越多的人呼吁避免由差异分数造成的方法论问题。在此背景下，本研究沿用实证研究五的多项式回归分析和响应曲面研究方法。在多项式建模中，两个中介变量（即，客户的线上忠诚度、惠顾意愿）分别回归控制变量、在线大客户经理的探索式学习（EPR）和利用式学习（EPT），以及 3 个高阶效应（即 EPR^2、EPT^2 和 EPR × EPT）（见表 10.5）。按照响应曲面分析的步骤，使用估计的系数来计算斜率和曲率。我们计算了沿平衡（EPR＝EPT）和不平衡（EPR＝−EPT）线的参数作为平衡斜率（EPR＋EPT）、平衡曲率（EPR^2＋EPR × EPT＋EPT^2）、不平衡斜率（EPR−EPT）和不平衡曲率（EPR^2−EPR × EPT＋EPT^2）。为了测试（不）平衡的自我调节学习对客户忠诚度的直接影响（假设 1—假设 3），我们测试了斜率和曲率的系数显著性。

表 10.5　实证研究七的多项式回归结果

变　量	线上忠诚度		惠顾意愿			惠顾行为		
	模型 1	模型 2	模型 3	模型 4	模型 5	模型 6	模型 7	模型 8
截距项	4.394**	4.225**	3.344**	3.802**	1.899**	2.864**	3.041**	1.157†
控制变量								
信任感知	0.060	0.036	0.193**	0.152**	0.136**	0.172*	0.126†	0.032
实时交互	−0.051	−0.022	0.041	0.042	0.052	0.120*	0.085†	0.055
替代供应商	0.020	0.023	0.023	0.021	0.010	0.066	0.063	0.052
线上服务质量	0.020	0.023	−0.005	−0.018	−0.028	0.015	0.019	0.034
多项式变量								
利用式学习		0.366**		0.126*	−0.039		0.010	−0.021
探索式学习		−0.138**		−0.167**	−0.105*		0.040	0.129†
EPT^2		−0.041*		−0.157**	−0.138**		−0.004	0.093**

续　表

变　量	线上忠诚度		惠顾意愿			惠顾行为		
	模型1	模型2	模型3	模型4	模型5	模型6	模型7	模型8
EPT×EPR		0.102**		0.379**	0.333**		0.209**	−0.024
EPR²		−0.090**		−0.190**	−0.150**		−0.086*	0.025
中介变量								
线上忠诚度					0.451**			0.141
惠顾意愿								0.652**
R^2	0.014	0.508	0.055	0.373	0.456	0.062	0.176	0.322
ΔR^2		0.494**		0.318**	0.083**		0.114**	0.146**
平衡线								
斜率		0.228**		−0.041	−0.143**		0.050	0.108*
曲率		−0.029		0.031	0.044*		0.119**	0.094**
不平衡线								
斜率		0.504**		0.293**	0.066		−0.030	−0.150
曲率		−0.233**		−0.726**	−0.621**		−0.299**	−0.142

注：报告了非标准化回归系数。†：$p<0.10$，*：$p<0.05$，**：$p<0.01$。双尾测试。

　　遵循区块变量法，我们测试了（不）平衡自我调节学习对客户惠顾的间接影响（假设4）。通过将原始数据乘以多项式系数，将区块变量计算为加权综合得分。然后，将中介变量（即客户忠诚度和惠顾意愿）和结果变量（即惠顾行为）都回归到区块变量上以获得路径系数。通过将区块变量到客户忠诚度的路径（"α"路径）乘以从客户忠诚度到惠顾意愿的路径（"β"路径）和从惠顾意愿到惠顾行为的路径（"γ"路径）（见表10.6）；计算了间接影响的显著性，并应用 bootstrap 检验来计算偏差校正置信区间。

表 10.6　实证研究七的链式中介效应

变　量	区块变量至忠诚度	忠诚度至惠顾意愿	惠顾意愿至惠顾行为	间接效应
	"α"路径	"β"路径	"γ"路径	"αβγ"
非标准化结果	1.002**	0.450**	0.653**	0.295**
90%偏差校正置信区间				[0.218, 0.384]
95%偏差校正置信区间				[0.205, 0.402]
99%偏差校正置信区间				[0.181, 0.440]

续　表

变　　量	区块变量 至忠诚度	忠诚度至 惠顾意愿	惠顾意愿至 惠顾行为	间接效应
	"α"路径	"β"路径	"γ"路径	"αβγ"
标准化结果	0.705**	0.411**	0.508**	0.147**
90%偏差校正置信区间				[0.110，0.184]
95%偏差校正置信区间				[0.103，0.192]
99%偏差校正置信区间				[0.089，0.206]

注：*：$p<0.05$，**：$p<0.01$。

10.6.6　实证结果

假设 1 预测平衡效应，即在线大客户经理的探索式学习和利用式学习之间的平衡越大，客户的线上忠诚度就越高。这反映了不平衡线的显著负曲率（EPR＝－EPT）。如图 10.1A 所示，沿着不平衡线的表面向下弯曲（曲率[$EPR^2－EPR\times EPT＋EPT^2$]＝－0.233，$p<0.01$），表明在探索式和利用式学习的平衡中，客户的线上忠诚度更高，任何偏离平衡线（EPR＝EPT）都会降低客户的线上忠诚度。因此，假设 1 得到了支持。

假设 2 预测，当探索式学习和利用式学习在高水平上平衡时，客户的线上忠诚度比在低水平上平衡时更高。这反映了平衡线（EPR＝EPT）的显著正斜率。如图 10.1A 所示，平衡线的斜率（EPR＝EPT）显著为正（斜率[EPR＋EPT]＝0.228，$p<0.01$），表明相比于低探索式学习-低利用式学习的平衡条件，高探索式学习、高利用式学习的平衡条件带来更高线上忠诚度。这些结果表明支持假设 2。

假设 3 预测了不对称的不平衡效应，即当在线大客户经理实施更多的探索式学习而不是利用式学习时，客户的线上忠诚度会降低。这反映了不平衡线的显著正斜率（EPR＝－EPT）。如图 10.1A 所示，沿不平衡线（EPR＝－EPT）的斜率显著为正（斜率[EPR－EPT]＝0.504，$p<0.01$），因此支持假设 3。

假设 4 预测（不）平衡的探索式学习和利用式学习与客户惠顾行为之间的关系由顾客的线上忠诚度和惠顾意愿中介。首先，我们使用线上忠诚度（中介）、惠顾意愿（中介）和惠顾行为（结果变量）作为因变量。（不）平衡的探索式学习和利用式学习对客户的线上忠诚度的影响（α＝1.002，$p<0.01$）是显著的（见表 10.6）。正如预测的那样，客户的线上忠诚度和惠顾意愿之间的路径（β＝0.450，$p<0.01$）以及客户的惠

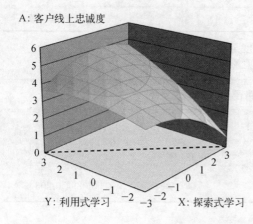

A: 客户线上忠诚度

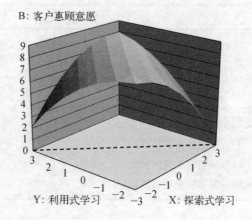

B: 客户惠顾意愿

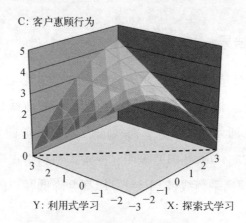

C: 客户惠顾行为

图 10.1　实证研究七的响应曲面

注：不平衡线用沿图底的虚线表示。

顾意愿和惠顾行为之间的路径（$\gamma=0.653$，$p<0.01$）也是显著为正的。通过客户的线上忠诚度和惠顾意愿进行的（不）平衡的探索式学习和利用式学习与客户惠顾行为之间的间接影响（即 α、β 和 γ 的乘积）为 0.295。间接路径的 95％置信区间不包括 0（下限 $=0.205$，上限 $=0.402$），支持假设 4。作为补充分析，我们还通过标准化回归系数计算了间接路径，并检查了非标准化和标准化间接路径的 90％和 99％置信区间（见表 10.6）。对于惠顾意愿和惠顾行为这两个变量，我们还进行了事后分析并创建了响应曲面图（见图 10.1B 和 10.1C），支持探索式学习和利用式学习的平衡/不平衡效应。总概念框架以及各条路径的标准化系数如图 10.2 所示。

10.6.7　结论与讨论

大多数双元学习研究仅限于组织行为研究背景，而个人销售文献并未充分强调探索式学习和利用式学习在营销中的重要性，尤其是在大客户经理（不）平衡的探索

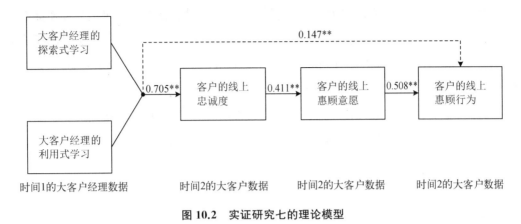

图 10.2　实证研究七的理论模型

注：━━→ 代表通过线上忠诚度和惠顾意愿的间接路径，----▶ 代表直接路径。*：$p < 0.05$，**：$p < 0.01$。

式学习和利用式学习对在线销售绩效的影响方面。本研究以微信业务为背景，探讨在线大客户经理平衡和不平衡的双元学习如何影响客户的线上忠诚度，进而影响他们的惠顾意图和行为。对 226 个大客户经理与采购经理的配对问卷进行多项式回归和响应曲面分析，结果支持假设 1 的平衡效应。此外，假设 4 的不对称不平衡效应也得到验证，当在线大客户经理采用比探索式学习更多的利用式学习时，客户表现出更高的线上忠诚度和更好的惠顾结果。这项研究有助于提高对在线销售环境中个人销售效率的理解。这些发现不仅为移动营销研究提供了新的见解，而且为适应性销售和组织双元文献提供了经验证据。研究结果还具有实践意义，可为参与在线营销和关注客户关系管理的公司的在线销售人员和大客户经理提供指导。

10.6.7.1　理论与管理启示

通过探索大客户经理在探索式学习和利用式学习中的平衡以及这些平衡效应如何在线上销售环境中发挥作用，本研究为两个研究领域架设了桥梁：移动营销和个人销售。以往研究强调了组织双元在营销战略实施、新产品开发和信息技术应用中的作用，然而很少有人关注个人的双元学习在营销领域的应用，尤其是在线大客户经理的探索式和利用式学习。笔者对微信业务环境的关注响应了前人的呼吁，即在不同研究背景下对销售人员探索式和利用式学习进行概括评估，这项研究结果有助于描绘移动营销环境中个人销售的更壮观蓝图。

本研究还通过提出个人销售技巧可能产生的协同效应，并为平衡的和组合的探索式和利用式学习的影响提供新证据，从而扩展了适应性销售文献。探索式和利用式学习传统上被认为是孤立的行动，并且在个体分析层面的组织双元研究仅分别关注了探索式学习和利用式学习的效果。这项研究的结果表明，探索式学习和利用式学习并不是相互独立的,在线大客户经理只有在这两种方法之间取得平衡,才能有效地激发客户的积极态度。在这方面,笔者的研究与前人观点一致:"可以实现探索和利用的平衡,并随着时间的推移提高这两个目标的绩效"。因此,笔者的研究为个人销售技巧的适应性使用提供了新的见解。

此外,笔者的研究通过揭示个体双元学习影响客户惠顾的潜在机制,有助于展开双元的研究。以往研究已经揭示了与组织和个人环境中的探索式和利用式学习相关的重要绩效成果,例如新产品的财务绩效、任务自主性和销售服务的双元性。然而,这些研究的实证结果反映了对探索式和利用式学习在预测绩效结果方面的有效性缺乏共识。通过将在线客户忠诚度和惠顾意愿作为关键链式中介,本研究阐明了从个人双元学习到其绩效结果的路径,并调整了关于探索式和利用式学习相互矛盾的状况。

这项研究的结果还为在线营销领域的从业者,尤其是移动营销提供商提供了宝贵的见解。首先,研究结果强调了平衡的探索式和利用式学习在线上交易中始终优于不平衡的双元学习。因此,在线大客户经理应该尝试建立一种双元的销售导向,而不是在探索式和利用式销售技巧之间进行权衡。探索式和利用式学习虽然不同,但却是相互依存的,因此公司和销售人员必须找到实现两者平衡,并产生协同效应的方法。其次,结果表明,当平衡的双元销售难以实现时,在线客户更喜欢利用式而非探索式销售。以创造力的名义彻底改变传统的销售方式可能会产生意想不到的负面后果,包括销售和服务水平的下降以及销售人员的不满。因此,在线大客户经理在使用创新销售技巧时应谨慎行事,如果他们的双元销售能力有限,建议更多地依赖常规和经过验证的技巧。再次,本研究强调客户态度和行为结果之间的可持续联系。鉴于从在线大客户经理的双元销售到客户最终购买行为的链式中介路径,识别客户对其大客户经理的情感感知非常重要。因此,在线大客户经理在做出销售决定之前应关注客户的态度和感受,企业的培训系统应侧重于教导大客户经理如何收获客户的线上忠诚度。

10.6.7.2　局限与未来研究

首先,尽管本研究采用时滞调查设计,在收集在线大客户经理问卷 3 个月后向客户收集问卷,但双元学习的跨时间效果仍不清楚。随着时间的推移,平衡探索式和利用式学习可能比同时执行它们更有效。因此,未来的研究可以调查大客户经理探索式和利用式学习随时间的变化效果。

其次,笔者专注于成功的业务互动可能会引起对实证结果普适性的担忧,因为在这种情况下,客户的态度和行为感知相对积极。换句话说,在本实证研究中,那些不认同大客户经理双元销售技巧的在线客户可能会被自动排除在样本收集之外。然而，在线大客户经理的双元学习与客户惠顾之间的非显著关系（参见表 10.5 中的模型 8）表明，客户行为不会直接被双元学习所操纵，从而减轻了对未收集样本的担忧。然而，未来的研究可以将其他与行为相关的变量作为绩效结果来捕捉客户的负面感受、情绪和态度，例如客户的迁移行为和公司的多渠道蚕食。

再次，笔者分别从在线大客户经理及其客户那里收集了关于自变量（即探索式和利用式学习）和因变量（即客户的线上忠诚度和惠顾）的问卷，有助于降低共同方法偏差。然而，大客户经理自我报告的销售技巧可能与客户的感知不完全相符，这可能会导致反应偏差。因此，未来的研究应该选择在线客户作为自我调节学习措施的受访者，因为他们对销售人员双元学习的看法推动了受访者的忠诚度和最终惠顾。此外，笔者的样本仅包括中国受访者。由于西方思想指导的研究可能并不完全适合中国市场，因此在中国，双元学习和在线营销实践可能与西方国家不同。

10.7　小　结

首先，尽管所有的关系质量相关文献在实证上都是严密细致的，但是研究的领域特别宽泛，以至于没有统一的理论架构。在各项研究中，唯一可以称得上统一的，就是关于三类关系质量基本维度的界定（信任、承诺、满意）。虽然这三类关系质量的基本维度在各个情境下的许多文献中都有应用，但是针对不同情境的研究还是需要界定新的维度变量。

其次，在关系质量的研究中，尽管大量的文献关注了影响关系质量的前因变量，以及关系质量带来的结果（见附录 4），但是双方沟通风格作为前因变量，特别是买卖双方的沟通风格一致性作为影响关系质量重要因素的研究，尚属空白。

再次，另一个关于关系质量研究的重要发现是，尽管经济全球化的趋势加剧，许多企业面临跨文化进行交易和沟通的问题，然而很少有文献在跨文化的情境中研究买卖双方关系质量。因此，权变的环境因素在关系质量的研究中有待进一步挖掘，尤其是在跨文化的买卖交易中，文化因素、组织因素以及其他环境因素都能够影响不同国家的企业之间关系的建立。

最后，值得注意的是，几乎所有的文献的实证数据都是属于特定行业的，其中一部分的研究还包括了诸如市场研究服务、行业咨询服务等特定的市场，随着行业、产品或市场条件的变化，这类研究的实证结果会出现偏差。因此，尽管已有关系质量相关文献都具有很强的理论和实践意义，他们的普适性仍然值得进一步验证。

思考题

1. 大客户项目进行中，上下游企业的组织间关系和大客户经理与采购经理间的个人关系有何异同？

2. 客户关系管理与大客户管理研究是什么关系？大客户管理与一般客户管理有什么区别？

3. 关系质量的研究经历了哪些演变阶段？

4. 最新的关系质量定义包含哪几个及其含义？

5. 双元式的影响策略与关系质量之间有何联系？

第11章
销售环境：从一成不变到通达权变

KAM is a way to implement the principles of relationship marketing, of which the most important is customization in the B2B context.

大客户管理是实施关系营销的一种方式，其中最重要的是 B2B 环境中提供定制化服务。

——N. 赞布里克 & S. 古纳里斯，2015

11.1 引 言

企业间的交易活动并不是发生在社会真空里。个人-环境匹配理论指出，个人与组织的关系绩效受到所处环境的影响。其中，企业之间的关系治理机制为大客户管理项目的进行营造了不可或缺的氛围。大客户管理在本质上是组织层面的战略，而且组织环境如果不能有助于大客户管理项目的开展，那么支持大客户管理项目的其他相关流程和部门均难以运作。组织之间的治理机制就是重要的组织环境变量，不仅显著影响销售企业的大客户管理效能，而且对双边关系绩效也有显著作用。治理机制也因此为互动双方提供了互补型个人-组织匹配的可能情境，能够调节大客户经理与采购经理的相似型个人-个人沟通风格匹配的效果。

此外，越来越高的产品多样化程度反映了当今供应链体系的变化趋势。尤其在大客户管理情境下，产品特征刻画了供应商为大客户提供的特殊资源，而一般客户无法享受此类资源。产品特征一般包含定制化和复杂度两个方面。产品定制化表明供应商的产品通过定制化满足客户特殊需求的程度；产品复杂度描述了为评估供应商的产品，客户所需要特殊的专业知识的程度。成功的大客户管理项目的一个重要方面，就是供应商为大客户量身定制产品，以满足大客户独一无二的需求，而且大客户在决策、设计和交付产品的环节也扮演了重要的角色。个人-环境匹配理论表明，互动情境是调节个人绩效的重要变量。因此，产品特征代表了重要的工作变量，为大客户经理和采购经理提供了互补型个人-工作匹配的机会，可以满足双方对互动导向型和任务导向型沟通的需求。

11.2　治理机制：关系治理还是契约治理

供应链领域有诸多研究关注了买卖双方的组织间联系，以及买卖双方如何通过治理双边关系来获得竞争优势。在买卖关系的治理机制研究中，两种治理方式通常获得了较高的关注度。一种是契约治理，它强调了组织之间契约的重要性，以及如何通过契约中的正式规则作为对机会主义行为和双边冲突的有效防御。契约治理通常规定双方产品的交付方式、监督程序，以及责任、权利和权变因素等具体内容。然而，买卖关系的治理机制不仅仅包括正式的契约治理，另一种治理方式——关系治理，也被验证可以有效地防范不确定性和交易专项投资带来的不道德行为。契约治理和关系治理的区别，反映了两种相互区分又互有联系的治理机制，可以帮助和支持买卖双方管理双边关系。

组织通常同时使用契约治理和关系治理来管理双边关系，因此这两种关系的使用对关系绩效的影响研究已成为营销领域，以及其他相关领域，如运营和供应链管理、战略管理、企业家精神、国际商务中的热门话题。值得一提的是，治理机制的相关研究呈现指数型的增长（见图 11.1）。然而，同时研究契约治理和关系治理作用的文献并未获得一致的结论，而且不同时期的治理机制研究并未形成体系，组成一套系统的知识架构。

现有文献的结论大都可归结为两类。第一类观点认为，契约治理和关系治理互为替代，即使用某一种治理机制就会对另一种治理机制的效力产生威胁。第二类观点认为，两种机制互为补充，即使用某一种治理机制能够促进另一种治理机制效力的提升。因此，就契约治理和关系治理的作用以及它们之间的联系，现有的认识还非常局限，需要进一步研究来验证"在何种情况下关系治理可以替代或部分取代正式的契约治理"。从实践家的角度来看，买卖关系的成功与否取决于组织管理者选择何种关系治理机制，而理论界的不一致的研究结论无法给实践带来有意义的指导。因此，对关系治理机制进行文献梳理，理解两种治理机制的内涵和理论基础以及相互关系，将有助于学界深入研究，也有助于管理实践。

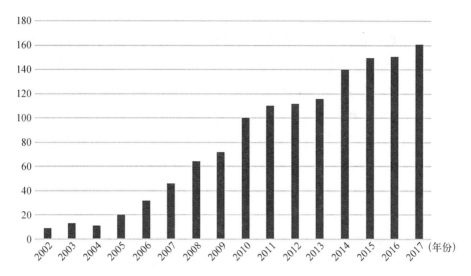

图 11.1 买卖关系治理机制研究的相关文献数量（2002—2017 年）

11.2.1 治理机制的定义

（1）契约治理。也被称作正式契约、合法契约、显性契约，或者合法保障，是指一段组织间关系受到正式的、书面的、规定了双方责任和义务的合同约束的程度。通过特别规定双方的权利和责任，契约治理可以降低双方的机会主义行为，保障双边关系的平稳发展。因此，现有文献普遍将契约治理作为一个控制交易中不道德行为的重要方式。此外，最近的研究中，契约治理还被认为在组织间的合作和互相适应中扮演了重要的角色。

然而，契约治理依然受到诸多限制。首先，合同内容可能是不完整的。由于人类的有限理性，在制定契约时不可能完备地预见将来交易过程中所有可能的情形，并详尽阐述双方的所有可能行为。一份不完整的契约将缺乏一定的法律效力，因为有些条款不曾具备，或无法实施，这些特殊条款的缺失为双边关系带来了不确定性，并为机会主义行为创造了空间。因此，一份不完整契约的保障功能的效力将大打折扣。此外，不完整的契约可能缺少规定权变因素的条款，在不可预见的情形下无法规范双方的行为，从而限制了双边关系的灵活性。其次，正式契约是一种缺乏信任的表现，会给双边关系中的组织合作带来不利的影响。再次，契约实施过程中可能出现合作双方的不匹配。某些组织可能更严格地遵守契约条款，而其他组织可能会更变通地履行契约条款。这种契约实施的不一致可能会给合作双方带来冲突，从而威胁到合作关系的持续。因此，一些文献也表明，严格遵守和实施契约不仅会威胁到合作关系的灵活性与变通性，还会导致纷争和信任程度的恶化。综上，这些限制束缚了契约治理机制在双边关系管理和控制中的作用。

（2）关系治理。也被称作关系机制或社交控制，是指一段组织间关系受到社会关系和共同的道德标准控制的程度。有别于契约治理依赖正式的法律框架和第三方强权约束，关系治理依赖非正式的框架和交易双方的自我约束来实现。

现有文献中，信任和关系规范是两种最常被探讨的关系治理方式。信任是指在一段具有风险的双边关系中，对交易对象的正直性、可靠性和互惠行为具有信心；关系规范是指在双边关系中，对交易对象的行为具备共同的期望。当交易双方之间的信任程度很高时，双方都坚信对方不会采取对自己不利的行为，并且相信对方会宁可先考虑互动对象的利益而不是本方的利益。关系规范为互动双方提供了一个参考的框架，指导企业按照预定的方式采取行动。因此，无论是信任还是关系规范，都可以在一定程度上降低机会主义行为，也被学界视作重要的治理机制。

然而，关系治理也存在多种限制。因为无论是建立互信，还是双方都认可的关系规范，都需要大量的时间和资源投入，因此关系规范和信任极容易被破坏。此外，关系治理机制也受到了自身模糊性的威胁，因此有可能受到机会主义行为的利用。

11.2.2 治理机制研究的理论基础

在正式探讨契约治理和关系治理的联系之前，首先阐述治理机制的理论基础。梳理已有治理机制相关文献发现，学界主要应用三种理论来解释契约治理和关系治理的作用机制，即交易成本理论（transaction cost theory）、社会交换理论（social exchange theory）、关系交换理论（relational exchange theory）。

交易成本理论的基本前提和其他理论一致，即组织需要选择合适的治理机制来控制由不确定性和专项投资带来的潜在的机会主义行为。交易成本理论认为，通过在稳定的和不断变化的交易环境中规范双方的行为，契约治理是一个有效的治理机制且能防范道德风险。然而，交易成本理论也指出，在有限理性和机会主义行为的作用下，契约治理的效力会受到限制。在这种情形下，学界提出了其他治理机制，例如基于关系的治理和关系契约等。

社会交换理论首先认为信任是稳定的社会关系的基础。在社会交换理论的指导下，关系治理的本质不仅仅具有经济基础，还具有社会基础。社会交换理论关注交易双方自发行为的作用，这种行为受到对方积极反馈的激励而产生。因此，社会交换的基本要素包括责任和互惠两方面。为了证明自己是值得信赖的，交易双方需要定期履行本方的义务和责任，在这段交易关系中进行关系投资来显示对关系的重视和承诺。此外，交易双方还需要定期给予对方互惠的利益，否则会被社会关系所惩罚。基于此,社会交换理论提出,有社交互动和社交嵌入的关系带来的相互信任是治理双边关系的另一个有效的机制。

关系交换理论是另一个解释关系治理机制的理论架构。通过强调关系规范的作用,关系交换理论提供了分析双边关系中组织行为的一个有效工具。关系规范包括灵活变通、信息交换、整体统一等行为指导框架,它们时刻提醒交易双方之间的关系是一个整体,他们之间的行为受到双方共享的关系规范的约束。因此,关系规范也被认为是治理双边关系的有效机制。

在关于治理机制的文献中,上述三种理论通常被结合起来使用。交易成本理论用来解释契约治理的效果,而社会交换理论和关系交换理论被分别用来解释信任和关系规范的作用。社会交换理论和关系交换理论也会在一些文献中被结合起来使用,一些学者将这两个关系治理相关的理论合二为一放在一个理论架构下,称作“关系契约”。

在附录 5 中,本书对契约治理和关系治理相关理论的研究文献进行了回顾,着重选取了兼顾契约治理和关系治理的文献,仅仅研究其中一种治理机制的文献并未被采用。

11.2.3　契约治理与关系治理的联系

鉴于契约治理和关系治理各有优点和限制因素,许多文献开始讨论两种治理机制之间的联系,其研究内容大致分为两大类:第一类,关注于契约治理和关系治理的相互关系,即一种治理机制如何促进或阻碍另一种治理机制;第二类,关注于契约治理和关系治理如何对绩效产生作用,即两种机制如何相互作用产生回报。

11.2.3.1　契约治理和关系治理的相互关系

治理机制间相互关系的研究围绕替代和互补两个方面。替代研究认为,契约治理和关系治理通过两种作用机制可以互相替代,即抑制和置换。抑制是指某一种治理方式带来的效果会对另一种治理方式带来负面的影响,从而抑制另一种治理方式。例如,契约治理通常被认为买卖双方之间缺乏信任,需要通过明确的契约来约束双方的行为,因此以信任和关系规范为基础的关系治理就无法建立。置换是指某一种治理方式在功能上产生了和另一种治理方式相同的作用,这种等价的功能使得两种治理方式可以相互置换。例如,当信任和关系规范被有效建立时,契约治理就显得非常多余,因为关系治理就可以单独发挥效用来高效地管理双边关系。

互补研究则认为,契约治理和关系治理不是相互排斥或者相互等价的,而是通过另两种作用机制形成相互补充的关系,即赋能和补偿。赋能是指一种治理方式的使用为另一种治理方式提供了有利条件。首先，契约治理中明晰准确的契约条款可以激发买卖双方合作的信心，为关系治理的建立铺平道路。其次，契约中通常规定了双方的权利和义务、长期的互助承诺、如何惩罚机会主义行为的条款，这些有助于降低信息不对称的程度，为关系治理的建立提供了公平公正的环境。而且，制定契约的过程还可以被双方有目的性地用来提升双方的信任。最后，关系治理可以通过为买卖双方创造新的契约思维来完善契约治理的功效。例如，在服务业的情境下，组织间的信任可以建立双赢的契约思维，从而促进契约的制定。

补偿是指某一种治理方式可以通过自身的作用弥补另一种治理方式的局限和不足。通过特别规定买卖双方的义务和责任，契约治理为关系治理提供了正式的保障，而关系治理也可以促进合作双方从关系互动中不断学习和了解，从而在未来的关系中完善契约条款。例如，在多次交易之后，两个组织间的契约条款会不断增加，细化具体条目。因此，互补学者认为，契约治理和关系治理之间是正相关的相互关系。

近期的研究还为契约治理和关系治理的相互关系提供了更微妙的解释。他们认为，替代和互补学派都是成立的，主要取决于契约的具体内容和功能，以及契约产生作用的环境因素。部分研究还特别指出契约治理具有多个维度，认为契约治理的不同维度对关系治理具有不同的作用。例如，一项研究认为契约的控制维度的确象征着买卖双方缺乏足够的信任，但是契约的合作维度则能够缓解不信任带来的负面影响，转而建立一定的信任。他们还指出，契约治理的控制维度和合作维度都能够提升信任的程度，但是需通过不同的路径。控制维度迫使买卖双方专注于自身的责任和义务，而合作维度通过信息共享建立互信。此外，基于监管重点和期望违背理论，一项研究证实当买卖交易要求更高程度的灵活、创造、合作行为时，防御性契约能够替代关系治理，而改善性契约能够和关系治理机制形成互补效应。

11.2.3.2 契约治理和关系治理的联合影响

这类研究关注契约治理和关系治理如何对绩效产生作用，并且文献之间也存在争论和不一致的结果。一部分学者认为两种治理机制同时使用会给绩效带来不利的影响。首先，契约治理代表着买卖双方之间的不信任，会破坏关系治理的作用，从而降低关系治理对组织绩效带来的积极影响；同时，关系治理通过鼓励合作双方不严格遵守契约，以免破坏组织间关系的合作基础，关系治理也降低了契约治理对组织绩效带来的积极影响。其次，上文提及的契约治理和关系治理之间存在一致的效用，因此同时使用两种治理机制会浪费企业资源。当某一种治理方式已经建立并且发展完善时，组织已经没有必要投入更多成本建立另一种治理方式。据此，这部分学者认为在解释对组织绩效的贡献上，契约治理和关系治理是互为"替代"的。

另有一部分学者认为两种治理机制之间存在互补效应，同时使用会给绩效带来积极的影响。首先，同时实施契约治理和关系治理可以降低破坏合同和重新谈判的概率，为双方企业节约事后交易成本。其次，契约治理和关系治理能够互相弥补对方的不足，通过互补的效应提升组织绩效。例如，在一项对信息技术企业外包关系的定性研究中，发现无论过度使用契约治理，还是过度使用关系治理，都对外包绩效不利。相反地，只有当平衡使用契约治理和关系治理时，绩效可以得到提升。在定性研究的基础上，也有定量研究证明通过促进知识转移、提升创新能力以及争夺新兴机遇，契约治理和关系治理可以联合提升组织绩效。

11.3 治理机制与上下游关系

11.3.1 契约治理

契约治理被认为是供应链管理和组织间服务交换中有效的关系管理方式。契约治理具有坚实的、显性的、正式的、书面的合同条款，通过详尽的、合法的约定具象化交易双方的权利和义务。一项正式的买卖合同意味着组织间在特定的采购数量、质量和期限的前提下，通过具体的价格、专项资产、保障条款来约束特殊的交易流程、协议以及相关承诺。契约治理对买卖关系的研究至关重要，因为契约为交易互动双方的任务开展提供了合法的制度环境，监控双方的实时行为，反映了双方对问题发生和解决过程中的严谨态度，促进了后续合作的展开。此外，契约还显著约束了交易中可能的机会主义行为，强化了交易双方的相互承诺，提升了双方对关系的满意度，因此契约治理适当地迎合了任务导向型的沟通风格，对买卖双方在任务导向上的一致有着积极的促进作用。

互动导向型沟通风格的一致不能很好地适应契约治理情境下的大客户经理与采购经理间的互动。合同提供了法律层面和制度层面的指导框架，引导交易互动中双方的任务履行，监控双方的行为，同时反映了双方对待交易中出现的问题所表现出的重视程度和联合努力。因此，契约治理往往囊括了多种权变情境，规定双方在各种情境下的行为，但这些规定有可能过度复杂和冗余，以致降低了交易中所必需的灵活性。尽管大客户经理和采购经理能够就互动导向型沟通风格达成一致，取得相似型个人-个人匹配，但是他们对实施人际互动和建立私人关系的需求，以及其他相关灵活性和自主权的需求难以被契约治理所实现。这种契约治理与双方交易代表之间的互补型个人-组织的不匹配将威胁到互动导向型个人-个人匹配的正向效应，降低双方关系质量。

类似地，互动导向型沟通风格的不一致在高度契约治理的情境中会对双方关系质量造成更大的损害。当遭受个人-个人沟通风格的不匹配，互动导向型的大客户经理或者采购经理会转向组织情境来寻求互补型个人-组织匹配的可能性，希望组织间的关系能够提供相关的物质和系统资源，以满足双方对人际互动机会的需求。他们希望组织间的关系能够给予双方代表更多的交易自主权和弹性，例如鼓励双方代表在交易互动中多关注关系的建立和维护，而不是在于交易内容的细节方面。然而，双方组织采用的契约治理机制详细规定了各项情境下双方代表的行为指导准则，以致过度复杂的合同降低了互动中必要的灵活性与变通的可能。更严重的是，因为没有在个人-个人匹配的基础上建立起来的社交关系作保障，盲目签订详尽的契约会造成双方代表之间不可调和的矛盾，从而进一步降低双方代表之间的关系质量。因此，当互动导向型的大客户经理和采购经理无法取得相似型个人-个人沟通风格的匹配时，契约治理与沟通风格之间的个人-组织不匹配会进一步损害双方的关系质量。

任务导向型沟通风格的一致能够很好地适应契约治理情境下的大客户经理与采购经理间的互动。任务导向型的个人总是希望专注于手头的工作，为自己所在的组织做出最优的决策。在买卖交易中，任务导向型的双方交易代表均特别关注互动对象的不确定性，担心对方的自利性机会主义行为。因此，尽管在任务导向型沟通风格上取得了相似型个人-个人的匹配，交易代表们仍渴望获得互补型个人-组织的匹配，即组织间的交易环境能够符合他们的任务导向，组织间的治理机制能够有效地监督对方的互动行为。契约治理有效地回应了任务导向型沟通风格的需求，通过规定特殊的行为规范、强调双方的责任和义务、实施违背协议的惩罚措施等降低了双方行为的不确定性。因此，在大客户管理情境下，获得相似型个人-个人沟通风格匹配的任务导向型大客户经理和采购经理，仍然能够取得个人沟通风格与契约治理之间的个人-组织匹配。个人-组织的匹配强化了交易双方的合作行为，促进了信任的建立和互惠的产生，升华了双方代表对双边关系的承诺，并最终提升大客户经理与采购经理之间的关系。

当契约治理程度高时，任务导向型沟通风格不一致对大客户经理与采购经理关系质量的负面效应会减弱。通过契约治理的手段，双方组织首先设定了交易产品的数量、质量以及交付时间，在此基础上通过价格、专项投资和保障手段来确保交易、合同、相关承诺以及交换条款的有序实施。因此，如果大客户经理和采购经理就任务导向型沟通产生分歧，无法取得相似型个人-个人匹配并难以完成交易任务时，契约治理可以帮助双方继续开展个人间的沟通，并为手头任务的分歧提供解决的方案。此外，通过详细规定双方的责任、义务、收益以及分歧产生时的事后安排，契约治理为交易双方创造了更强的竞争力，使得双方能够更深入地了解对方并适应对方的需求。因此，契约治理和大客户经理以及采购经理之间的互补型个人-组织匹配能够缓解个人之间任务导向型沟通风格不匹配带来的负面影响，同时提升双方关系质量。

11.3.2　关系治理

关系治理是大客户管理战略实施的重要推手，关系治理体现组织之间关系规范的强度。关系规范代表了交易双方的决策者之间共享的对互动对象行为的期望，主要包括信息交换、共同参与和和谐统一三个方面。这些关系规范描述了交易活动中的行为准则，能够强化双方的社会责任感和互惠意识，通过共享的关系规范，交易双方可以共同解决问题、交换重要信息，甚至当合同外的特殊情况发生时，能够提供权变的解决和适应方法。关系规范关注交易活动中的双边互动，在本质上是通过社交过程使得双方的交易代表互相理解和实现对方的期望。因此，关系治理能够为互动导向型的沟通风格营造合作氛围，作为鼓励买卖双方进行关系维护的手段，对买卖双方在互动导向上的一致有着积极的促进作用，强化了双方对维持合作关系的承诺。

互动导向型沟通风格的一致能够很好地适应关系治理情境下的大客户经理与采购经理的互动。互动导向型的个人更关注于建立友谊，形成良好的人际关系，他们需要个人之间社会交换的机会，并期望组织能够提供个人-组织匹配的资源，以满足他们的需求。因此，在大客户管理项目中，如果双方组织采用关系治理的治理机制，双方组织均鼓励交易代表个人之间的互动和社会交换，大客户经理与采购经理之间也能够逐步形成共享的关系规范。这些关系规范营造了和谐友好的、互动相关的交易氛围，为大客户经理和采购经理的互动导向型沟通创造了机遇。因此，在互动导向型沟通风格上取得相似型个人-个人匹配的大客户经理和采购经理，仍然能够取得个人沟通风格与关系治理之间的个人-组织匹配，这种互补型的个人-组织匹配通过促进双方形成互惠的期望、提升互相适应的程度，强化了个人-个人沟通风格匹配带来的正向效用，增进了大客户经理与采购经理之间的关系质量。

当关系治理程度高时，互动导向型沟通风格不一致对大客户经理与采购经理关系质量的负面效应会减弱。关系规范作为关系治理的主要形式，是指双方组织决策者之间共享的关于行为的期望，关系规范描绘了在双边交易中双方应当遵守的强化社会责任和互惠义务的行为守则。因此，当大客户经理和采购经理在互动导向上遭遇相似型个人-个人不一致，无法取得建立私人关系的统一意见时，关系治理能够帮助双方和谐的互动。通过鼓励双方进行信息交换、相互参与、统一意志等行为，关系治理与大客户经理和采购经理之间形成了良好的互补型个人-组织的匹配，有效地缓解个人-个人不匹配给关系质量所带来的压力。

关系治理仅仅关注了交易活动中的社交互动，它在本质上是通过社交的机制让互动双方了解并实现对方的期望。因此，关系治理能够很好地契合具有长期关系导向并专注于实施双边社交活动的大客户经理和采购经理。然而，相比于互动导向型的个人，任务导向的个人高度关注交易任务，很少关注个人关系的建立和维护；而且，如果被强制于进行社交互动，这些个人会展现出低效的工作状态，因为互动导向型的个人无法容忍任何非目标导向的活动。因此，任务导向型的大客户经理和采购经理无法满足关系治理的要求，不擅长建立和维护私人之间的关系。尽管大客户经理和采购经理能够就任务导向型沟通风格达成一致，取得相似型个人-个人的匹配，但是他们与关系治理之间的互补型个人-组织的不匹配将损害人与人之间沟通风格匹配的正向效应，降低双方关系质量。

相似地，任务导向型沟通风格的不一致在高度关系治理的情境中会对双方关系质量造成更大的损害。即使双方组织采用了关系治理的治理机制，鼓励双方交易代表直接形成共享的关系规范，但是交易代表之间的实际谈判活动和行为仍然因为任务导向的不一致，而可能与对方的期望不相符。例如，频繁和深入的信息交换是大客户管理情境下双方交易的关系准则之一，然而由于对任务和合作目标的理解产生分歧，任务导向不一致的大客户经理和采购经理在实施信息交换的过程中，有可能会有意或无意地隐匿对交易对象至关重要的信息。更坏的情况是，相比于正式合同中的书面条款和限制性陈述，关系治理缺乏对交易双方行为的强制性规范，以致关系治理在应对买卖双方的机会主义行为方面有很大的局限性，因而无法实现任务导向型沟通对组织限制自利行为的诉求。

在大客户管理项目中，如果大客户经理的任务导向与采购经理的任务导向不一致，具有更高水平任务导向的一方将难以获得个人-个人匹配，并无法实现其对沟通风格匹配的需求，此时该个人会向所处的环境寻求其他形式的个人-环境匹配（例如，互补型个人-组织匹配）。然而关系治理机制仅仅满足了互动导向型个人的需求，而无法满足任务导向型个人的需求，因此任务导向型的个人，无论是大客户经理还是采购经理，既无法取得相似型个人-个人沟通风格的匹配，又无法实现其对个人-组织匹配的需求。而且，在互补型个人-组织匹配上的不一致经历还会加剧任务导向型个人在沟通风格上的不一致所产生的负面情绪，阻碍任务导向型大客户经理或者采购经理对双方关系的进一步投入，最终导致关系质量的加剧恶化。

11.4 产品特征：定制化产品与复杂产品

近年来，无论是理论界还是实践界都越来越关注产品特征对企业绩效的影响，因为随着提供多样化的产品和服务，供应商可以为客户提供更多的选择并为企业更大限度地创造竞争优势。大部分的研究文献认为产品特征的多样化与组织绩效呈正相关，例如丰富的产品结构可以影响客户感知的品牌质量和再购买行为、提升客户满意度、促进销售绩效、扩大市场份额。然而，"物极必反"，如果供应商的产品多样性超过了一定限度，一定会造成销售绩效的下滑。因为更高的人工和材料成本、制造商管理费用、更长的交付时间以及更高的库存水平会给组织绩效带来不利影响。基于此，由产品特征引发的市场成本和复杂度的提升向供应商企业提出了在市场绩效和运营、供应链绩效之间做出取舍的要求。产品特征也因此成为对产品设计和供应链管理过程至关重要的一个因素。

11.4.1 产品定制化

11.4.1.1 产品定制化的起源

定制化是一类生产方式，也是一种服务方式。从商品的交换开始，便诞生了定制化生产方式，例如裁缝为客户量身订制衣服、铁匠为客户定做铁器、工匠为人们建造房屋。在商品开始生产之前，服务提供方与客户反复沟通并进行确认，最终按照客户的需求进行生产，此时采用定制化生产方式的主要原因，并不是因为买方市场中客户占据了市场的主导，而是因为彼时的生产力落后，科技不足以支撑大规模生产所需的各种设备，这一类生产都属于手工生产（Craft Production，CP）时代。

18 世纪中叶工业革命之后，机器生产逐步代替了手工生产。进入 20 世纪，1911年美国著名管理学家，"科学管理之父"弗雷德里克·温斯洛·泰勒（Frederick Winslow Taylor）在《科学管理原理》一书中，首次提出"标准化"的思想，描绘了对流水线生产的原理与要素的思考。1913 年，亨利·福特（Henry Ford）在吸取了前人的大量研究和教训后，开创了"福特生产方式"——"流水线生产"，标志着大规模生产时代的到来。此后，大规模生产迅速被推广到世界各地，并迅速成为世界主流的工业生产方式。大规模生产的出现，使得企业的生产成本迅速下降，生产规模迅速扩张。同时，标准化的生产极大地降低了残次品率，及时满足了消费者对商品的需求，也极大地推动了工业化的进程和社会经济发展。

20世纪70年代开始，随着计算机技术被各个行业所采用，制造业也开始步入了信息化时代。与此同时，企业的内外部环境也发生着深刻的变化：市场竞争方面，卖方市场逐步变为买方市场，市场竞争激烈，多元文化背景下的消费者开始越来越挑剔，需求不断变化；技术革新不断加快，产品的开发与生命周期均大幅缩短。在此背景下，企业迫切需要一种新的方式来满足消费者的个性化、高质量、低成本的需求，大规模定制模式（Mass Customization）便应运而生。与大规模生产相比，大规模定制既有不少相同的地方，也有许多新的发展。在目标市场上，大规模生产将市场看作是一个单一的市场，而大规模定制则将市场视为多元的细分市场；在技术生产上，大规模生产希望通过刚性取得最大的生产效率，而大规模定制则希望通过信息自动化、网络化来提高敏捷性和灵活性。相同之处在于，大规模定制的前提是不放弃大规模生产的效率，而用供应链的高度敏捷性的方式来满足顾客的多元化需求。

进入互联网时代，市场竞争更加激烈，市场的细分也更加狭窄和多元，大规模定制时代又取得了新的进步与发展。网络为消费者赋权，消费者的话语权得到明显提升，这也标志着C2B时代的到来。在C2B时代，发达的电子商务和便捷的物流体系让消费者不再因地域而受到限制。同时，大量的长尾订单因互联网而变得不再稀少，企业仍然能够享受大规模生产的效率优势。

11.4.1.2 产品定制化的类型和定义

为客户提供定制化的产品或服务是建立在客户有能力甄别产品的不同效用并有实力购买的前提下，但是产品定制化并不总是给销售绩效带来正面影响，有些情形下产品定制化会给销售绩效带来负面影响。带来负面影响的因素很多，例如：客户必须权衡不同的产品类型带来的利弊，他们必须了解产品的内容、每个产品的独特之处，以及这些独特之处可以给采购企业带来哪些效用；如果面临这些选择，客户感到困难，他们有可能推迟购买决策、降低采购成本，甚至选择转向提供更少的产品选择的制造商。

一个客户做出购买某产品的决策，不仅仅是因为他可以从多种类型的产品中进行选择，更是因为他可以向制造商表达他的需求，并使自己的诉求得到满足。换言之，一个定制化的产品，而不是一堆令人眼花缭乱的产品，是获得客户的关键所在。然而，如何定义"一个定制化的产品"呢？哪些基本要素构成了定制化的产品，或者说产品定制化分为哪些类型？当前，学术界在对定制化的研究类型上，主要集中于大规模定制和个性化定制两个方面。

关于大规模定制，现有文献大都关注"标准化-定制化"转化过程的连续链上，根据定制化程度的高低，将产品定制化分成不同的类型。高度的产品多样化意味着给客户提供定制化的产品和服务，真正的产品定制化要求在产品从设计到产出的过程中客户的不断参与。然而，定制化的过程可以发生在价值链的任何环节，产品差异化也可以在不同阶段发生。因此，客户何时参与定制化过程对产品定制化的程度起到决定性的作用。

由于定制化的成本随着产品变化的比例增加而增加，所以首先在价值链下游进行顾客定制化是合理的。研究者从价值链的视角，提出了一个有 5 个类型的定制化架构，称为完全标准化、部分标准化、定制标准化、量身定制化、完全定制化。完全标准化是指产品大规模的生产，再统一集中分销给不同渠道，各渠道的产品没有差别；部分标准化是指产品在某一些特征上是标准化生产的，而分销过程中又会根据客户需求而进行定制化打包和配送；定制标准化是指产品由某一集中市场统一采购，标准化的组件会根据每一批订单进行标准化生产，而组装的过程中又会根据不同客户需求提供定制化服务；量身定制化是指在下订单之前，生产商为客户提供产品原型，在制造过程中根据客户的需求提供量身定制的产品；完全定制化是指从产品的设计环节开始，就为客户提供独一无二的产品。

类似地，定制化必须在特定的制造业情境下，结合制造商生产产品的一般步骤进行定义，而一般步骤由 4 个阶段构成：设计、制造、组装、配送。只有当这 4 个步骤中的某一步或某几步是由客户的特殊需求驱动完成时，一个产品才可以被称为“定制化产品”。而定制化程度的高低也可以由客户参与制造步骤的多少来区分。例如，当某一客户自产品设计环节开始，就提出独特的需求偏好，那么该产品的定制化程度就高于仅仅定制化了组装环节的产品。据此，提出一个具有 4 个类型的定制化架构：完全定制化、定制化制造、定制化组装、定制化配送（见图 11.2）。

完全定制化：客户的特殊需求自设计环节开始向后发展，通过这一方式实现产品的完全“按订单制造”。在完全定制化战略中，所有的生产环节——设计、制造、组装、配送——都是高度定制化的，制造商和客户通力合作，获得对双方都有利的最佳产品解决方案。完全定制化的具体案例有建筑业、服装业和手工业。

定制化制造：客户的特殊需求自制造环节开始向后发展。制造商通常预先给潜在的客户提供一个基本产品原型，可以根据客户的偏好进行修改完善。在不改变基本设计的前提下，通过有限的修改以选择满足客户的需求，实现产品的“按尺寸制造”。定制化制造的具体案例有一些自行车制造商（例如，Cannondale）以及特定服装业（例如，Zegna）。

定制化组装：客户的特殊需求自组装环节开始向后发展。产品的基本组件是标

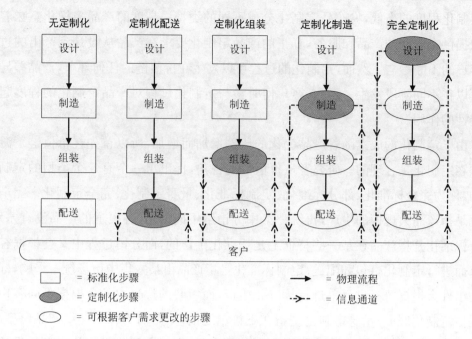

图 11.2　4 个类型的产品定制化框架

准化生产的，但如何组装会根据客户的特殊需求而改变。定制化组装的具体案例包括个人电脑生产商，以及一些组装式家具制造商。

定制化配送：客户的特殊需求自配送环节开始向后发展，设计、制造和组装都是标准化的。在产品配送时，制造商会根据特定的细分市场和目标受众的兴趣，选择供应特定的产品，包括特定的管理信息系统、价格目录和配送方式等。定制化配送的具体案例有在线书店（例如，Amazon）。

此外，国内学者也对大规模定制的类型进行了探索，将把大规模定制划分为 4 种类型：设计定制，从产品设计开始就完全定制；制造定制，变型设计及其下游的活动由客户订单所驱动；装配定制，装配活动及其下游的活动是由客户订单驱动的；自定制，产品已经完全固定，但客户可以自己根据需要对产品的功能进行设置与优化。也有研究立足于供应链，将大规模定制分为完全化定制、设计定制、制造定制、装配定制、销售定制、服务定制、标准化定制。

学者们对于个性化定制的概念研究较少，还没有形成统一的认识，基本默认了定制等同于个性化定制。因为，定制的目的即是突出个性，希望使自己的产品显得与众不同。杨林等（2003）在研究时认为，个性化服务是指，针对不同用户提供不同服务策略和服务内容的服务模式。孙立（2006）在研究客户产品定制模式时认为，个性化定制就是所制造的产品能够满足客户的个性化需求。Jiang 等（2007）认为个性化定制在网络化的制造平台上，以消费者满意为目标，采用现代管理理念和先进制造科技，通过重构产品和产品结构，以生产让个体消费者满意的产品为目标，深刻理解产品的多样化和标准化，并能够创造利润的生产模式。徐承乾（2016）认为在定义个性化定制时，无需加上"网络环境和采用信息技术的制造平台"这个限制条件，个性化定制即是生产厂家向消费者提供的以满足个体消费者需求为导向的一对一的生产或服务模式。

综上，考虑到大客户管理情境，笔者综合大规模定制和个性化定制研究中的概念，将产品定制化定义为制造商企业根据大客户的特殊需求进行个性化产品定制的程度。

11.4.2 产品复杂度

11.4.2.1 产品复杂度的定义

复杂度是多层面的、多元的概念。一方面，它强调内部构成要素的多样性；另一方面，强调构成要素之间的相互关系。基于信息处理理论，复杂度被定义为执行某一任务所需要的信息以及实际处理的信息之间的差异，强调信息的不确定性。

产品的复杂度与一个模型中总组件的数量相关。可以用 3 个维度刻画产品的复杂度：一是需要说明和生产的产品组件的数量。组件的数量越多，产品的复杂度越高，设计环节和生产环节的协调难度越高。二是组件之间相互耦合的程度。所谓牵一发而动全身，组件之间耦合的程度越高，一个组件设计的变更就会导致与其相关联的其他组件的变化，而增加协调的难度。三是产品新颖的程度。当企业生产一个全新的产品时，产品结构和生产技术都不确定，组件间的关联关系需要重新配置，对性能的要求、技术和产品结构都会影响产品的复杂程度。此外，生产的步骤也反映了产品的复杂程度，同样使用三个维度描述复杂度，包括数量多、相互关联程度高、不可测性强。

产品复杂度被定义为由产品结构要素的多样性和相关性所造成的处理的困难。通常说来，一个最终产品包含多个组件，每个组件又由多个子部件组成，不同的子部件生产的流程和周期可能完全不同，因此结构要素多且关联高的产品，其生产的复杂性更高。影响产品复杂度的因素是多种多样的。一项研究通过 6 个企业的案例调研发现，技术的不断演进、市场的多元性、产品的耐用性、产品功能的多少、认证的要求、行业的标准、改装或翻新的要求、产品的可靠性、上市的压力等都会影响产品的复杂度。其中，技术的不断演进和市场的多元性成为推动产品复杂度越来越高的两个关键的动因；而认证的要求和行业的标准会迫使企业降低产品的复杂度，对产品的兼容性、可靠性、再利用等要求也促使企业设计通用的、标准的产品。

从沟通的角度出发，产品复杂度是采购情境的重要构成要素，产品的复杂程度会影响买卖双方的沟通，从而影响供应商的销售绩效。沿用这个思路，在买卖双方的沟通中，买方由于面对很高的由产品复杂度带来的不确定性，需要买卖双方的沟通代表都具有相应的专业知识和技能来理解所交易产品的功能和运作程序。因此，考虑到本书同样关注买卖双方关系中大客户经理和采购经理的沟通风格的作用，本书采用C. 霍姆堡、M. 穆勒和M. 克拉曼（Homburg, Müller & Klarmann, 2011）的概念，定义产品复杂度为买方评估制造商提供的产品所需要的专业知识和技能的程度。

11.4.2.2　产品复杂度与组织绩效

以往的研究大多率先探讨产品复杂度与企业库存水平和客户服务水平之间的关系。由于产品复杂度意味着生产的复杂性和不确定性，企业需要保持较高的库存水平以保证产品的供应，因此，企业的库存成本往往较高。随着库存单位数量的增加，企业的库存成本增加而服务能力下降。而对于产品复杂度与客户服务水平之间的关系，学者们没有得出一致的结论。有的学者通过建模发现产品复杂性对客户服务水平（订单满足率）没有影响；而其他学者则通过实证研究发现产品复杂度与客户服务水平之间存在显著的、直接的关系，随着产品组件的数量的增多，客户的订单满足率显著降低。事实上，企业需要不断权衡库存水平与客户服务水平之间的关系，库存水平越高，订单满足率越高，但相应的库存成本也就增加；而库存水平不够，没办法及时响应客户需求，订单满足水平会下降，又会造成客户流失。

还有学者研究探索产品复杂度与企业生产结构之间的关系。将产品复杂度与企业的外包决策联系在一起，探索产品复杂度与企业结构（即垂直整合）之间的关系。基于交易成本理论和产权经济学的视角，产品复杂度会影响企业的外包决策；一方面，产品设计越复杂，协调产品的开发和生产活动的难度越大，外包所带来的协调成本将更高；另一方面，产品设计越复杂，企业越需要加强产品开发和生产的能力以及协调能力，而只有内部化才能够获取企业在这些能力方面投资的全部价值。因此，产品复杂度越高，企业越倾向于选择内部生产或者垂直整合的方式。通过对汽车行业的实证研究，他们发现产品复杂度与垂直整合之间确实存在显著的正向影响。

还有部分研究关注产品复杂度与供应链管理之间的关系。产品的复杂度会给企业执行供应链的流程包括产品开发、供应、生产、交付和支持等带来协调的困难。由于组织内部缺少一个严格的、全面的决策流程或系统，而导致在解决产品复杂度的问题时又额外产生了其他不必要的成本。比如，管理者在产品开发的过程中因为无法获得以往产品设计的数据和相关的成本数据而造成重复工作和资源浪费；不同的利益相关者往往持有不同的观念、愿景、规范和目标，管理者在处理这些复杂问题时需充分考虑相关利益相关者的诉求。因此，企业在面临产品复杂性问题时，需要进行更多的产品或技术战略的沟通和联系，产品或技术战略的设定要与产品的营销、供应、生产、交付和物流等相一致，产品开发和生命周期管理的过程中需要采用更加严格、跨职能评审流程，需要广泛使用数据管理系统等措施解决协调不畅、成本增加等问题。

实践也表明，影响供应链战略最重要的因素就是日益增长的产品和服务的复杂度。有的学者检验了产品和流程的复杂度与交付绩效之间的关系，基于信息处理理论和大样本调查数据，他们证实产品和流程的复杂度将削弱企业的交付绩效，因此建议企业应该通过改善供应链的信息流、加强流程技术来增强应对复杂性和不确定性的能力，提高企业的交付绩效。有的学者在研究企业再制造的问题时发现，当产品复杂程度较低时，供应商产量的信息相较于供应商的交付时间更能够降低制造商的生成成本；而当产品的复杂程度增加，供应商的响应能力，即及时交货，对于制造企业来说更具价值。有的学者认为企业的运营会受到产品复杂度的影响，价值链越长，产品生命周期越短，这种影响就会越大。有的学者则探讨了产品复杂度对供应链风险的影响，一旦产品的组件有所损失，就需要关闭整个生产线，因此建议企业内部化生产关键组件以降低生产进度的拖延，与关键供应商分享信息以解决跨组织交流不畅的问题。

11.5 产品特征与上下游关系

11.5.1 产品定制化

产品定制化是指供应商的产品为了满足客户的独特需求而量身定制的程度。产品定制化要求来自交易双方的专项投资，包括供应商为了理解客户的要求而花费的大量时间。因此，产品定制化不仅为供应商和客户建立了相互依赖，而且为双方组织间的个人互动和个人关系的建立提供了足够的空间。高度定制化的产品和服务也是大客户经理能够为相应的采购经理提供的最基本服务内容之一，而且产品定制化所带来的频繁和深层次的互动也为双方互动导向型沟通风格的发挥提供了平台。

互动导向型沟通风格的一致能够很好地适应高度产品定制化情境下的大客户经理与采购经理的互动。互动导向的个人需要人与人之间互动相关的交易机会。在一个高度产品定制化的交易情境下，客户不仅有可能不清楚自身的具体需求，而且有可能要求供应商来理解自身的模糊需求，这就为互动双方提供了机遇，方便进行人际间的沟通、建立紧密的私人联系、强化合作行为。因此，在高度产品定制化的大客户管理项目中，互动导向型沟通风格上取得个人-个人匹配的大客户经理与采购经理，仍然能够取得个人沟通风格与产品定制化之间的个人-工作匹配。这种互补型的个人-工作匹配能够强化个人-个人沟通风格匹配带来的正向效用，使大客户经理与采购经理之间的关系质量上升到更高的层次。

而互动导向型沟通风格的不一致无法适应高度产品定制化情境下的大客户经理与采购经理双边互动。产品定制化要求销售人员和客户在产品的设计、制造、组装和运输环节共同付出努力，使得销售人员与客户间和谐的交流互动变得尤为重要。然而，如果大客户经理和采购经理的互动导向型沟通风格不一致，他们对待人际间的沟通和社会交换的偏好不尽相同，相互之间也很难就和谐互动的目的达成一致。此外，面对诸如客户需求确认、产品整合、产品部署和产品交付后维护等环节的定制化活动，无法获得相似型个人-个人匹配的大客户经理与采购经理也无法获得互补型个人-工作的匹配，因为定制化活动需要频繁的个人沟通与社会交换。因此，产品定制化与谈判代表之间的互补型个人-工作的不匹配将进一步恶化大客户经理与采购经理的关系质量。

任务导向型沟通风格的一致能够很好地适应高度产品定制化情境下的大客户经理与采购经理的互动。任务导向型的个人是高度目标指向和目的明确的，他们更专注于完成交易任务，达成组织的目标。产品定制化也要求销售企业与采购企业之间的功能型互动。对于销售商来说，相比于销售简单的标准化产品，高度定制化的产品对销售人员准确定位客户的需求提出了更高的要求，功能型客户导向的销售人员也更有可能为客户提供完美的解决方案。对采购商来说，客户参与对产品定制化的程度起到决定性作用，因为产品定制化的程度就是根据客户投入的阶段而改变的。当销售情境是高度定制化的产品时，能够就任务导向型沟通风格获得相似型个人-个人匹配的大客户经理与采购经理，依然能够获得互补型个人-工作的匹配，因为产品定制化满足了他们对交易任务相关沟通机会的需求，也促进了双边关系的进一步提升。

而任务导向型沟通风格的不一致在高度产品定制化的情境中会对双方关系质量造成更大的损害。任务导向的个人希望尽可能迅速完成手头的交易任务，他们甚至无法容忍任何低效的、非目标导向的活动，以及偏离了他们所专注的现有任务的行为。因此，交易互动中任何一方比另一方更加专注于任务时，更任务导向的一方将不愿意参与人与人之间的互动活动，因为这需要花费大量的时间成本。因此，如果大客户经理的任务导向与采购经理的任务导向不一致，具有更高水平任务导向的一方将难以获得个人-个人匹配，并无法实现其对沟通风格匹配的需求，此时该个人会向所处的环境寻求其他形式的个人-环境匹配（例如，互补型个人-工作匹配）。然而定制化的产品特征仅仅满足了互动导向型个人的需求，而无法满足任务导向型个人的需求，因此任务导向型的个人，无论是大客户经理还是采购经理，既无法取得相似型个人-个人沟通风格的匹配，又无法实现其对个人-工作匹配的需求，这无疑将极大打击其对双边关系的积极性，大客户经理与采购经理的关系质量也将进一步降低。

11.5.2 产品复杂度

产品复杂度是指买方评估制造商提供的产品所需要的专业知识和技能的程度。复杂的产品和相关部件对组织的产品质量检测和信息管理提出了不同的要求，使得特定供应商与客户之间的信息及产品资源难以在其他交易关系中共享。此外，高度的产品复杂度还为双方组织对产品的理解提出了挑战，交易双方有可能对交易任务产生多重的、模糊的、有冲突的看法。因此，相比于销售和采购简单的产品，客户在采购复杂产品时面临更大的理解产品属性和潜在应用的困难，这就要求供应商适当组织和传递产品的信息，以使客户能够关注使产品效用最大化的信息。产品复杂度对大客户管理项目至关重要，因为大客户采购的复杂产品所带来的产品适应和技术互换活动是大客户管理项目的重要组成部分，这也为大客户经理和采购经理提供了任务导向型沟通的空间，任务导向一致的双方也有更广阔的合作机会。

产品复杂度来源于产品部件庞大的数量以及部件之间的差异和联系，使得客户更难评估和了解产品的综合性能。由于这些产品复杂度带来的销售任务的不确定性，开发和销售复杂产品的项目往往是十分耗时的。因此，相比于销售简单的产品，复杂的产品和部件要求销售人员花费大量的精力与客户沟通，并解释产品的性能和潜在应用，这也向销售人员与客户之间建立紧密的联系和频繁的互动提出了要求。当销售高度复杂产品时，互动导向型的大客户经理和采购经理不仅能够获得相似型个人-个人沟通风格的匹配，还能获得互补型个人-工作的匹配，因为他们之间和谐的互动导向能够取得与交易情境的完美匹配。这种产品复杂度与交易代表之间的互补型个人-工作的匹配能够强化相似型个人-个人匹配的积极作用，推动大客户经理与采购经理关系质量的进一步提升。

然而，互动导向型沟通风格的不一致在高产品复杂度的情境中会对双方关系质量造成更大的损害。互动导向型的个人更关注于建立友谊，形成良好的人际关系，因此如果大客户经理与采购经理的互动导向不一致，则更加关注互动的一方相比于另一方会投入更多精力和努力来建立个人联系，而这种努力有可能会被另一方视作转移任务注意力的手段，从而不会对这种建立人际关系的互动行为做出积极的响应。无法获得积极反馈的互动导向型个人，将试图从交易环境中获得个人-工作匹配，这种匹配可以通过工作特征满足其对互动机会的需求。然而，面临高水平的产品复杂度时，客户通常承担着较高的不确定性风险，他们无法评估产品是否满足了组织的要求，同时供应商也承担着来自客户的不确定性风险，他们不知道客户是否具有足够的资源和专业技能来评估和使用该产品。这种情况下，双方组织均要求大客户经理和采购经理通过任务导向型沟通来解决有关产品的问题，以降低不确定性风险。很显然，无法获得个人-个人互动导向型沟通风格匹配的交易代表，在高产品复杂度的情况下依然无法获得互补型个人-工作的匹配，他们不会投入更多的精力维护现有的交易关系，大客户经理与采购经理的关系质量也将进一步降低。

任务导向型沟通风格的一致能够很好地适应高度产品复杂度情境下的大客户经理与采购经理的互动。任务导向的个人需要有目的、任务相关的交易机会。当采购高度复杂的产品时，任务导向型的客户对产品背后隐藏的信息更加敏感，因此他们希望相应的销售人员能够表现得像商业人士一样，在沟通中多提供产品相关的数据和信息，而且他们也会对销售人员充满知识和信息的交易行为做出更友好的反馈。这就为双方沟通提供了机遇，这些沟通主要围绕产品的相关核心问题，而不是像互动导向型沟通那样交换的是交易的边缘信息。因此，在高度产品复杂度的大客户管理项目中，任务导向型的大客户经理和采购经理不仅能够在沟通风格上取得相似型个人-个人匹配，而且还因为任务导向和产品复杂度的匹配获得了互补型个人-工作匹配，满足了双方对任务相关交易机会的需求，这将为大客户经理和采购经理的关系质量带来进一步的提升。

然而，任务导向型沟通风格的不一致无法适应高度产品复杂度情境下的大客户经理与采购经理的互动。当产品复杂度提升时，由于可供选择的替代产品增多或者属性的提升，客户在进行购买决策时会感到更高程度的认知负担和偏差。此外，在销售复杂产品过程中，销售人员所需处理和传递的信息也更为繁杂，增加了跨组织边界任务的负担。因此，产品复杂度使得互动双方更难获得最佳的方式以满足对方的角色期望，甚至需解决双方互动过程中的不一致和不协调的矛盾。当销售高度复杂产品时,产品复杂度和大客户经理与采购经理之间的互补型个人-工作的不匹配将进一步恶化相似型个人-个人沟通风格不一致带来的负面效应。

11.6　小　结

　　无论是供应链领域的文献,还是营销和战略领域的文献都表明契约治理和关系治理等治理机制在组织间关系中扮演了重要的角色。尽管现有的文献已经就治理机制的定义和内涵,理论基础,以及相关联系进行了详尽的阐述,但是仍存在一些问题值得深入探究。首先,诸多文献在收集治理机制的数据时,通常只收集了买卖双方的单边数据,例如供应链关系中的制造商单方、组织代表单方。如果能从买卖关系中的制造商和分销商同时收集数据,这种双边数据的结构可以为组织间关系治理的动态内涵提供更强有力的实证支持。其次,尽管已有文献分析了跨国关系、国内买卖关系、供应链关系、战略联盟、外包关系等多种关系治理机制发挥作用的情境,但这些研究结论的普适性还有待考证。尤其是大客户管理情境下,大客户经理所属的卖方组织和采购代表所属的买方企业之间的关系治理机制如何发挥作用,鲜见文献进行讨论。最后,关系治理机制作为组织层面的变量,如何作为调节影响个人层面变量(例如,沟通风格一致性和关系质量)之间的关系,还有待进一步研究证实。

　　产品特征对制造商企业的销售绩效和销售人员的工作绩效有着显著的影响作用,无论是产品的复杂度还是产品组合的丰富程度,都为销售人员的交易过程提供了无限的机遇和挑战。尽管现有文献已经清楚定义了产品定制化和产品复杂度的概念和类型,并指出其对企业销售绩效的重要作用,但是关于产品特征的研究仍存在两点不足:一是产品特征(例如,产品复杂度)的研究仅仅关注组织层面和员工个人的绩效,缺少证实产品特征对组织间互动人员关系质量影响的研究;二是作为一个重要的工作相关情境变量,大客户经理需要合适的沟通风格来进行产品销售,而产品特征与互动人员沟通风格的匹配效应尚待深入研究。

思考题

　　1. 大客户经理面对的销售环境主要由哪些要素构成?

　　2. 比较普适的理性影响策略与权变的销售思想是否矛盾?

　　3. 治理机制的组成维度有哪些? 在不同的治理机制下,何种沟通风格和影响策略较为有效?

4. 产品有哪些特征？应对不同特征的产品，大客户经理分别应当使用何种沟通风格和影响策略？

5. 除了产品定制化和产品复杂度，还有哪些大客户管理情境适用的产品特征？

6. 产品定制化的定义是什么？可以在哪些生产阶段进行产品定制化？

附　录

1. 沟通风格的定义、研究领域与边界条件

作者(年份)	研究情境	研究视角	概念/定义	主　要　观　点
Pace(1962)	B2C	卖方	综合指标	沟通风格是销售人员使用的语音语调、话语、眼神交流、肢体语言、倾听质量的综合构成
Stafford & Greer(1965)	B2C	卖方	侵占型、响应型	侵占型：销售人员主动地、强势的表达自己的意愿 响应型：销售人员被动地响应消费者的提问与需求
Farley & Swinth(1967)	B2C	卖方	产品导向型、人物导向型	产品导向型：销售人员介绍产品相关的特征和属性 人物导向型：销售人员介绍该产品如何影响人们生活
Busch & Wilson(1976)	B2C	卖方	专家型、参照型	专家型：沟通者在某一领域有专业知识、信息、能力 参照型：沟通者个人对沟通对象来说很有吸引力
Sheth(1976)	B2C/B2B	买方/卖方	任务导向型、互动导向型、自我导向型	任务导向型：目标指向清晰、目的明确 互动导向型：相信个性化与社交是买卖互动重要一环 自我导向型：全神贯注自身利益,极少移情他人
Soldow & Thomas(1984)	B2C	买方/卖方	关系型沟通	除沟通内容以外,体现买卖双方相对关系的沟通信息
Notarantonio & Cohen(1990)	B2C	卖方	开放型、支配型	开放型：销售人员较为健谈、爱社交、坦白 支配型：销售人员较自信、充满热情、求胜心切、强硬
Sparks et al. (1997)	B2C	卖方	随和型、正式型	随和型：非正式的沟通,满足客户需求 正式型：标准化的沟通流程,不关注客户所需
Reid, Pullins, & Plank(2002)	B2B	卖方	获取型、给予型、使用型	获取型：获得关于客户需求的信息 给予型：向客户传递、分享信息 使用型：解决客户问题,获得客户认同
Sparks & Areni (2002)	B2C	卖方	低质量型、高质量型	低质量型：在实际传递销售信息时,语言比较迟疑 高质量型：在实际传递销售信息时,语言有说服力

作者(年份)	研究情境	研究视角	概念/定义	主　要　观　点
Srivastava & Chakravarti(2009)	B2B	买方/卖方	信息型、关系型、强制型	信息型：谈判双方沟通时传递说服性信息 关系型：谈判双方沟通时表达建立友谊的意愿 强制型：谈判双方沟通时发出强硬意图的信号
Köhler et al. (2011)	B2C	卖方	主动型、被动型	主动型：销售代表主动发起与消费者的互动 被动型：销售代表被动回答消费者提出的疑问

作者(年份)	研究情境	研究视角	研究领域	主　要　观　点
Pace(1962)	B2C	卖方	线下销售	基础的语言沟通技巧是影响销售成功的关键因素
Stafford & Greer (1965)	B2C	卖方	线下销售	独立型的消费者偏好强势一些的销售人员，而依赖型的消费者偏好不那么强势的销售人员
Farley & Swinth (1967)	B2C	卖方	线下销售	不同的消费者对销售人员的产品导向型和人物导向型沟通风格具有不同的偏好和评价
Busch & Wilson (1976)	B2C	卖方	线下销售	相较于参照型沟通风格，专家型沟通风格能获得较高的消费者信任度、评价态度和购买倾向
Williams & Spiro (1985)	B2C	卖方	线下销售	销售人员沟通风格(任务导向型、互动导向型)促进销售绩效，自我导向型沟通风格不利于销售绩效提升
Notarantonio & Cohen(1990)	B2C	卖方	线下销售	高支配型/低开放型和低支配型/高开放型的销售风格更受消费者喜欢
Dion et al. (1992)	B2C	卖方	线下销售	销售人员的精准沟通能够显著影响销售绩效，此外，精准沟通的作用还取决于销售人员和消费者的亲密度
Sparks et al. (1997)	B2C	卖方	线下销售	相比于正式型的沟通风格，随和型的销售人员能够获得更高的消费者满意度和服务质量
Boorom et al. (1998)	B2C	卖方	线下销售	销售人员的关系型沟通有助于提升适应性销售的能力以及最终销售绩效
Mitra & Webster (1998)	B2C	卖方	线下销售	相比于互动导向型和自我导向型，任务导向型的沟通风格有助于建立销售人员可信度，提升消费者的满意度
Sparks & Areni (2002)	B2C	卖方	线下销售	高质量的沟通可以作为一种论据，提升消费者对销售人员提案的深度思考，改善消费者的态度

作者(年份)	研究情境	研究视角	研究领域	主　要　观　点
van Dolen *et al.* (2007)	B2C	卖方	电子商务	线上客服沟通风格能够调节消费者感知的平台技术属性和沟通群体特征对消费者满意度的影响
Dabholkar *et al.* (2009)	B2C	卖方	电子商务	客服代表的沟通风格(任务导向型和互动导向型)可以有效调节消费者认知满意度和社交满意度的继发影响
Keeling *et al.* (2010)	B2C	卖方	电子商务	具有互动导向和任务导向的线上客服沟通风格有助于提升消费者的信任度和惠顾倾向
Köhler *et al.* (2011)	B2C	卖方	电子商务	线上销售代表的沟通风格(主动型和被动型)影响新客户适应度,并调节买卖互动内容对新客户适应的影响
Verhagen *et al.* (2014)	B2C	卖方	电子商务	虚拟客服代表的沟通风格能够调节客服代表特征对消费者社会临场感和人性化感知的影响
Arndt *et al.* (2014)	B2C	买方	线下销售	进行销售战略和沟通风格的匹配,获得更好销售绩效
Cheung & To (2015)	B2C	买方	线下销售	消费者沟通风格(互动或任务导向型)能够调节消费者参与度对信息共享意愿的影响作用
Cheung & To (2017)	B2C	买方	线下销售	消费者沟通风格(互动或任务导向型)能够调节组织应对服务失败的行为对消费者公平感知的影响作用
Bush *et al.* (2001)	B2B	卖方	营销渠道	适应性销售行为能够提升销售人员应对不同沟通风格的能力
Bush & Ingram (2001)	B2B	卖方	营销渠道	销售人员在文化差异越显著的销售环境中,应对不同沟通风格的能力越弱
Reid, Pullins, & Plank(2002)	B2B	卖方	营销渠道	沟通风格根据不同的交易情境改变,复杂情境使用获取型,较复杂情境使用给予型,使用型不受环境影响
Srivastava *et al.* (2009)	B2B	卖方	营销渠道	沟通风格(信息型、关系型、强制型)可以有效缩短议价时间,促进买卖双方达成一致
Comstock & Higgins(1997)	B2B	买方	营销渠道	客户具有4种沟通风格偏好,即合作型、理解型、社交型和竞争型
McFarland *et al.* (2006)	B2B	买方	营销渠道	销售人员影响战略的选择取决于客户的沟通风格(任务导向型、互动导向型、自我导向型)
Homburg *et al.* (2011a)	B2B	买方	营销渠道	客户沟通风格(任务导向型、互动导向型)能够调节卖方客户导向对客户忠诚度的影响作用

作者（年份）	研究情境	研究视角	边界条件	主　要　观　点
Srivastava *et al.* (2009)	B2B	卖方	卖方企业不确定性	卖方企业的不确定性高时，沟通能够缩短议价时间，获得更高售价
Keeling *et al.* (2010)	B2C	卖方	产品不确定性	产品不确定性（搜索类或信用类）能够调节客服代表的沟通风格对消费者评价的影响作用

2. 关系质量的基本维度、前因变量与结果变量

作者(年份)	研究情境	基本维度	前因变量	结果变量
Carr(2006)	B2C	信任、满意、情感承诺	服务质量	用户互惠行为
Huang & Chiu(2006)	B2C	信任、满意	感知的文化区别、感知的安全度、交通便利性	对旅游地忠诚度
Lin & Ding(2006)	B2C	信任、满意	关系销售、服务质量、服务覆盖度	客户忠诚度
Ndubisi(2006)	B2C	客户感知关系质量	客户总体满意度	—
Park & Deitz(2006)	B2C	工作关系质量	适应性销售	工作满意度、销售绩效
Ramaseshan et al. (2006)	B2C	经济和社交满意、承诺	非强制性权力(情感、经济、社交满意度)、强制性权力	战略绩效(仅受承诺影响)
Castellanos-Verdugo et al. (2009)	B2C	信任、满意	客户导向、关系导向、信息共享、服务提供者特征	销售绩效、口碑、关系持续性
Dabholkar et al.(2009)	B2C	信任(认知型/情感型)、承诺(计算型/情感型)、满意(经济型/社交型)	—	购买意愿、参与意愿
Kuo(2011)	B2C	信任、承诺、满意	技术完备度、客户关系管理	—
Shamdasani & Jung (2011)	B2C	信任、满意	销售人员特征、关系销售行为、沟通行为	忠诚度
Lin(2012)	B2C	信任、满意	关系销售行为(互动强度、信息共享)	整合购买绩效
Clark & Melancon (2013)	B2C	信任、承诺、满意	社交媒体投资	—
Delcourt et al.(2013)	B2C	满意度 忠诚度	密切关系	—
Itani & Inyang(2015)	B2C	信任、承诺、满意	移情、倾听	—
Tortosa Edo et al. (2015)	B2C	工作满意、信任、承诺	内部营销导向	外部客户绩效(服务质量、客户满意度)

续　表

作者（年份）	研究情境	基本维度	前因变量	结果变量
Yu & Tseng(2016)	B2C	信任、承诺、满意	销售人员特征、关系销售	客户忠诚度（购买、推荐意愿）
Wang(2017)	B2C	信任、承诺、满意	销售人员使用幽默	—
Huntley(2006)	B2B	信任、承诺	目标一致性	推荐意愿、服务绩效、销售绩效
Leonidou et al.(2006)	B2B	适应、沟通、承诺、合作、满意、信任、理解	不确定性、文化距离、冲突	—
Tsaur et al.(2006)	B2B	信任、满意	关系销售行为	零售商忠诚度、经销商市场份额
Ulaga & Eggert(2006)	B2B	信任、承诺、满意	感知的关系价值	扩大合作意愿停止合作意愿
Chumpitaz Caceres & Paparoidamis(2007)	B2B	信任、承诺、满意	技术性质量功能性质量	忠诚度
Ivens & Pardo(2007)	B2B	信任、承诺、社交满意、经济满意	—	—
Palmatier et al.(2007b)	B2B	信任、承诺、满意	关系营销项目	市场份额、购买意愿、销售增长率
Rauyruen & Miller(2007)	B2B	信任、承诺、满意、服务质量	—	态度、购买意愿
Dong et al.(2008)	B2B	信任、冲突	治理机制（监督、社交）	—
Lai et al.(2008)	B2B	公平、信任	—	信任、承诺、关系的持续性
Palmatier(2008)	B2B	信任、承诺、互惠关系准则、互动效率	—	客户价值
Chakrabarty et al.(2013)	B2B	冲突、信任、满意、未来互动	客户导向销售行为	适应性销售行为、销售绩效
Park et al.(2010)	B2B	信任、承诺	适应性销售、市场信息处理	销售绩效
Alejandro et al.(2011)	B2B	信任、承诺、满意	—	忠诚度、销售绩效、关系价值、关系专项投资
Nyaga & Whipple(2011)	B2B	信任、承诺、满意、关系专项投资	—	运营绩效、对战略绩效满意度
Drollinger & Comer(2012)	B2B	承诺	销售人员主动倾听能力、信任	销售绩效
Holloway et al.(2013)	B2B	满意、信任	市场信息处理、客户导向	销售绩效

作者(年份)	研究情境	基本维度	前因变量	结果变量
Hughes et al.(2013)	B2B	承诺、信任	—	竞争信息共享
Park et al.(2013)	B2B	满意、信任	管理支持、自动销售技术	销售绩效
Mullins et al.(2014)	B2B	信任、承诺、满意	自我效能、客户导向、销售人员与客户相似程度	销售收益
Román & Juan Martín (2014)	B2B	满意度、忠诚度	适应性销售	—
Vieira et al.(2014)	B2B	信任、满意	沟通、专业性	承诺、销售份额
Sarmento et al.(2015)	B2B	信任、承诺、满意	信息交换、社会交换	对未来交易互动的期望
Jiang et al.(2016)	B2B	沟通、长期导向、社交满意、经济满意	—	—
Nyadzayo et al.(2016)	B2B	信任、承诺	信息共享、授权人支持、冲突解决、纽带联系	品牌公民行为(关系价值、形象、忠诚度)
Zaefarian et al.(2016)	B2B	信任、承诺、长期导向	感知到的公平	销售增长
Casidy & Nyadzayo(2017)	B2B	信任、能力、感知的关系导向	互动、互惠	关系价值
deLeon & Chatterjee (2017)	B2B	关系满意度	工具服务、人际服务、价值体系	—
Lussier & Hall(2017)	B2B	信任、承诺、满意	感知的合作	—

3. 契约治理与关系治理的理论视角

作者(年份)	理论视角	关系类型	契约测量	关系测量
Abdi & Aulakh(2012)	制度理论	跨国关系	反映型	关系治理
Arranz & de Arroyabe (2012)	交易成本理论、社会交换理论	战略联盟	反映型	关系规范、信任
Burkert, Ivens, & Shan (2012)	治理视角	跨国和国内买卖关系	单一题项	信任
Cai & Yang(2008)	交易成本理论	国内关系	反映型	合作规范
Cannon, Achrol, & Gundlach(2000)	交易成本理论、关系契约理论	国内关系	反映型	合作规范
Carson, Madhok, & Wu (2006)	交易成本理论、关系契约理论	战略联盟	单一题项	信任
Cavusgil, Deligonul, & Zhang(2004)	交易成本理论、社会交换理论	跨国关系	反映型	信任
Chen et al.(2013)	治理视角	其他	反映型	信任
De Jong & Woolthuis(2008)	交易成本理论、契约理论	战略联盟	形成型	信任
Fang et al.(2008)	信任理论	跨国关系	反映型	信任
Ferguson, Paulin, & Bergeron(2005)	契约理论	其他	反映型	关系治理
Gençtürk & Aulakh(2007)	交易成本理论、关系契约理论	跨国关系	反映型	关系规范
Goo et al.(2009)	交易成本理论、关系契约理论	外包关系	形成型	关系规范、信任
Han, Trienekens, & Omta(2011)	交易成本理论、关系交换理论	国内关系	单一题项	关系治理
Handfield & Bechtel(2002)	—	国内关系	反映型	信任
Hofenk et al.(2011)	—	外包关系	反映型	信任
Homburg et al.(2009)	关系契约理论	跨国关系	反映型	信任
Huang, Cheng, & Tseng(2014)	交易成本理论、社会交换理论	国内关系	反映型	社会控制
Jayaraman et al.(2013)	交易成本理论	外包关系	反映型	关系机制
Jiang et al.(2013)	—	战略联盟	反映型	信任
Judge & Dooley(2006)	交易成本理论	战略联盟	形成型	信任
Lee & Johnson(2010)	交易成本理论、关系契约理论	战略联盟	反映型	关系规范

作者(年份)	理论视角	关系类型	契约测量	关系测量
Li, Poppo, & Zhou(2010)	治理机制理论	国内关系	反映型	信任
Li et al.(2010)	制度理论	国内关系	反映型	社会控制
Liu, Luo, & Liu(2009)	交易成本理论、社会交换理论	供应链关系	反映型	关系规范、信任
Lui & Ngo(2004)	交易成本理论	其他	形成型	信任
Lui(2009)	关系交换理论	国内关系	反映型	信任
Lui, Wong, & Liu(2009)	交易成本理论、社会交换理论	国内关系	反映型	信任
Lusch & Brown(1996)	契约理论	供应链关系	反映型	关系规范
Malhotra & Lumineau(2011)	交易成本理论	国内关系	形成型	信任
Mellewigt, Madhok, & Weibel(2007)	交易成本理论、基于资源理论	外包关系	形成型	信任
Parmigiani & Mitchell (2010)	关系契约理论	国内关系	单一题项	关系治理
Pittino & Mazzurana(2013)	交易成本理论、关系交换理论	战略联盟	反映型	关系治理
Poppo & Zenger(2002)	交易成本理论、关系视角	外包关系	单一题项	关系治理
Rai et al.(2012)	契约理论	外包关系	反映型	信任
Ren, Oh, & Noh(2010)	制度理论	供应链关系	反映型	信任
Srivastava & Teo(2012)	控制理论	其他	反映型	关系治理
Schilke & Cook(2014)	—	战略联盟	形成型	信任
Wang, Yeung, & Zhang (2011)	—	国内关系	反映型	信任
Wu et al.(2007)	—	跨国关系	反映型	信任
Yang et al.(2011)	社会网络理论	国内关系	反映型	信任
Yang, Su, & Fam(2012)	—	跨国关系	反映型	关系规范
Yang, Wacker, & Sheu (2012)	交易成本理论	外包关系	反映型	关系适应
Yu, Liao, & Lin(2006)	—	跨国关系	反映型	信任
Zhang & Hu(2011)	—	国内关系	形成型	信任
Zhang & Zhou(2013)	关系交换理论	国内关系	反映型	信任
Zhao & Wang(2011)	交易成本理论、关系交换理论	供应链关系	反映型	信任
Zhou & Poppo(2010)	交易成本理论、制度理论	国内关系	反映型	信任
Zhou & Xu(2012)	交易成本理论、关系交换理论	跨国关系	反映型	关系治理

参考文献

［1］陈晓萍，徐淑英，樊景立. 组织与管理研究的实证方法［M］. 北京：北京大学出版社，2012.

［2］樊骅，刘益，韩冰. 社会网络对跨界员工创造力的作用研究［J］. 工业工程与管理，2016，21(3)：104－109.

［3］樊骅，刘益，韩冰. 角色压力与共享领导力对跨界员工创造力的作用研究［J］. 软科学，2015，29(12)：77－81.

［4］李怀祖. 管理研究方法论［M］. 西安：西安交通大学出版社，2004.

［5］李文茜，刘益. 国外大客户管理研究新进展探析［J］. 外国经济与管理，2014，36(7)：53－62.

［6］孙立. 基于兴趣取向模型的自行车个性化定制研究与实践［D］. 天津大学，2006.

［7］徐承乾. 互联网环境下中国传统家电企业产品定制化的实践与展望［J］. 华中科技大学，2016.

［8］杨林，茅玉蓉. 个性化：定制你的网络服务［J］. 软件工程师，2003 (7)：53－54.

［9］Ayodele O & Kehinde M A. Will shared leadership engenders innovative work behaviors among salesmen toward improved performance? ［J］. *International Journal of Management and Economics*，2020，56(3)：218－229.

［10］Blau P. Power and exchange in social life［M］. Transaction Publishers，1964.

［11］Edwards J R & Cable D M. The value of value congruence［J］. *Journal of Applied Psychology*，2009，94(3)：654－677.

［12］Evans K R，McFarland R G，Dietz B，*et al*. Advancing sales performance research：A focus on five underresearched topic areas［J］. *Journal of Personal Selling & Sales Management*，2012，32(1)：89－105.

［13］Fan H & Han B. How Does Leader－Follower Fit or Misfit in Communication

Style Matter for Work Outcomes? [J]. *Social Behavior and Personality: An International Journal*, 2018, 46(7): 1083 – 1100.

[14] Frazier G L & Summers J O. Interfirm influence strategies and their application within distribution channels[J]. *Journal of Marketing*, 1984, 48(3): 43 – 55.

[15] Han B & Fan H. Salesperson Self-regulated learning and online customers' patronage: An ambidexterity perspective [J]. *Frontiers in Psychology*, 2021: 5690.

[16] Homburg C, Müller M, & Klarmann M. When does salespeople's customer orientation lead to customer loyalty? The differential effects of relational and functional customer orientation[J]. *Journal of the Academy of Marketing Science*, 2011, 39(6): 795 – 812.

[17] Liu Y, Huang Y, & Fan H. Influence tactics, relational conditions, and key account managers' performance [J]. *Industrial Marketing Management*, 2018, 73: 220 – 231.

[18] Liu Y, Li X, & Dong M C. The role of customer orientation in key account managers' performance: A client network perspective[J]. *Journal of Business & Industrial Marketing*, 2019.

[19] McFarland R G, Challagalla G N, & Shervani T A. Influence tactics for effective adaptive selling[J]. *Journal of Marketing*, 2006, 70(4): 103 – 117.

[20] Palmatier R W, Scheer L K, & Steenkamp J B E M. Customer loyalty to whom? Managing the benefits and risks of salesperson-owned loyalty [J]. *Journal of Marketing Research*, 2007, 44(2): 185 – 199.

[21] Peters L, Ivens B S, & Pardo C. Identification as a challenge in key account management: Conceptual foundations and a qualitative study [J]. *Industrial Marketing Management*, 2020, 90: 300 – 313.

[22] Tzempelikos N & Gounaris S. Linking key account management practices to performance outcomes [J]. *Industrial Marketing Management*, 2015, 45: 22 – 34.

[23] Veasey C M. From key account management to strategic partnerships: critical success factors for co-creation of value[D]. 2019. University of Derby.